现代能源经济理论与管理研究

代勇辉　著

吉林科学技术出版社

图书在版编目（CIP）数据

现代能源经济理论与管理研究 / 代勇辉著. -- 长春：
吉林科学技术出版社，2023.6
ISBN 978-7-5744-0682-7

Ⅰ．①现… Ⅱ．①代… Ⅲ．①能源经济－研究 Ⅳ．
① F407.2

中国国家版本馆 CIP 数据核字（2023）第 136479 号

现代能源经济理论与管理研究

著　　　　代勇辉
出 版 人　宛　霞
责任编辑　孔彩虹
封面设计　树人教育
制　　版　树人教育
幅面尺寸　185mm×260mm
开　　本　16
字　　数　240 千字
印　　张　10.75
印　　数　1–1500 册
版　　次　2023年6月第1版
印　　次　2024年2月第1次印刷

出　　版　吉林科学技术出版社
发　　行　吉林科学技术出版社
地　　址　长春市福祉大路5788号
邮　　编　130118
发行部电话/传真　0431-81629529 81629530 81629531
　　　　　　　　　　81629532 81629533 81629534
储运部电话　0431-86059116
编辑部电话　0431-81629518
印　　刷　三河市嵩川印刷有限公司

书　　号　ISBN 978-7-5744-0682-7
定　　价　65.00元

前　言

　　国内外济与社会发展的历史充分说明，能源和国民经济的发展存在着密切关系，并有一定的规律性。能源的发展和建设，涉及一系列重大问题——科学技术、经济管理、资金投入、对外合作，等等。这些问题之间既互相结合，又互相制约。

　　作为一个能源生产和消费大国，支持经济可持续发展是中国在新时期面临的一个重大战略规划问题。而如何平衡实现三大基本目标，既支持经济增长，又保证环境可持续性和保障普遍能源消费和能源安全，则是能源改革的核心问题。中国经济愈加强大，对能源愈加关注，能源改革愈加迫切，能源经济学的研究就更有必要成为经济学界的主流，就更加需要能源经济研究者为能源改革与决策提供有影响力、有建设性的观点和建议，这也是本书创作的初衷。

　　本书在撰写的过程中参考了许多专家、学者的已有论著和研究成果，未能一一注明，在此表示真诚的歉意。由于笔者的才力、学力和精力有限，书中难免存在不足和疏漏，在此，真诚地希望各位专家学者和读者朋友给予批评和建议，不胜感激。

目　录

第一章 能源在国民经济发展中的地位和作用

第一节 能源的概念和分类

在各种自然资源中，有的包含有某种形式的能，利用它们可以获得为人们所需要的各种能量，如电能、热能、光能、机械能等，这些可以提供能量的自然资源称之为能源。

自然界的能源，可以根据其形成的条件、产生周期、使用性能和技术利用状况等进行分类。

一、按形成条件分类

按能源形成条件可分为两大类：一类是自然界现实存在，并可直接取得而不改变其基本形态的能源，如原煤、石油、天然气、油页岩、水能、生物质能、地热能、风能、太阳能等，称之为一次能源，即天然能源；另一类是由一次能源经过加工而转换成另一种形态的能源产品，如电力、蒸汽、焦炭、煤气、沼气，以及各种石油制品，称之为二次能源，即人工能源。在生产过程中排出的余热、余能，如高温烟气、可燃废气、废蒸汽、排放的有压流体等，也属于二次能源。一次能源无论经过几次转换所得到的另一种能源，都称为二次能源。

一次能源按其成因又可分为三类。

第一类是来自地球以外天体的能量，主要是太阳辐射能。太阳能除了可以直接利用其光和热外，它还是地球上许多种能源的主要来源。目前人类所需能量的绝大部分，都直接或间接地来源于太阳。各种植物通过光合作用，把太阳能变成化学能，在植物体内贮存下来。这部分能量为人类和动物界的生存提供了条件。地球上的煤炭、石油、天然气等矿物能源，是由古代埋在地下的动植物经过漫长的地质年代形成的，所以矿物能源实质上是古代生物固定下来的太阳能。另外，风能、水能、海洋波浪能等，也都是由太阳能转换来的。从数量上看，太阳能有巨大的能量。理论计算，在一秒钟里太阳辐射到地球上的能量，就相当于500多万吨标准煤的热量。现在全世界一年消耗的能量，还不到它的万分之一。也是，到达地球的太阳能，只有千分之一、二被植物吸收转变成化学能贮存下来，其余绝大部分都转变成热能，散发到宇宙中。

第二类是来自地球本身的能量，即地球内部的热能，如地热能、火山能等以及地壳中贮藏的核燃料所包含的原子能。核燃料通过人工进行原子反应可释放极大能量。原子核的反应有裂变反应和聚变反应两种。原子能发电站就是用铀原子裂变时放出来的能量。一克铀裂变所产生的能量，相当于三吨煤完全燃烧放出的热量。原子核聚变放出的能量更多。比如，用重氢合成一克氦产生的能量，相当于燃烧 12 吨煤放出的热量，可见其能量之大。只要人类掌握了核聚变技术，就会从根本上解决能源问题。

第三类是地球和其他天体之间相互作用而产生的能量，即潮汐能。

一次能源还可根据其能否再生并有规律地得到补充而分为两类：再生能源和非再生能源。如太阳能、水能、风能、生物质能等，为再生能源；如煤炭、石油、天然气、核燃料等，为非再生能源，随着大规模开发利用，储量越来越少，总有枯竭之时。

二、按使用性能分类

可分为燃料能源和非燃料能源。

1. 燃料能源

矿物燃料———煤、石油、天然气等。

生物燃料———碳水化合物、木材、脂肪、沼气等。

化工燃料———丙烷、甲醇、火药、可燃性元素硼、铝、镁等。

核燃料———铀、钍等。

2. 非燃料能源

机械能———风能、水能、潮汐能等。

热能———地热能、余热等。

光能———太阳能、激光等。

电能———电。

从能源储存性质看，还可以分为含能体能源和过程性能源。前者可直接储存，如煤炭、石油等，后者无法直接储存，如风能、水能等。

三、按技术利用状况分类

可分为常规能源和新能源，这是相对而言的。在不同历史时期和科学技术水平之下，已被人们广泛应用的能源，称之为常规能源。现阶段，包括煤炭、石油、天然气、水力和核裂变能，等世界能源消费几乎全靠这五大能源来供应。

许多能源需采用先进的科学技术加以利用，如太阳能、风能、海洋能、核聚变等，称为新能源。这些新能源尚未被大规模利用，有的尚在研究阶段。我国原子能工业还处于起步阶段，因此把核裂变能归入新能源之列。

通常所说的能源生产量和消费量，主要是指一次能源而言。实际上，在生产和生活中由于工艺或环境保护的要求，或是便于输送、使用、提高劳动生产率等原因，常常不能直接使用一次能源，需要加工转换为符合使用条件的二次能源，否则就无法满足生产和生活的特定需要。

随着科学技术的进步和社会现代化的发展，在整个能源消费系统中，直接使用一次能源的比重不断降低，而二次能源所占的比重日益增大。

第二节　经济发展和能源需求

一、能源是社会发展的物质基础

从历史上看，能源与社会发展一直是紧密联系在一起的。人类从原始的穴居生活过渡到现代化的物质文明，能源的利用起了非常重要的作用。

能源的开发利用，同社会生产力的发展、科学技术的成就以及人们的生活水平有着极为密切的关系。在不同的历史时期，有着相应的生产力水平。人类利用能源的技术水平也有差别，而能源科学技术的进步，又推动了社会生产力的飞速发展。能源科学技术的每个重大突破，都会引起生产技术的一次革命，把社会生产力推到一个新水平。

在历史上，人类社会已经经历了四个能源时期，即柴草时期、煤炭时期、石油时期、多能互补时期。在古代，人类是以树枝、杂草等当燃料，用于熟食和取暖，靠人力、畜力，并利用一些简单的水力和风力机械作动力从事生产活动。从那时起，以柴草为主要能源的时期持续了漫长时间，生产和生活水平都很低。

18世纪瓦特发明了蒸汽机，以蒸汽代替人力、畜力为动力，开始了资本主义的产业革命，逐步扩大了煤炭的利用，从而推动了工业的大发展，社会劳动生产率有了极大的提高。特别是19世纪末，电力进入社会的各个领域，电动机代替了蒸汽机，电灯代替了油灯和蜡烛，电力成为工矿企业的基本动力、生产和生活的主要能源。社会生产力有了大幅度的增长，实现了资本主义的工业化，从根本上改变了人类社会的面貌。

19世纪中叶，石油资源的发现，开拓了能源利用的新时代。尤其是20世纪50年代初，在美国、中东、北非等地区相继发现了巨大油田和气田，石油涌入国际市场，大量地进入了生产和生活的各个消费领域。西方国家首先是工业发达国家，加快了由煤炭向石油、天然气的转换速度，开始动摇了煤炭在半个多世纪以来作为能源主宰的地位。50年代中期，世界石油和天然气的消费超过了煤炭。60年代初，石油就占据了能源消费的首位，1973年达到了53%，成为西方国家能源供应的主力。同年在世界能源消费构成中，石油已占46.2%。近年来虽然石油在世界能源消费构成中逐步下降，但1987年仍占36.7%。这是继柴草向煤炭转换后能源结构演变的一个重要转折点，是一场具有划时代意义的能源革命，对促进世界经济的繁荣和发展起了非常重要的作用。近几十年来，世界上许多国家依靠石油和天然气创造了人类历史上空前的物质文明和精神文明。

我国是一个文明古国，能源利用历史悠久。从钻木取火、风帆、水车到蒸汽机、内燃机、电动机的使用，从柴草、煤炭到石油的利用，都使社会生产力不断发展，社会面貌逐步发生变化。但是目前我国的经济基础还比较薄弱，我国是个发展中的国家，人口众多，农村人口比重又大，能源发展的历史演变与发达国家不尽相同。如柴草与煤炭消费比重大，向油气转换的时间晚，速度慢，程度低、油气消费比重不高等，这是其中的主要区别。从我国国情和目前的能源条件看，不允许走大量消费石油、改变能源消费以煤为主的道路。

1973年底和1979年西方发生两次能源危机，震撼了世界，能源发展开始步入过渡期。它的主要特点是，由以石油为中心向比较丰富的煤炭、核能，以及太阳能等再生能源方向转变，并且大力进行节能，以更好解决人类下一世纪的能源需要。由石油向煤炭转变，比由煤炭向石油转变要困难得多。一是煤炭为固体燃料，运输，贮存、使用远不如流体的石油优越，要改变已经形成的油气供应利用系统则更加困难；二是煤炭的物理化学特性不如石油，热值低、灰份多，不如石油干净；三是太阳能等新能源的开发和利用技术，比石油的难度要大得多。因此，这个过渡时期，能源的变革将是一段相当艰难的历程，需要经历一段较长的时间，需要人们付出更大的代价，付出更多的努力。

从能源发展的历史演变过程可以看到，社会经济的发展确实与能源密不可分。一种新能源的推广使用，必然促进经济的巨大发展，而如果在能源供应上发生问题，就势必对整个经济的发展产生严重的影响。

二、现代化建设需要能源的不断增长

现代化建设与能源有着密切的关系。

首先，能源是现代化生产的主要动力来源。

早期的人类社会主要依赖人力从事生产活动。人的体力总是有限的，一些过重、过快、精度要求很高的生产过程，只靠人力是无法办到的。现代化生产是建立在机械化、电气化、自动化基础上的高效生产，几乎所有的生产过程都是与能源的消费同时进行的。

在现代化工业生产中制造各种产品，都需要消耗一定数量的能量。据1985年统计，我国吨钢能耗1.12吨标准煤，吨氨能耗2.10吨标准煤，每度电能耗431克标准煤。由此可见，要增加产品，就要相应地增加能源消费。在现代化农业生产中，产量的大幅度提高也是和耗用大量能源联系在一起的。如农业机械化、化学化都需耗用大量的能源，农业用电也是现代化农业所必需。另外，在交通运输和国防建设方面对能源的需求更是不可缺少的，尤其需要消耗大量石油。随着社会的不断发展，生产对能源的依赖性越来越大。

其次，能源是现代化工业的重要原料来源。

在现代生产中，能源不仅仅当作燃料动力使用，更重要的是可做化工原料。有机化学工业是生产碳氢化合物——煤炭、石油、天然气等可燃矿物，都能直接为其提供碳和氢的来源。

例如，对石油产品的进一步加工，便能取得 5000 多种重要的有机合成原料。有机化学工业的八种基本原料：乙烯、丙烯、丁二烯、苯、甲苯、二甲苯和乙炔、萘等，就是加工石油产品得到的。乙烯是制造各种塑料的基本原料，丙烯是制造各种合成纤维的基本原料，丁二烯是制造合成橡胶的基本原料。轻油经加工得到的苯、甲苯、二甲苯等苯系产品，再进一步加工可制成酚醛塑料、锦纶以及染料、农药等产品。另外，化肥、洗衣粉、糖精、人造革，炸药、医药、香料等原料，也可以从石油来提取。

煤炭与石油和天然气相比，碳多氢少，同样也是重要的有机化工原料，特别是苯、萘等芳香族化合物，从煤炭化学产品中提取既简便又经济炼焦化学产品，如焦炉煤气、焦油、硫胺、吡啶、苯、茶、酚等是化肥工业、塑料工业、合成纤维、合成橡胶、医药、农药、染料等不可缺少的原料。

可燃矿物，作为工业原料来使用，其价值比单纯作为燃料来使用要高出许多倍。随着石油、天然气、煤炭化学工业的不断发展，科学技术的不断进步，它们将向社会提供更多更好的产品。

再次，能源与人民生活息息相关。

能源作为燃料和化工原料，一方面直接为工农业、交通运输、国防使用；另一方面，有相当大一部分，则广泛用于生活领域。现代社会的衣、食、住、行、以及文教、娱乐等文化生活，都离不开能源。

此外，能源特别是石油，在世界政治事务中正在起着越来越大的作用。

社会在前进，生产在发展，人们需要更高的物质文明和精神文明。我国能源问题解决得如何，是直接关系否顺利实现四个现代化的一个战略问题。

由此可见，国民经济的发展，要求能源有相适应的增长。生产和基本建设规模的扩大，有赖于提高燃料动力的供应能力。随着人民生活条件的逐步改善，各种物质消费必然增加，家用电器和电视等用能设备的逐步普及，新的社会福利设施的兴建，都需要消耗更多的能源。一般来说，能源消费量越大产品产量越多，社会也越富足，人们才能享有更高的物质和精神文明。能源消费量的不断增长，是现代化建设的重要条件。因此，一个国家的能源消费水平是衡量其现代化水平的重要标志。

三、近几十年来世界能源增长的特点

1. 能源消费增长速度快，而近十年增长减缓

1960~1975 年 15 年间的能源消费，相当于 1900~1960 年 60 年间的能源消费量。

消费量为 1950 年的 3.5 倍。同期，美国是 2.4 倍，苏联是 5.3 倍，西德是 2.8 倍，英

国是 1.4 倍，法国是 3.4 倍。经济发展最快的日本，在 1965~1975 年十年间的能源消费等于其 1900~1965 年间的能源消费总和，1978 年的能源消费量为 1950 年的 11.3 倍。由此可见，战后世界能源增长速度急剧加快。正是在这个时期，工业发达国家的经济有了相当大的发展。

应当指出，由于 70 年代两次石油危机的冲击，西方国家开始采取节能等措施，减少了经济发展对能源的依赖程度。近十年来，世界能源消费增长缓慢，特别是西方工业发达国家更为明显。1979 年世界能源消费量为 99.32 亿吨标准煤，1987 年为 111.58 亿吨标准煤，八年间只增长 12.3%，因而也大大减缓了西方工业发达国家的经济增长速度。

新中国成立前，我国工业基础薄弱，农业生产落后，人民生活水平很低。新中国成立以来，开展了大规模的工业建设，重视发展农业生产，注意提高人民生活水平，能源工业也有了很大发展。1988 年我国生产原煤 9.80 亿吨，原油 1.37 亿吨，天然气 142.64 亿立方米，水电 1092 亿度，折合标准煤总计为 957.9 亿吨。随着能源的不断增长，能源消费量在逐年提高。1988 年我国能源消费量达 9.20 亿吨标准煤，仅次于美国和苏联，居世界第三位，为 1953 年的 16 倍，是能源消费增长速度最快的国家之一。能源工业的迅速发展为实现我国现代化奠定了坚实的基础。

2. 能源消费水平高

现代化社会是大量消耗能源的社会，对于比较落后的国家来说，不把能源消费提高到一定水平，就谈不到现代化。

发达国家的能源消费水平都很高。1988 年世界能源消费量为 115.11 亿吨标准煤，发达国家就占一半以上。例如，美、苏，日，德、英、法、意、加拿大等八个国家的人口占世界人口的 18%，而能源消费量却占 59%。中国人口占世界人口的 20%，而能源消费量只占 8%（不包括农村生物质能）。

按人口计算的平均能耗，即每人每年的能源平均消费量，是衡量世界各国经济发展和人民生活水平的一项综合性指标。1900 年世界人均能耗为 493 公斤标准煤，1950 年达 1080 公斤，1978 年提高到 2164 公斤，1987 年为 2221 公斤。我国能源消费量尽管很大，但是由于人口多，人均能耗却很低，只有 780 公斤，约占世界平均水平的三分之一。发达国家的人均能耗普遍很高，平均有 5~6 吨，它们用电的水平也很高，每人每年平均4000~5000 度，我国 1985 年只有 365 度。因此，逐步提高我国的能源消费水平，是不断推进现代化的重要条件。

建立在大量消费能源基础上的现代社会，稳定地保持能源需求与经济增长之间的关系，对它们继续发展极端重要。能源短缺，供求关系严重失调，就会明显地影响经济的发展和生活的改善。西方国家能源危机后不少国家放慢了经济发展速度，我国能源供应不足限制了生产能力的充分发展。由此可见，现代化要求能源有相应的增长，没有充足的能源供应作后盾，要想加快现代化建设的步伐是难以办到的。

但是必须看到，我国是世界上人口最多的国家，又是一个发展中国家，与发达国家比较，生产和生活水平差距甚大。发达国家的能源消费水平高，我们不宜照搬，一定要从我国的实际情况出发，量力而行。在逐步增加能源供应、提高能源消费水平的同时，特别需要合理利用和节约使用能源，走高效利用能源的道路。用较少的能源，较少的投资，较短的时间，达到我们预期的经济目标。

3. 石油消费比重大

当前，世界主要靠石油、天然气、煤炭、水力等常规能源。1987 年在世界能源总消费中，这四大能源占 94.9%，其他主要是核能。常规能源发展的一个显著特点，是石油消费量的急剧增长。1978 年石油占能源消费的比重达 45.9%，成为世界大多数国家的主要能源，少数国家煤炭仍然是主要能源。美国、苏联、日本、西德、英国、法国、意大利，中国等八个国家，约占世界石油总消费量的 63.9%。

石油取代煤炭成为主要能源这一过程，以美国为最早，1951 年其石油消费便超过了煤炭。苏联较晚，直到 1975 年石油在能源消费中才居于首位。50~60 年代，日本经济发展速度很快，其中原因之一是由于在能源消费结构中迅速实现了煤到油的转化，称之为能源的"流体化革命"，1978 年石油已占全国能源消费量的 77.6%。石油对推进日本的现代化，无疑起了重要作用。世界上不少国家，能够在短短二十年左右的时间里实现现代化，在很大程度上是依靠当时丰富而廉价的石油。

由于石油储量有限，新发现的资源跟不上增产的需要，以及石油消费国对石油输出国的过分依赖所造成的困难，迫使石油消费国采取一系列旨在减少石油消费的措施，因而世界石油消费量由 1979 年的 31 亿吨下降到 1982 年的 28 亿吨。但是，要实现能源结构的根本变化，需经历一段较长时间。估计在 20 世纪内，石油的地位不会改变，仍然是世界主要能源。

新中国成立以来，我国石油工业取得了很大成绩。1949 年全国原油产量只有 12 万吨，占能源总产量的 0.7%，1973 年开始出口，1987 年产量达到 1.34 亿吨，占能源总产量的 21%。石油的大幅度增产为我国的现代化建设提供了十分有利的条件。

应当看到，石油资源的重大突破，将会使我国的能源面貌发生极大变化，经济增长出现新的动力。因此，当前在大力节约用油、合理用油的同时，要加紧油气资源的普查勘探，在陆地和近海寻找新的资源，增加后备储量，以便提供更多的石油和天然气，使其在四化建设中发挥更大的作用。

第三节　我国的能源政策

制定正确的能源政策，对于实现我国社会主义现代化建设的战略目标有着十分重要的意义。我国能源资源比较丰富，但人均占有量很低。过去在如何开发利用能源问题上，方向不明，反复多变，长期以来没有明确的能源政策，给经济上造成了不良后果。能源政策应该适合我国的国情，具有可靠的科学依据，并有一定的稳定性。

一、能源政策研究的出发点

当前，面对和平与发展的新时期、改革与开放的新形势，我国有的能源专家提出，能源政策研究应从历史、系统和全球的观点出发，把握经济与社会发展的大背景和国际环境，用新的思想和方法论进行必要的调查，分析和计算，提出新的观点和建议。

1. 历史的观点。这包括能源的长远预测和历史经验的总结。在世界能源发展史上，一种新的能源占能源总供应量的比重由 1% 上升到 50%，即能源的替换周期平均需 100 年。大规模能源系统的建设周期一般需要 20~30 年，新能源从开始研究到推广应用的周期则需要 30~50 年，因此长远预测是非常重要的。当前及短期的能源发展战略和政策如果没有长远预测的指导，就难免导致决策的失误。历史经验的总结同样具有重要意义。对过去能源决策上的重大失误进行认真的实事求是的反思，以避免重蹈历史覆辙，这对我国能源事业的发展是非常必要的。

2. 系统的观点。当今世界的能源问题，是一个极其复杂的系统，它不仅同经济和社会的发展密不可分，而且是影响政治和对外政策的重要因素。一是经济因素：在实行有计划的商品经济条件下，在制定能源政策时，应该结合管理体制的改革，进行综合性的、定性与定量相结合的研究。例如，能源短缺能完全归因于供应不足吗？在某种程度上是需要过量的反映。二是社会因素：这对能源决策有决定性的影响。比如，我国人均能耗到 20 世纪末也只能达到 1 吨标准煤左右，仅为目前世界平均水平的一半，要在这样低的人均能耗水平条件下实现小康生活的战略目标，研究适合我国国情和民族传统的消费结构和生活方式就是一个重大的战略问题。又如在西部人烟稀少、环境恶劣、交通闭塞、贫穷落后的少数民族地区建设大型能源基地，以及东部地区某些枯竭的能源基地采完报废引起的社会问题，等等。三是环境因素：环境因素已成为我国经济与社会发展，以及能源战略和技术选择的一个主要制约因素。突出的问题是大量烧煤造成城市大气污染和农村过度消耗生物质能引起的生态破坏。如何根据我国资金有限而环境容量较大的特点，采取适合国情的能源、经济、环境综合优化策略，从而使能源开发和利用既能保证经济增长的需要，又不致超出环境容量的极限而造成环境和生态危机。四是政策因素：改变旧的决策模式是我国政治体制改革的重要环节。当前我国重大项目的决策，就投资而言，能源居第一位，因此建立一整套严格的决策制度和决策程序非常必要。

3. 全球的观点能源是当代人类面临的一大难题，在国际政治与经济格局中占有举足轻重的地位。能源工业，特别是石油工业，是资金密集，技术密集，又具有国际性的行业。随着我国从封闭和半封闭状态逐步走向开放，能源对整个国际关系的影响与日俱增。我国能源出口收入占出口总额的比重和能源设备的进口占进口总额的比重都占四分之一左右，能源部门引进外资的规模也占第一位。在制定能源政策，包括能源贸易政策时，不能不考虑国际市场油价的变化，以及世界新技术革命的挑战对我国的影响、我国能源的国际合作等。

二、制定能源政策的依据

一个国家能源政策的制定，需要参考的因素很多。一般来说，主要有以下几点。

1. 国家长远的经济发展战略目标和总的经济发展方针。能源政策是经济总政策的一部分，经济增长速度和能源增长速度之间有着密切的依赖关系。我国社会主义初级阶段的基本路线和改革开放的总方针，是制定能源政策的重要依据。

2. 能源资源情况。能源资源直接影响着一个国家能源政策的制定，它是制定政策的基础和出发点。

3. 能源利用的技术水平。技术条件是一个非常重要的物质因素，无论能源的开发和利用，都需要掌握先进的科学技术和使用先进技术装备。

4. 国家的财力状况。能源工业建设占用资金多，周期长，因此，一个国家的财力状况是影响能源工业发展的重要因素。

5. 能源发展的国际环境。包括国际政治经济环境及国际能源市场的变化等。

三、我国能源工业的基本方针

从我国国情出发，在总结新中国成立以来能源生产、建设正反两方面经验的基础上，1980 年提出我国能源的基本方针是："开发与节约并重，近期把节能放在优先地位。对国民经济实行以节能为中心的技术改造和结构改革。"在这一方针指导下，"六五"和"七五"期间我国能源的开发和节约工作有了很大发展，取得很大成就。能源部成立后，组织力量编制了《我国能源工业中期（1989~2000）发展计划纲要》。在《纲要》中进一步提出了今后十二年能源工业的基本方针："要继续贯彻开发和节约并重的方针，努力改善能源的生产结构和消费结构。能源开发要以电力为中心，煤炭为基础，积极开发石油、天然气，大力发展水电和核电，同时加快农村能源及电气化建设。能源节约要作为我国的一项基本国策，大力节电、节油、节煤，推广热电联供，发展余热利用，继续实行以煤代油，提高能源利用效率，减轻环境污染。"

根据这一基本方针，按后十年工农业总产值年均增长 6% 的速度规划，到 2000 年需一次能源总量为 14.3 亿吨标准煤。届时，我国能源生产结构将有所改善，煤炭在一次能源中所占的比重略有下降（从目前的 73% 降至 70%），煤炭转换为电力的比重有所提高（从目前的 27% 提高到 33%）。但是，即使实现了这个目标，还必须同时采取重大的节能措施，才能达到能源供需的大体平衡。

如何正确理解和贯彻这一基本方针？应该明确和注意以下几个问题。

1. 我国现代化建设以常规能源为主，同时积极地有计划地发展新能源

常规能源在世界能源中的地位，20 世纪内是不会改变的，我国的情况也是如此。我国常规能源资源完全可以满足国民经济增长的需要。在我国常规能源中，煤炭是主要能源，煤炭在我国能源消费中的比重一直占 70% 左右，这种形势将会继续下去。在发展煤炭的同时，要积极开发石油、天然气资源，在大力勘探找到更多储量的基础上不断增加油气产量。我国水力资源的开发利用程度很低，有极大的潜力，今后应大力发展水电。应当指出，矿物燃料资源是会枯竭的。从长远着眼，应高度重视并积极开展新能源开发和利用的超前研究，这是很重要的技术储备和能源储备。

2. 开发是能源建设的基础，节能是长期的战略方针

新中国成立以来，我国能源开发取得了很大成就，但仍不能满足国民经济继续增长的需要。我国人均能源消费水平很低，不仅与发达国家的差距很大，而且也低于世界平均水平。现代化意味着能源消费的持续增长。在实现现代化的整个过程中，都要坚持能源建设的战略重点地位，十分重视能源的开发，使其长期稳定增长；并且根据能源建设周期长的特点，要重视制定有科学依据的长期能源规划，能源建设项目应有计划地早做安排。

为了保证实现我国经济发展的战略目标，能源工业要一手抓开发，一手抓节约，开发与节约并重。抓节能不是为了应付当前能源供应不足的权宜之计，而是为了提高能源利用率的长期方针，这也是现代化建设的要求。目前我国能源利用率很低，节能潜力很大。在工业、运输和民用等部门，通过加强管理、技术改造和合理利用，可以大力节约能源，并取得更高的经济效益。

3. 力求工业布局与能源资源的合理配置

耗能工业与能源资源的合理配置，是能源建设中的一个重要原则。布局不合理，必然导致能源的浪费和运输的紧张。新建的耗能项目，一般地应考虑就近取得资源的原则，大耗能工业一定要接近能源产地。在辽宁、上海等缺能源的沿海地区，原则上应不再发展大耗能工业。在能源生产基地，条件许可，可增加能源就地利用的比重，发展以能源工业为主的综合工业体系。为了改变我国目前能源布局不够合理的状况，在能源资源贫乏、工业发达的地区，应该考虑发展核能，在矿物能源资源缺乏，但水力资源丰富的地区，应大力开发水电。

4. 能源工业的发展以电力为中心，要积极发展火电，大力开发水电，有计划有重点地建设核电站

电能是极为重要的终端能源，它广泛用于国民经济各部门以及生产和生活各个领域，是社会现代化的标志之一，应保持电力的超前发展。世界上用于发电的能源消费约占能源总消费的四分之一。最近二三十年以来，世界许多国家电能消费的增长非常显著，我国尽管发展较快，但电力供应仍然比较紧张。1985 年我国发电能耗占总能耗的 21%，低于世界平均水平，与发达国家相差更远。我国发电燃料主要靠煤炭。水力发电 1987 年只占全国能源消费的 4.6%。火电站本身的建设一般比水电站要快，投资也省，但是如加上必备

的煤矿和铁路项目，就不一定比水电站优越。因此，在大力发展火电的同时，应充分发挥我国水力资源丰富的优势，加快水电建设。在缺乏能源资源的工业发达地区，应重点发展核电。

5. 能源建设要重视环境保护

现代化工业的迅速发展，特别是能源的开发和利用，对自然环境造成的严重污染格外突出，尤其在我国北方取暖季节，空气的污染更为严重。为此，要努力解决城市民用燃料的供应问题，用优质燃料代替劣质燃料，并改变用能方式，发展城市煤气和集中供热；同时要认真贯彻执行国务院关于建设项目"三同时"的规定，即解决"三废"污染的工程应与主体工程同时设计、同时施工、同时投产。

6. 改革能源工业的投资体制，能源建设要高度重视经济效益

能源工业的投资体制应由单一型向多元化转换。可实行国家投资、地方投资、企业自筹资金、引用外资等多种投资方式，同时面向社会发行股票、债券，本着谁投资谁受益原则，多方吸收资金。

我国资金紧张，能源建设需要投入资金多，因此，特别要重视经济效果，不但要注意微观经济效果，而且要注意宏观经济效果，以求得最佳国民经济综合效益。有时，微观经济效果好，但宏观经济效果不一定是合理的，因此要求有长远的全局的意识。无论是开发，还是节能，应优先安排投资少、时间短、收益大的项目，才能有利于国民经济的发展。

7. 重视解决农村能源问题

我国有八亿多农村人口，农村能源是我国能源问题中的一个特殊问题。目前，我国农村能源短缺十分严重，解决农村生活能源短缺尤为迫切。农村生活能源的 80% 主要靠农作物秸秆和薪柴。根据我国的情况，在一个较长时间内，解决广大农村的能源问题，主要不是依靠国家提供的商品能源，而是因地制宜，采取多种途径，如发展薪炭林，兴办沼气、小水电、小煤窑等。太阳能、风能的利用，在解决农村能源中应该受到重视。应贯彻"因地制宜，多能互补，综合利用，讲求实效"的方针。

8. 加强能源的国际贸易和国际合作

能源是一个世界性问题，能源国际贸易日趋增加。我国有丰富的能源资源，应继续贯彻能源出口政策。考虑到石油资源和国内需求现状，石油的出口应该量力而行。在维持一定数量石油出口的同时，可以多出口些煤炭，把增加煤炭出口作为今后我国出口贸易的一项重要政策。要加强能源的国际合作与交流。在有利的情况下，利用外资在互利的条件下，合作开发。合作的方式可以是多样的。从目前来看，合资经营是我国能源建设中的一种重要国际合作的模式。

9. 发展能源科学技术研究，高度重视能源科技人才和管理人才的培养

能源科学是和国民经济有直接关系的重大科研项目。能源科学技术的任何重大突破，都会造成能源生产和利用的根本改观，甚至形成新的能源格局。对于那些能够显著提高能源生产和利用效率的重大科研项目，必须加强；对于确有发展前途的新苗头和生长点，应

该支持。要认真贯彻经济建设要依靠科学技术、科学技术要面向经济建设的方针。

当前能源的发展，主要受资金和技术制约，而科学技术现代化的关键在教育，因此，要发展我国的能源事业，必须大力发展能源教育事业。新中国成立以来，我国的教育事业有了很大进步，与能源有关的院、系、专业也发展很快。三十多年来，这些院校培养了几十万能源高等建设人才和中等技术人员，但还远不能满足能源事业发展的需要，尤其是经济管理人才更加缺乏。据估计，如果将整个能源工业技术人员的比例提高到10%，到2000年，共需培养50万人以上，再加上管理人才就更多。人才的培养和成长周期是比较长的，因此应当在人才预测的基础上及早制定出能源教育的长远规划。同时，要有计划地加强在职干部和职工的培训，不断更新知识，掌握现代化科学技术和现代管理科学。

第二章　能源的开发和利用

第一节　世界能源利用状况及发展趋势

能源的开发利用，同社会生产力的发展，科学技术的成就，以及人们的生活水平有着极为密切的关系。在不同历史时期，有其相应的生产力水平，人类利用能源的技术水平也有差别，而能源科学技术的进展，又推动了社会生产力飞跃发展。能源科学技术的每项重大突破，都会引起人类社会生产技术的一次革命，把社会生产力推到一个新的水平。即使是一个很小的突破和进展，也会对社会生产起到很大的作用。

一、能源开发利用的历史过程

1. 柴草时期

原始社会早期人类，在能源利用上，并没有明显超出动物界的范围。那时，人类利用的能源，主要是贮存在食物中的化学能。这些能量，是辐射到大地上的太阳能，经过绿色植物光合作用固定下来的。人类摄取食物，并通过自身的消化作用，把食物中的化学能释放出来，转变成人体肌肉的力量，成为原始人从事劳动的能量来源。

经过漫长年代，人类在劳动实践中掌握了钻木取火的方法，这是人类在征服自然过程中的第一个伟大胜利，没有任何一个发明创造能在这一点上同火相比的。人类从它的出现开始便和能源发生了联系。

自从发明了火之后，人类以树枝、杂草等为燃料，用于熟食和取暖同时，随着社会生产的发展，畜力、风力和水力等便于直接利用的自然能，开始在生产中使用。人们饲养牧畜，并以畜力作为动力来源，已经有几千年的历史，至今我国农村还在使用着。大约五千年前，人们已经把风作为能源利用，在尼罗河上扬起船帆，逆水行舟。我国历史上的航海家们利用风力作出了创举。利用水力推动机械碾磨谷物，也可追溯到两千年以前。以后作为工业作坊的主要动力来源一直延续到蒸汽机的发明和使用。在此之前的几千年里，由于人类在能源利用方面没有新的突破，因此人类社会进步不大，这一时期我们称之为柴草时期。

2. 煤炭时期

直到 18 世纪，人类在能源利用方面实现了第二次大突破，那就是大量使用煤炭等矿物燃料。尽管煤炭当作燃料使用至少有两千年的历史，但作为工业生产的历史仅二百多年。

17世纪，人们就开始采掘煤炭，利用煤炭，但是大量利用的能源还是薪柴。1785年，英国的詹姆斯·瓦特发明了蒸汽机，而开动蒸汽机需要大量燃料，人们感知薪柴的不足，就大量采掘煤炭。煤炭的发热量高，使用方便，促进了蒸汽机的推广应用，形成了"蒸汽机时代"。生产力的发展推动了社会的变革，引起了产业革命，从而推动了资本主义社会的发展，使人类进入机械化时代。19世纪80年代（1881年），美国人爱迪生建成了世界上第一座发电站，实现了第三次大突破，同时各个领域广泛用电，以电力取代蒸汽，使人类进入电气化时代。在发展电力的同时，煤炭的消耗量迅速增加，到1890年以后，薪柴占人类利用能源的比重已低于50%，同时人们也开始利用水力发电。在I860年到1910年的半个世纪里，煤炭消费量增加了7.3倍，占能源的比例由25.3%增长到63.5%，薪柴只增加了0.4倍，占能源的比例由73.8%下降到31.7%。

有人估计，在过去的一千年里，世界煤炭消费量累计共约1300亿吨，其中大约2/3是在1925年以后几十年内开采使用的。1925年以前，美、英、德三个国家的煤产量约占世界总产量的80%，就当年的产量来说，是世界上仅有的几个达一亿吨以上的国家。1925年，年产量在一千万吨以上的国家有14个，其中一半在欧洲。到1988年，有11个国家年产量超过一亿吨，还有9个国家超过1500万吨，这20个国家的煤产量占世界总产量的93.91%。现在，世界煤炭年产量40多亿吨，中国、美国、苏联是世界上三个最大的产煤国家。

人类在能源利用方面的第二次大突破和第三次大突破，给人类社会带来日新月异的变化，人类开始进入机械化和电气化时代，这一时期我们称之为煤炭时期。

3. 石油时期

石油的利用有着悠久的历史。约在公元前一千年，中国古代战争中使用的"霹雳车"就是用燃烧着的石油火罐攻打对方。在15世纪到17世纪期间，欧洲在意大利、德国、法国、西班牙发现了石油，在拉丁美洲的古巴、秘鲁、阿根廷也陆续发现石油。

1859年，在美国宾夕法尼亚州成功打出第一口井时，现代石油工业才算真正开始，至今只有一百多年的历史。起初，石油制品主要用于加热和照明。随着工业的发展，特别是20世纪50年代开始的以石油、天然气为原料的石油化学工业突飞猛进的发展，石油制品消费量的增长，促进了石油工业的进一步发展。

美国是早期主要的石油供应国，到1940年，约提供世界石油需要量的2/3。1921年~1940年，苏联、墨西哥、伊朗、罗马尼亚、印度尼西亚和委内瑞拉，先后成为世界主要产油国。40年代，沙特阿拉伯和科威特发现巨大石油资源并迅速开发，50年代，阿尔及利亚、卡塔尔、加拿大和阿根廷也陆续成为重要的产油国。1961~1970年，利比亚、尼日利亚、阿曼、阿拉伯联合酋长国、中国和巴西也进入石油主要生产国的行列。70年代英国北海油田的迅速开发，为本国提供了可靠的油源。优质而廉价的石油为二次大战后资本主义世界的经济恢复和发展提供了极为优越的条件。20世纪50~60年代被称为资本主义世界经济发展的"黄金时代"。例如，日本经济保持年增长率11.9%的发展速度，其它国家经济的年增长率也达4%~5%，这一时期我们称之为石油时期。

在此时期，世界能源消费结构中煤炭的比重逐渐下降，而石油的比重不断上升。1965年，石油首次取代煤炭居首位，比重达 41.2%，煤炭占 40.6%。以后石油的比重不断提高，世界进入了"石油时代"。1979 年石油在能源消费结构中的比重高达 53%，煤炭占 18%，天然气占 18%，其他为水电，核能等。现在世界的石油年产量为 30 亿吨左右。

目前，世界上生产天然气的国家主要有美国、苏联、加拿大、荷兰、伊朗、英国、罗马尼亚和墨西哥等国。苏联和美国是世界上主要的天然气生产国和消费国，现在许多国家的输气管已把主要产区同消费区连接起来。海洋运输液化天然气的船舶技术也已解决，从而促进了天然气工业的进一步发展。

水力是一项古老能源，人们利用它有两千多年的历史，但利用范围有限。直至发电机和输电技术的发展，使电站和用户之间的距离迅速扩大到数百公里，才改变了水力资源利用的情况。

1910 年以后，主要在欧洲、北美和日本，水电的开发迅速增长。到 1925 年水力发电约占世界总发电量的 40%，水电装机容量为 2640 万千瓦，年发电量达 800 亿千瓦时。

许多国家在能源利用上大都采取尽早开发水力资源的方针。1977 年，美国、瑞士、日本、西德、法国，意大利、加拿大以及北欧诸国的水力资源，已利用了可开发量的40%~98%，其中最高的是瑞士，为 98%；其次是法国，为 95%；意大利，为 84%。当年水电比重较大的国家有：挪威——99%；瑞士——87%，巴西——84%；加拿大——58%。发展中国家拥有的可开发的水力资源占世界的 65%，而开发利用的程度仅 4%。不难看出，世界上水资源的潜力相当大，尤其发展中国家潜力更大。

4. 多能互补时期

目前人类在能源开发利用上已经历了柴草时期、煤炭时期和石油时期，并经历了以技术准备为前提的自然过渡（火的使用、蒸汽机的发明、电能的应用等），从而顺利完成了由煤炭取代柴草和以石油取代煤炭成为主要能源的两次转换。现在世界能源正面临一个新的转折点，即人类又开始进入一个新的能源结构的变革时期——以太阳能、核能为主体的多样化新能源时期。在能源消费结构中已开始从石油为主要能源逐步向多元能源结检过渡，这一转换现在还没有完成。但这一转换将比前两次转换更为艰巨，时间更长，然而更有意义。

二、当前世界能源利用状况

20 世纪以来，世界能源消费大幅度地增长。1900 年世界能源总消费量为 7.75 亿吨标准煤，1975 年增加到 85.7 亿吨，增加了 10 倍，而且能源构成也发生了很大的变化。在20 世纪初，石油刚刚成为能源，到了 50 年代，中东大油田的开发利用，世界各国石油和天然气的生产也得到了迅速发展，石油成了主要能源。在过去的二三十年里，世界上许多国家依靠廉价的石油和天然气实现了现代化的生产和生活，创造了人类历史上空前灿烂的物质文明。

现代化社会建筑在巨大的能源消费之上。社会愈发达，现代化程度愈高，能源的消费量就愈大，而且对能源的质量要求也更高。近几十年来，世界经济发展很快，许多国家高速实现了现代化，有赖于能源的大规模开发和更有效地利用。

1900~1950年的50年间，能源消费增长了两倍多，这是由于在此期间世界上许多国家进行了工业化建设。同时，在这50年中，又爆发了两次世界大战，并出现了30年代的资本主义经济危机。1951~1975年的25年中，世界能源消费量也增加了两倍多，这时，正是世界各国经济迅速发展，并且是几个主要工业国家高速实现现代化的时期，所以能源消费增长的特别快。

但是，自从1973年世界石油危机以后，各主要工业国纷纷采取措施以减少石油的消费量。同时，由于煤炭、石油等矿物能源的资源储量日趋枯竭，供人类开发利用的时间有限，所以世界各国都在认真研究如何更有效更合理地利用各种矿物能源，大力开发各种新能源，以保证经济发展和人民生活对能源的需求。如果说在过去二三十年里，只有美国、苏联、日本和西欧几个主要工业国家依靠大量的能源消费实现了现代化的话，那么，在未来的二三十年里，将有更多的国家依靠现代的科学技术和对能源的有效利用来建设自己的现代化生产和生活。整个人类社会都要实现现代化，对能源的需求将会增长，但能源消费增长的幅度与六七十年代相比将会明显下降。

在世界能源总消费量中，美国、苏联、日本以及西欧几个经济发达的现代化国家的能源消费量占60%以上。以1978年的资料为例，在这些国家的能源消费中，石油和天然气的比重很大，1978年世界上几个主要国家能源消费中油气比重高达60%~90%。正是由于这些国家对石油的依赖达到惊人的地步，1973年秋季爆发的中东战争，对石油进行了短期的禁运，使依靠进口中东石油的国家经济上受到了不同程度的影响。例如，日本经济从年增长率11.9%降到5%，其他西方国家经济年增长率也由4%~5%下降到2%。由于石油危机，日本缺少0.6亿吨标准煤的能源，造成了485亿美元的经济损失；美国缺少1.16亿吨标准煤的能源，造成了930亿美元的经济损失。当然，这不完全是由于能源供应不足所导致的，但毕竟能源短缺是一个极重要的因素。尽管这些发达国家也采取了一些措施以减少石油消费，但由于种种原因，使得石油及天然气的消费比重仍然很高。

三、世界能源的发展趋势

能源危机的发生，促使人们清理了一下石油、天然气、煤炭等能源的家底。认为世界石油的可采储量约900亿吨，按现在的生产水平仅能开采30年左右。天然气资源的总储量也是很有限的，预测它将晚于石油一二十年。煤的储量尽管丰富，尚可供人类使用二三百年，但由于环境保护的要求，煤的生产量在下个世纪也将达到高峰。在20世纪内，能源消费的大量增长和石油资源的短缺，将是世界能源问题的焦点。尽管石油资源的储量有限，可供人们使用的时间也不会太长，并将逐步地退出世界能源的舞台，但 20 世纪内石油仍是世界能源消费的主要构成之一。如果 1995 年前后石油产量开始降下来，对许多国家来说，将需要有大量的代用燃料，煤仍是填补能源缺口的主要来源。可是，煤在自己的历史上曾因对环境的污染被人们所嫌弃。原子能曾被认为几乎是无限的能源，裂变技术已基本成熟，但也面临着一系列的困难和问题，需要研究解决它的污染防治措施，而且核裂变的资源利用率很低，潜力也是有限的。尽管如此，看来在今后二三十年或更长的时间内，也只有煤和核裂变还可以得到广泛应用。

目前，在世界能源消费构成中，大约有 1/4 用于发电，工业发达国家的比重还要大得多，一般都超过 30%。

虽然发电燃料主要是煤炭，但石油和天然气的消费量也十分可观。例如，美国发电烧油每年是一亿多吨，日本发电燃料中石油比重超过了 75%。这几年来，世界各国非常重视改变发电能源构成，几乎是所有国家都明确规定，新建火力发电厂都不能烧油和天然气，而是扩大煤的使用，对现有烧油电厂，将进行技术改造，采用煤油混合燃料，以减少石油的消费。

随着社会生产和生活现代化的发展，对电能的需要量将会大幅度地增长。20 世纪末，发电能源占到总能耗量的 40%~50%，如果把希望完全寄托于增加煤的消费，是有很大困难的。从 40 年代开始，人们就致力于原子能的和平利用。1987 年底，世界上建成的核电站有 417 座，在建的有 119 座，总发电功率近三亿千瓦。许多国家都把发展核能定为国策。美国预期到 2000 年时原子能在能源构成中占 1/4，并成为发电的主要能源之一，使原子能和煤炭在发电能源中占到 80% 以上，并把发电能源中的石油和天然气比重降到 7% 左右。人们曾经这样预见，过去的二三十年，由于有廉价的石油，原子能的发展是缓慢的。在今后的二三十年里，随着石油资源短缺并逐步枯竭，如果再没有原子能的利用，生活将会变得困难。从能源预测来看，到 20 世纪末，原子能在世界能源构成中的比重占到 13%，但是，也应该估计到，核能的利用还存在着潜在的困难，主要是反应堆的安全，原料的加工和废物的防污染处理，以及随之而产生的经济性，可能使核能的重要作用仍会受到一定的影响。

扩大煤的利用还有其极为重要的意义，将煤转换成气体和液体燃料，是替代石油和天然气供应不足的有效途径。这几年来，许多国家对煤的气化、液化科学技术研究取得了较大的进展，使停滞了 30 年的研究工作又得到了复苏。煤的地下气化技术的发展和成功，可以帮助人们解决不能用常规方法开采的巨大资源。例如，据美国能源部报告，现在认为可以开采的最大深度 1800 米以上的煤炭资源有 63600 亿吨，其中大约有 4300 亿吨可以用常规方法开采出来，地下气化可利用的有 18000 亿吨。可见，采用先进技术利用煤炭，能使它为人类社会现代化建设提供更多的清洁能源，并能使它的服务时间更长一些。

第二节 我国能源的利用与发展

我国利用能源的历史悠久，很早就开始使用煤炭、水力，并发现了石油和天然气，创造了古老文明。但由于封建社会统治时期很长，以及半封建半殖民地的旧中国，阻碍了社会生产力的发展。20 世纪以前，还是以柴草为主要能源。矿物能源的开发利用是从这个世纪初才开始发展起来的。尤其是新中国成立以来，煤炭和石油、天然气的生产迅速增长，为社会主义经济建设提供了必要的物质保障。

新中国成立 40 年以来，我国能源工业得到了迅速发展，与解放初期相比，能源产量增长了 37 倍。1987 年我国一次能源总产量达到 9.12 亿吨标准煤，其中，原煤产量 9.2 亿吨，居世界第一位，原油产量 1.34 亿吨，居世界第五位；发电量达到 4973 亿千瓦时，居世界第四位，其中水力发电量 995 亿千瓦时，居世界第五位，天然气产量 138.7 亿立方米。1988 年我国能源总产量为 9.58 亿吨标准煤。除了少量出口之外，均为国内生产和生活所消费，1987 年共消费能源 8.6 亿吨标准煤，1988 年能源消费量达到 9.2 亿吨标准煤。就能源消费的绝对量来说，仅少于美国和苏联，居世界第三位。

人均能源消费量是衡量一个国家经济发展和人民生活水平的重要标志。人均能耗越多，国民生产总值就愈大，社会也就愈加富裕。由于我国人口众多，按人口平均，1978 年人均能源消费量只有 600 公斤，1987 年约 795 公斤，1988 年为 839 公斤。人均能耗量虽有所提高，但与发达国家相比，差距很大。

一、我国的能源结构及其变化

能源构成主要是指能源的生产构成和消费构成。能源的生产构成是指生产出来的可供消费的各类能源在总量中所占比重，

而能源的消费构成是指实际消费的能源，按品种分类，及其在总量中所占比重。新中国成立初期，在能源构成中几乎全是煤炭，石油、天然气和水电的比重很小。新中国成立前，只有甘肃玉门油矿，年产十几万吨原油。为了满足消费的需要，从国外进口一部分成品油。经过 30 多年的社会主义建设，不但使能源生产大幅度增长，而且石油和天然气的比重也不断上升。到 1988 年，在能源生产构成中，煤炭占 73.1%，石油占 20.4%，天然气占 2.0%，水电占 4.5%。

我国能源构成与工业发达国家相比，正好相反，几个主要工业国家石油和天然气在能源构成中的比重都在 70% 左右。在能源构成中石油和天然气的比重大小，对社会经济发展有很大影响。就能源开采来说，采煤与采油相比，建相同生产能力的大型矿井，煤矿的建设时间需要 8~10 年，油井的建设时间只要 5~6 年，而且石油开采的投资（按热值比较）

只是煤炭开采投资的一半。石油可以用管道运输，既方便又经济，可以节约大量的劳动力。尤其是使用石油和天然气的设备，投资和材料消耗都要省，占地面积比较小，热能利用率也要高得多。更值得重视的是，石油和天然气在能源构成中的比重增加，使得因消费能源而带来的环境污染问题将大大减轻。

能源消费可分为生产消费和生活消费两大部门，也可分为工业、农业、交通运输、民用生活四大部门。能源消费结构就是指国民经济各部门的使用数量，及其在总量中所占的比重。当前，我国工业部门耗能比重很大，占总耗能量的 2/3 左右，民用耗能约占 20%，农业耗能数量极少。与工业发达国家比较，我国工业部门耗能所占比重高于各主要工业国家。

我国大量使用煤炭、石油、天然气、水力等一次能源，可以加工转换为固态，液态、气态和电力等四种形态供消费使用。各种能源的转换性能不同，例如煤炭，这四种形态都可以转换，水力只能转换为电力，而石油、天然气一般不转换为固态使用。能源的各种形态，在各部门可以使用，只是电力不能作为原料，而气态尚未在农业和交通运输中使用。

在分析能源系统结构时，还应考虑到农村的生物质能以及畜力在农业生产和农民生活中的使用。目前，农村每年所消费的生物质能，折合成标准煤约 3.29 亿吨，相当于全国商品能耗量的 1/3，是一个不可忽视的数量。

二、我国能源利用特点的分析

新中国成立以来，我国能源生产和消费都有很大发展。1953~1980 年，平均每年增加煤炭约 2000 万吨，增加石油约 380 万吨，全部能源的发展速度平均每年 9.5% 左右。1988 年我国能源生产量达 9.58 亿吨标准煤，能源消费 9.2 亿吨标准煤。1989 年我国能源生产量近 10 亿吨标准煤。随着能源工业的发展，我国经济也得到了很大的发展，1953~1980 年，工农业总产值平均每年增长 8.2%，国民收入平均每年增长 6.1%。尽管如此，从全国来看，能源供应一直是比较紧张的。据有关资料统计，现在每年大约缺煤 2000 万吨，缺油 1000 万吨，缺电 500 亿~700 亿千瓦时。全国有 20%~30% 的工业生产能力因能源短缺而不能发挥作用。农村生活用能短缺。

我国在能源利用上，主要有以下几个特点。

第一个特点是，能源的生产和供应立足于本国经济发展的需要。我国生产的能源，除少量出口外，绝大部分是为了满足国内的需要。新中国成立初期，所需要的石油制品主要依靠进口，但由于石油消费量在能源消费构成中所占的比重极为有限，所以 95% 以上的能源需要量都是由国内生产供应的。60 年代，大庆和其他油田的开发，使我国做到了石油自给。70 年代初期，开始出口一些石油。在这以前，我国也出口了少量煤炭，但能源生产量主要是用来满足国内消费需要。由于能源供应立足于国内自给方针，因此 1973 年和 1979 年两次世界性的能源危机，对我国经济的影响很小。

1987年我国原油和成品油出口量3217万吨，煤炭出口量1351万吨，1988年分别为3084万吨和1565万吨。"七五"期间我国出口煤炭计划以每年递增五百万吨的增长速度，累计出口力争达到一亿吨，相当于1949~1984年煤炭出口数量的总和。同时，需要进口一部分能源。总之，今后我国能源工业的发展，还应坚持这样一个原则。

第二个特点是，在能源构成中，煤占有重要的地位。我们经过了三十多年的努力，石油和天然气工业有了较大的发展，但煤炭的比重还占70%以上，这是与我国能源资源蕴藏特点相适应的。根据我国能源资源探明的贮量，在今后相当一段时间内，能源消费量的增长将主要由煤炭和水力发电来满足，煤炭在能源构成中将占有更大的比重，从近几年我国能源的构成情况看也说明了这一点。煤炭的稳定增长无疑是国民经济迅速发展的必要的可靠的保证。

第三个特点是，在能源消费结构中，工业消费能源占有较大比重。

工业部门是我国能源消费量最大的部门，占能源消费总量的65.77%。交通运输和邮电通信业能源消费比重仅为4.90%。这与西方发达国家的能源消费结构相比差距很大。我国工业部门消费的能源从绝对量上看已达较高水平，但创造的产值并非很高。原因是在工业生产中工艺设备落后，能源管理水平低，能源浪费大。

第四个特点是，我国农村使用的能源还是以生物质能为主。亿吨标准煤，占当年我国总能源消费量（包括商品能源和非商品能源）的36%，其中用于生活的占81%。在农村消费能源中生物质能占84.1%，均作为生活燃料直接烧掉了。农作物秸秆作为饲料、肥料和工业原料的数量很少，这样原始的使用方式反映了我国农村用能的落后状况。

我国有八亿多农民，要根本改变用能状况，如果主要依靠煤炭、石油、电力等商品能源是很难实现的。解决农村能源的途径，特别是解决广大农民生活用能，还要依靠各种自然资源，例如太阳能、沼气等。

第五个特点是，人均能源消费数量极少。目前从能源消费的绝对数量来说，我国能源消费仅少于美国和苏联，居世界第三位，但由于我国人口众多，人均能源消费量极少。1987年我国共消费能源8.6亿吨标准煤，人均能耗仅795公斤标准煤，与西方发达国家相比，还相差甚远。

这个特点说明两个问题。一方面，我国能源消费绝对数量大，而生产的社会产品不多，故必须节约能源，提高能源利用率，否则就很难实现现代化。另一方面，按人口占有的能源数量极少，这说明要实现现代化，必须加快能源工业开发，增加能源的生产量和消费量。

三、必须大力开发利用能源

能源资源是发展能源工业基本条件。在20世纪内建设我国的四个现代化，主要是靠自己的煤炭、石油、天然气和水力等常规能源。尽管常规能源的资源储量是有限的，各种矿物能源用一点少一点，但石油和天然气资源在20世纪内还不会枯竭，石油和天然气的产量在 90 年代稳产，煤炭资源还可供人类开采二三百年，所以常规能源的优势在 20 世纪内或者更长的一段时间内是不会改变的。另外，从世界上几个主要工业国家的发展历史来看，无论是实现工业化，还是建设现代化，都是靠常规能源。在 20 世纪内我国建设现代化，仍然要靠开发利用常规能源。

1. 煤是主要能源，但要提高利用技术水平

从世界发展趋势看，随着石油、天然气的供应紧张以及资源的逐渐枯竭，能源正处于过渡之中，在此期间，将会增加煤的开发利用。但是，今后煤的使用，并不是全像过去那样用直接燃烧的方法，除了提高煤的燃烧技术之外，还要走煤的气化、液化的技术道路，将使煤的利用提高到一个崭新的水平。

三十多年来，煤炭一直是我国的主要能源，在我国的生产和生活中起了重大作用，今后煤炭仍将是我国建设现代化的主要能源。为实现我国经济发展的宏伟目标，2000 年能源工业生产的指标是：一次能源生产量为 14 亿吨标准煤。要完成这一指标，煤炭产量是关键。根据国民经济发展规划，2000 年原煤产量将达到 24 亿吨，力争达到 16 亿吨。从目前煤炭工业发展情况看，前景不容乐观，生产后劲不足，煤炭供应再度紧张，若不认真解决这一问题，将会直接影响能源生产目标的实现。

老矿加速衰老。由于全行业长期亏损，资金短缺，设备未得到应有的更新和维护。这些问题，严重影响着煤矿的生产和建设。面对这一现状，今后煤炭生产要得以发展，必须在资金、物资、政策上给予支持和保障。

第一，追加煤炭投资，提高煤炭工业投资在总投资中的比重，提高煤炭的生产能力。

第二，提高煤炭价格，增强煤矿自我改造和自我发展的能力。从长远考虑，必须提高煤炭价格，使煤炭工业从根本上摆脱亏损局面，同其他行业在平等条件下竞争，靠价值规律调节煤炭工业的发展。从近期看，可以把煤炭调入地新建矿的煤价调整到略低于或相当于从外地调入煤的价格，使新建矿有还款能力。

第三，对地方煤矿实行扶持政策。国家每年应安排适量的基本建设投资和技术改造资金，使地方煤矿有所发展。

第四，搞好煤炭生产、运输和就地转化的综合规划。我国煤炭资源分布很不均衡，山西、陕西、内蒙古资源丰富，煤质好，是开发建设的重点，但远离消费中心，外运任务繁重，应根据本地区水资源和矿产资源的特点就地转化，如煤电结合，煤化结合，实行统一规划，统一开发，统一经营。

总之，煤炭是我国国民经济发展和实现四个现代化的重要能源，必须大力开发和利用。

2. 要重视石油和天然气的开发利用

近三十多年石油工业建设取得了很大成绩。石油和天然气资源的开发利用，改变了我国的能源构成，加速了国民经济的发展。石油和天然气既是优质燃料，又是宝贵的化工原料。根据我国石油、天然气资源生产和消费的具体现实，既要看到当前资源短缺的一面，也要看到石油、天然气对实现现代化极为重要的一面。因此，我们更应该积极加强石油和

天然气的地质勘探工作，为石油、天然气的开发利用提供雄厚的后备储量。

从目前情况看，制约石油生产发展速度的因素主要是已探明的后备储量不足。储采比为 18：1，与世界平均水平相差一半。究其原因，一是勘探资金严重不足。20 世纪末要达到年产石油 2 亿吨，必须找到新的储量 100 亿~180 亿吨，投资额要达到 1000 多亿元。由于原油生产能力具有自然递减的特点，因而石油生产必须用扩大再生产的手段来维持简单再生产。现在每年用于石油工业发展的资金大部分用于维持目前原油生产，而用于扩大再生产的资金约为 20%。扩大再生产的资金不足，影响了石油工业的发展后劲。二是油气价格不合理。现在原油成本只包括采油的费用而不包括勘探和开发的费用，并以此来确定原油价格，形成价格与价值的严重背离，投入勘探和开发的费用得不到补偿。目前，长江以东北部地区油田的储量占全国的 85%，产量占 90%。为维持一亿吨以上年产量，进行非正常的超强度开采，生产能力加速递减，成本上升，石油工业从 1988 年开始出现全行业亏损。

为解决我国石油工业面临的问题，必须改革石油工业的投资体制，由单一型向多元化转移。可以实行国家投资、地方投资，企业自筹资金投资，引用外资等多种投资方式，同时面向社会发行股票、债券，广积资金，本着谁投资谁受益的原则，多方面吸收资金，以保证石油、天然气勘探开发对资金的需要；大力发展先进的勘探技术和老油田改造技术，大力发展低渗透油层改造技术和三次采油技术，从而达到增加新的储量，提高可采储量和最终采收率的目的。此外，只有按照价值规律的要求，合理调整石油和天然气价格，才能增强石油企业自我积累、自我改造、自我发展的能力，这正是我国石油工业稳定发展的重要条件。

3. 超前发展电力工业，大力开发水电，积极发展核电

电能广泛应用于国民经济各个部门，是社会生产和生活现代化的重要标志之一。电力消费与国民经济发展之间关系密切，通常用电力弹性系数来反映电力消费年平均增长率与国民经济年平均增长率之间的关系。国外统计中这一系数为电力消费年平均增长率与国内生产总值年平均增长率之比。我国的电力弹性系数一般是电力消费年平均增长率与工农业总产值年平均增长率之比。

电力弹性系数既反映电力消费与产值的年平均增长率之间的比值，又反映了电力消费与产值之间的幂指数关系。正因为电力消费与产值之间有着幂指数关系，这就不难理解世界各国就一个较长的时间系列来说，电力弹性系数呈现出明显的规律性。如果我们作进一步的分析，还会发现电力弹性系数和单位产值耗电量之间有着密切的关系。当产值单耗增减率为正值，等于零或负值时，电力弹性系数则分别大于 1、等于 1 或小于 1。因此，凡是电力弹性系数大于 1 时，单位产值电耗必呈现增长趋势，它反映出一种明确的内涵关系。因此，电力弹性系数的大小，可说明单位产值电耗的变化趋势。

国内外的实践证明，电力发展速度总是大于国民经济发展速度的。如果用电力弹性系数来表示，则各国的电力弹性系数皆大于 1。一般在电气化初期，电力弹性系数较大。电

气化程度已经相当高的国家，电力弹性系数接近1。美国在发电量达到我国1980年水平后的20年间，电力弹性系数为2，苏联为1.28；日本1950~1980年电力弹性系数为1.2。我国1953~1980年电力弹性系数为1.73。

根据世界各国电力弹性系数历史统计资料的分析，个别国家在某些年份或短期内曾出现过小于1的情况，但从10~30年这段较长时间来看，迄今为止，各国电力弹性系数都大于1。

近年来，由于我国进行国民经济调整，耗电大、产值小的重工业比重下降，并增加了耗电大的产品的进口量，耗电小、产值高的加工工业增长很快，加上严重缺电限制了生活用电的增长，故电力弹性系数小于1。这只是暂时现象，不能作为制订长远发展规划的依据。

（1）我国的工农业生产正在由小生产向大生产过渡。尽管节电可以降低一部分产品的单位耗电量，但是有一些工业如采掘工业，单位电耗将要增加，各工业部门的用电范围将不断扩大，电气化程度将不断提高，这意味着相应地增加额外用电量。这两方面的因素交织在一起，电力弹性系数必然大于1。

（2）目前我国农村、交通运输业和市政生活用电水平很低。

新中国成立以来，我国电力工业发展很快，年均增长率约为13%。1987年我国发电量已达4973亿千瓦时，居世界第四位；1988年全国发电量完成5452.1亿千瓦时。但由于我国人口众多，占世界人口的22%，而年发电量只占世界总年发电量的5.2%。因此，我国人均占有的年发电量水平很低，1987年仅452千瓦时，只有加拿大的2.42%，苏联的7.87%，日本的7.95%，美国的4.13%，比全世界平均数1950千瓦时还低很多。

从1949年到现在这一段长时间来看，我国电力虽然超前国民经济发展，但缺电的情况仍十分严重，这一点直接说明电力超前得还不够。从1970年起到现在，严重缺电已持续近20年。尽管近两年电力投资大幅度增加和新增发电机组容量创历史最高水平，使得一些长期缺电地区的电力供应有所缓解，但由于过去欠债较多，目前全国仍缺发电设备12000~14000MW，缺电量500~700×108kW.h。全国不少地区的工矿企业不能正常生产，由于缺电，经常发生工业挤农业和人民生活用电，或农业挤工业用电的情况。所有这些，都影响了生产力的充分发展，限制了国民经济的发展，给人民生活带来不便，造成的损失是很大的。这种局面必须尽快扭转。为此，应采取保证电力先行的切实措施，尽力把电搞上去。

总之，电力必须超前经济发展，电力愈充足，生产效率就愈高，而生产增长愈快，电力增长速度也愈高，这种良性循环是一条客观规律。据此，世界各主要工业发达国家都注重提高电力在一次能源中所占的比重。1960年仅20%左右，1985年达35%左右，预计2000年可达40%~50%。我国1986年仅达21.6%，预计2000年也只能达到30%，而我国20世纪末年发电量必须达到12000亿~13000亿千瓦时，为此，我们必须积极发展火电，大力开发水电，有重点有步骤地建设核电站。

我国可开发的水能资源达3.7亿千瓦，相应地，年发电量为19000亿千瓦时，1988年只利用了 5.6%，而西方工业发达国家大都优先开发水电。水力发电具有无环境污染、可重复利用、发电成本低等优点。所以，为了充分利用我国丰富的水能资源，保证国民经济和人民生活对电能的需求，除了积极发展火电外，必须大力开发水电，同时还应积极发展核电。

从我国能源发展的长期战略来看，发展核电是必要的。因为世界上许多国家的经验表明，核电站在技术上是成熟的，生产上是安全的，建设费用虽比火电厂高，但发电成本一般比火电低。我国有核资源，又有核工业基础，发展核电已具备一定的条件。在广东与外资合建的安装 2 台 90 万千瓦压水堆核电机组的核电站，将于 1990 年前后陆续投入运行我国自行设计的 30 万千瓦秦山核电站，不久也将并网发电。

4. 积极开发农村能源

农村能源短缺严重，主要表现在缺柴少电。估计全国有 70% 的农区缺柴，一般每年要缺柴 3~4 个月。由于缺柴，树木被伐，这是我国农业生态恶化的根本原因。

1979 年，我国农村消费的商品能源为 1.04 亿吨标准煤，人均只有 130 公斤，远远低于全国人均消费能源 630 公斤的水平。1987 年我国农村商品能源消费量达 2.24 亿吨标准煤，比 1979 年增加了 115%。国家和农民花了大量投资进行农村能源建设，使得农民人均能耗提高到 280 公斤标准煤，当然仍没有改变人均能耗低的落后状况。

在农村能源总消费量中，生活耗能占 81%，生产耗能占 19%。由于薪柴的热效率低，只有 10%，造成严重的浪费。

如果不从根本上改变农村的能源状况，尤其是解决八亿农民的烧柴问题，就不能说我国的能源问题解决了，更不能称之为实现农业现代化。解决农村能源问题的途径，不能像西方国家那样，全靠国家生产煤、油、气、电等来满足，应该结合我国具体情况，走自己的道路，把着眼点放在合理利用，综合利用农村的生物质能资源上，建设薪柴林，发展沼气，结合农田水利建设开发小水电，有规划地开发利用地方的小煤窑，积极研究太阳能，地热能、风能等新能源在农村的应用。

第三章　能源与经济发展

了解主要能源在世界主要国家和地区的分布及供求现状，有助于各国根据本国实际资源禀赋来制定合理科学的能源经济政策，对经济增长方式的改变有着重要的指导意义。

第一节　能源的科学内涵

一、能源的概念

能源是人类赖以生存的物质，是发展生产、改善人民生活的物质基础。人类文明的一切都离不开能源。人类在进入能源经济学领域之前，最先关注的是资源经济学，因此，在介绍能源的概念之前，有必要了解什么是资源，能源与资源有什么异同。

人类能够从自然本身获得，并且可将之运用于生产、生活的物质和能量，称之为资源。能源是指从自然界获得的具有能量的物质，它是能量的来源或源泉。能源与资源的区别就是，能源能够为人类提供某种形式的具有能量的物质，或者说能源是某种物质的运动。物质只有不断进行自身内部运动，才能产生并提供能量，这些物质的运动也是能源。例如，空气在运动中能够产生风能，水在运动中会产生水能。

能源与能量是两个不同的概念，能量是指物体进行做功的能力。能量的形式是多种多样的，有热能、光能、电能、机械能和生物能等等多种形式。能源物质中储存着各种各样形式的能量，并且不断为人类的生产生活提供动力。煤炭中蕴藏着大量的化学能，通过不断燃烧释放出热能，使化学能转变成热能；如果再通过内燃机和发电机的装置，热能就会进一步转变为机械能或者电能，这就是做功的过程。

能源与资源的区别在于资源不都是能源，因为有的资源能够提供能量，而有的资源不能提供能量。如阳光是资源，也是能源，而耕地、铁矿石是自然资源，却不能直接提供能量，所以不是能源。

二、能源的计量

能源计量单位是表示能源的量的计量单位。具有确切定义和当量值的能源（能量）单位主要有焦耳（J）、千瓦时（KWh）、千卡（Kcal）和英热单位（Btu）。

不同能源之间进行比较需要统一计算单位，否则不能进行比较。正是由于不同的能源之间，具有共同的含有能量的这一属性，并且能源在一定的条件下都可以转化成热量，所以为了便于计算，方便比较，进行能源之间的分析，可以将某种统一的标准燃料作为计算的依据，通过能源折合系数的计算，将各种能源的实际含热值与标准的燃料热值进行对比，进而计算出各种能源折算成标准燃料的数量。目前，国际上采用的标准燃料有三种，分别为煤、油、气。将煤作为标准燃料进行计量，这种计算方式被称为煤当量；以油作为标准燃料进行计量被称为油当量，以气作为标准燃料来计量时称为气当量。

（一）标准煤

标准煤又被称为煤当量，是一种统一的换算指标，便于计算各种能源量的热值，进而进行比较。迄今为止，标准煤的热值国际上没有一个公认的统一规定值，我国采用的是煤当量，将其作为能源的计量当量。折算的具体方法是，用1千克标准煤的热值能源量对一切燃料和能源进行度量，即某种能源1千克实际热值除以1千克标准煤热值29.3兆焦的数值就是煤当量系数。

水电作为一次能源进行计量时，要按照当年火电厂生产1千瓦时电能实际耗费的燃料的平均煤当量进行计算，联合国统计资料是按照电的热功当量计算，1千瓦时的水电相当于3.6兆焦，将其换算成煤当量的系数，数值为0.123。

（二）标准油

标准油又称油当量，是指按照一个规定的油的热值对各种能源量时进行综合换算的指标。1千克标准油的发热量等于41.82兆焦，或者10000千卡。具体折算方法是，用1千克的标准油的热值对一些燃料、动力能源进行度量，即油当量系数等于某种能源1千克实际热值除以1千克标准油热值41.82兆焦。

世界能源消费以石油和天然气为主，能源的统一计量单位也通常采用吨油当量。一些以煤炭消费为主的国家（包括我国在内），通常会采用标准煤作为能源的统一计量单位。

（三）标准气

标准气是指一个规定的气的热值计算各种能源量时所用的综合换算指标。发热量等于41.82兆焦（或10000千卡）的气体燃料称1立方米标准气。它通常用于各种气体燃料之间的综合计算，以及与标准油、标准煤之间的换算。1立方米标准气等于1千克标准油；1立方米标准气等于1.4286千克标准煤。

计算能源生产（消费）量时，应按照以下步骤。

将各种能源产品分别按实物量统计，实物量统计仅反映各能源品种的产量，而不是能源产品的生产总量。

为了综合反映能源生产总量，必须将各种能源产品按各自不同的发热量计算出共同的换算标准。

我国在合计能源总量时常以各种能源按实物量乘以折标煤系数，折合成标准煤的合计数，即：

能源合计总量 =∑(各能源品种实物量 × 折标煤系数)

需要注意的是，能源生产总量并不等于各种能源换算成标准煤之和，因为二次能源是由一次能源转换产生的，所以能源生产总量是各种一次能源生产量标准煤之和。

三、能源的评价

能源多种多样，各有优缺点。为了正确选择和使用能源，必须对各种能源进行正确的评价。通常能源评价包括以下几方面。

（一）储量

储量是能源评价中的一个非常重要指标，作为能源的一个必要条件是储量要足够丰富。人们对储量常有不同的理解。一种理解认为，对煤和石油等化石燃料而言，储量是指地质资源量；对太阳能、风能、地热能等新能源而言则是指资源总量。而另一种理解是，储量是指有经济价值的可开采的资源量或技术上可利用的资源量。在有经济价值的可开采的资源量中又分为普查量、详查量和精查量等几种情况。在油气开采中，通常又将累计探明的可采储量与可采资源量之比称之可采储资比，用以说明资源的探明程度。储量丰富且探明程度高的能源才有可能被广泛应用。

（二）储能的可能性

能源在不被利用的时候可以储存起来，再需要利用的时候又能实现立即供应，这一可能性的实现就是储能的可能性。化石燃料被储存的可能性比较大，但是对于太阳能、风能来讲，想要将其储存起来，是一件比较困难的事情。大多数情况下，能量的需要是不均衡的，就电能而言，在白天的使用量要多一些，深夜用电量会少一些；冬天对于热能需要多一些，夏天需要少一些。所以，就能量的现实利用状况来讲，储能是很重要的一个措施。

（三）能量密度

在质量一定、空间确定、面积不变的条件下，从某种能源中能够得到的能量就是能量密度。能量密度如果很小，就很难用作主要能源。在所有能源中，能量密度比较小的是太阳能和风能，各种常规能源的能量密度都比较大，核燃料的能量密度最大。

（四）能源的地理分布

能源的地理分布状况会影响到能源的使用。如果能源分布在地理位置比较偏远地区，那么能源的开发、运输以及基本的建设费用都会大幅度增加。我国煤炭资源一般是分布在西北，水能资源集中在西南，工业区位于东部沿海，所以能源的地理分布对其使用非常不利，造成"北煤南运""西电东送"等诸多问题。

（五）供能的连续性

供能的连续性是指能否按需要和所需的速度连续不断地供给能量。显然，太阳能和风能就很难做到供能的连续性。太阳能白天有，夜晚无；风力则时大时小，且随季节变化大，因此常常需要有储能装置来保证供能的连续性。

（六）能源的品位

能源的品位有高低之分，例如，水能可以直接转化成为机械能和电能，这比一些先由化学能转化成热能，再由热能转化成机械能的化石燃料的品位要高。另外，热机中如果热源和冷源的温度差越大，那么整个热机的循环热效率就越高。在使用能源时，特别要防止高品位能源降级使用，并根据使用需要适当安排不同品位能源。

（七）能源的可再生性

在能源日益匮乏的今天，评价能源时不能不考虑能源的可再生性。比如太阳能、风能、水能等都可再生，而煤、石油、天然气则不能再生。在条件许可和经济基本可行的情况下应尽可能采用可再生能源。

（八）运输费用与损耗

能源利用中必须考虑到的一个问题就是运输费用与损耗。一些能源（如太阳能、风能、地热能）很难输送出去，但是一些能源（如煤、油等）很容易从产地运送到用户手中。核电站的核燃料运输费用比较少，这是由于核燃料的能量密度远大于煤的能量密度，而燃煤电站的输煤就是一笔很大费用。此外运输中的损耗也不可忽视。

（九）开发费用和利用能源的设备费用

对不同能源的开发费用是不同的，能源在使用过程中的设备费用也相差悬殊。太阳能、风能不需要任何成本就能得到，但是化石燃料的使用需要经过勘探、开采以及加工等比较复杂的过程工艺，需要大量资金和时间投入。能源利用的设备费用与此相反，太阳能、风能以及海洋能的设备利用费用如果按照每千瓦时的设备费计算，要远高于化石燃料的设备费。核电站的核燃料费与燃料电站相比较低，但是其设备费用却高得多。因此在对能源进行评价时，开发费用和利用能源的设备费用是必须考虑的重要因素，必须进行经济分析和评估。

（十）对环境的影响

使用能源一定要考虑对环境的影响。对环境的污染比较大的是化石燃料，太阳能、氢能以及风能的使用过程对环境几乎没有任何污染。因此，在进行能源使用过程中，要尽量采取各种措施，防止能源对环境造成污染。

第二节　世界能源的基本状况

一、能源资源及其供应

在人类所使用的众多能源中，非再生能源占主要的部分。如煤炭、石油、天然气等，在能源总消费量中占到 90%，可再生能源（如水力、植物燃料等）只占 10%。太阳能是世界上能源储量占比最大的能源，占据可再生能源的 99%，其他能源的总量之和（水能、风能、地热能、生物能）加起来甚至不到能源总量的 1%。非再生能源主要是利用海水中的笨资源产生的人造太阳能，这在整个非再生能源中几乎占据 100%，煤炭、石油、天然气总量加起来也不到千万分之一。因此，在人类所使用的所有能源中，太阳能是最主要的来源，是人类永恒发展的能源保证。

但是，世界能源资源的分布是不均衡的。56.8% 的石油分布在中东地区，54.6% 的天然气分布在欧洲，45% 的煤炭分布在欧洲。18% 的煤炭集中在亚洲大洋洲，而石油和天然气的储量都只有 5% 多一点。正是这种能源资源分布的不均衡造成了世界范围内的政治问题，导致了现在的经济格局。

未来十几年中全球能源生产发展非常迅速。

（1）世界经济合作组织一直是世界能源的主要供应者，2020 年仍占世界能源供应总量的 39.7%。

（2）中国能源工业将有很大的发展，从 1971 年占世界能源供应总量的 7.0% 左右增至 2020 年的 14.5%。

（3）未来十几年中世界的能源消费仍以石油为主，世界原油消费量仍占能源消费总量的 40% 左右，但消费地区分布却很不均衡。

我国能源生产在近 50 年来也取得了长足的进步，表 3-1 给出了我国能源生产总量的构成及其变化。从表中看出，2006 年我国能源生产总量比 1978 年增加了 2.5 倍，但我国能源以煤为主的格局仍旧没有改变，依然占能源生产总量约 70%。我国钢及能源产品产量居世界位次有了变化。从 1995 年开始我国煤炭产量已居世界第一，发电量居世界第二，原油产量为世界第五左右。我国人口众多，除煤炭外我国人均能源的生产和消费量仍旧很低。与此同时，我国的能源转化效率也在稳步提高，20 世纪末，我国颁布了节约能源法后能源的加工转换效率已经逐渐开始提高，但是仍然低于发达国家的水平。

表 3-1　我国能源生产总量及构成

年份	能源生产总量（万吨）	占能源生产总量的比重			
		原煤	原油	天然气	水电、核电、风电
1978	62770	70.3	23.7	2.9	3.1
1980	63735	69.4	23.8	3.0	3.8
1985	85546	72.8	20.9	2.0	4.3
1990	103922	74.2	19.0	2.0	4.8
1991	104844	74.1	19.2	2.0	4.7
1992	107256	74.3	18.9	2.0	4.8
1993	111059	74.0	18.7	2.0	5.3
1994	118729	74.6	17.6	1.9	5.9
1995	129034	75.3	16.6	1.9	6.2
1996	132616	75.2	17.0	2.0	5.8
1997	132410	74.1	17.3	2.1	6.5
1998	124250	71.9	18.5	2.5	7.1
1999	125935	72.6	18.2	2.7	6.6
2000	128978	72.0	18.1	2.8	7.2
2001	137445	71.8	17.0	2.9	8.2
2002	143810	72.3	16.6	3.0	8.1
2003	163842	75.1	14.8	2.8	7.3
2004	187341	76.0	13.4	2.9	7.7
2005	205876	76.5	12.6	3.2	7.7
2006	221056	76.7	11.9	3.5	7.9

我国能源消费结构以煤为主，而发达国家则更多采用油、气、水力等优质能源。大量燃用煤炭不但能源利用效率低，而且给环境带来极大的污染，这也正是我国能源面临压力的主要原因之一。

二、能源需求质测

国内外许多家能源咨询机构都对未来能源的需求进行了预测。世界能源大会还对能源的发展方案做出了详细预测，按照高、中、低三个方案进行发展，这三个方案分别是经济高速增长方案、中等增长方案以及受生态限制的增长方案。

（1）截至 2050 年，世界人口将增至 101 亿，按照这三个方案的方向预测，世界生产总值将分别达到：① 101.5 万亿美元，② 72.8 万亿美元，③ 75.0 万亿美元。由能源技术的改进导致的能源消费强度的变化将会为：① 1.0%，② -0.7%，③ -1.4%。

（2）世界一次能源的需要，截至 2050 年，也将增至：① 248 亿吨，② 196 亿吨，③ 142 亿吨。

（3）预测到 2050 年，一次能源的总量按照这三种发展方案将达到：① 248 亿吨，② 196 亿吨，③ 142 亿吨，OECD 的能源占比分别为 27.0%、28.6%、21.1%。

（4）截至 2050 年，世界电力消费将增至 1990 年的 3 倍，发展中国家的平均年增长率将会达到 3% 左右。

根据国际能源机构（IEA）的预测，2010 年全世界原油产量将达到 44.2 亿吨，而同期原油消费量将达到 44.74 亿吨，供需基本平衡。

第三节　能源发展与经济

能源在现代经济社会是一种重要的物质，它既是一种工业的血液，又是一种与我们的日常生活息息相关的基础物质。能源在整个社会生产的过程中都发挥着十分重要的作用，其基础性和战略性地位也逐渐受到人们的广泛关注。人类社会发展的每一个重要战略时期，能源都发挥了十分重要的作用，不断推动着生产力的变革而不断引起生产技术的革命。能源与经济的发展，是相辅相成、相互制约的关系，经济的发展离不开能源的投入，能源的开发需要经济提供良好的技术与物质条件，经济的发展会带来能源的消费，能源的发展会促进经济的不断前进。

一、能源与经济关系概述

（一）经济发展带动能源消费

在经济发展过程中，能源作为一种重要的生产要素，其作用是其他要素完全无法取代的；在日常消费过程中，能源作为一种重要的生活资料，其效用也是无法被其他消费品所取代的。工业革命以来，世界经济和世界能源都以较快的速度保持不断增长。

生产力的不断发展，生产水平的不断提高，使人类在对能源利用的同时，也实现了技术方面的突破，进一步推动了经济的发展。18 世纪之前的能源消费，主要目的是为了生活需要，第一次工业革命给人类带来了蒸汽机，促进了能源在生产领域中的大量使用，蒸汽机中能源的大量使用，也极大提高了人类的劳动生产率，由此，资本主义的产业革命开始诞生，并且人类文明也不断向前发展。

19 世纪中期，石油资源不断发展，人类对能源的利用进入全新时代，能源要素也开始全面进入现代的社会生产，可以说，没有能源就没有现实的生产能力。

经济发展对能源的需求主要表现在以下两个方面。

1. 经济发展对能源需求总量不断增加

经济发展阶段和产业结构一定的条件下，经济发展水平和国民生产所耗费的能源总量是成正比关系。随着经济发展速度的增长，生产规模的扩大，消费结构不断提升，对于能源的消耗也是会不断增加。

1991—2010 年，我国经济在呈现快速发展态势的同时，能源的消费总量也是不断增加的，尤其是在 2003 年和 2004 年，能源消费的弹性系数大于 1，这说明经济增长的速度落后于能源的消费速度，同时也说明经济的增长是以能源资源的过度消耗为代价的。

2. 经济增长对能源需求质量要求不断提高

俄裔美国著名经济学家库兹涅茨认为，现代经济增长不仅仅是一个总量问题，"如果不去理解和衡量生产结构的变化，经济增长是难以理解的"。仅仅依靠能源消费总量的增加，并不能满足经济发展的需要，经济发展的重要保障是在于能源消费结构合理与否，能源效率的高低等因素。

人类历史经历了多种时代，就目前而言，我们正在经历从石油到天然气和可再生能源的三次重大转变。每一次转变的过程，都伴随着能源技术的进步，伴随着能源效率的提高，以及能源品种的丰富。

经济的发展阶段和经济体对于能源的质量要求是成正比的，所处的阶段越高，对能源质量的要求也就越高。在经济不断发展过程中，化石能源的消耗使用会产生大量的二氧化碳。这会导致温室效应，造成大气污染，进而造成全球的气候变暖。为此，联合国政府间气候变化专门委员会发布报告，指出：在过去 50 年里，全世界范围内出现了气候变暖的现象，这其中有 90% 以上的原因是由人类的活动造成的，人类在生产活动过程中，使用煤炭、石油以及天然气等化石燃料为主，这些燃料燃烧过程中会产生一些有害的物质，对环境和空气造成影响。所以，要想实现经济增长，满足高质量的能源资源需求，就需要增加清洁的可再生能源的使用量，同时还要减少化石能源的使用量。

目前，中国对于能源的需求，不仅存在总量方面的短缺问题，还存在着能源的品种需求结构不合理、能源整体质量不高等问题。发达国家已经实现了从煤炭到石油的过渡过程，他们也正朝着更加清洁高效的能源方向发展。但是在我国，煤炭仍然占据着十分重要的绝对的主导地位，是世界上的少数几个以煤炭为主的国家之一，我国的经济要实现可持续发展，就必须保证能源的品种多样化，并且实现能源结构的转换。

能源会制约经济的发展，这集中表现在能源供应不充足的情况下，如果出现能源供应滞后的现象，就会影响整个行业的发展状态，这会直接导致经济的萧条，导致失业率的上升。在工业化社会，经济增长的一个较为主要的制约因素就是能源供应不足，因此，在经济发展的过程中，能源作为一个重要的影响因素其作用逐渐得到前所未有的重视。

（二）经济的发展是能源开发利用的先决条件

1. 经济发展为能源开发利用提供了坚实的技术基础

经济在得到快速发展的同时，也使得科学教育进一步向前发展，科技水平的提高，使得人类对能源科学原理的认识不断深入，对能源利用技术的认识也不断提升，能源的供应系统也逐渐有了新的能源形式，这是能源更替的主导原因。同时，对能源的开发与利用需要高素质的人才，经济的发展和教育水平的提高使得高素质人才不断出现，能源的利用效率也得到进一步的提高。

新能源与可再生能源的出现，会不断减少对化石能源的使用，新能源具有产业技术含量高并且涉及学科多的特征，为此，只有依靠先进的科学技术，才能不断将这些能源开发出来，进行合理利用。例如，一些比较大型的风力发电机组在研制的过程中，就涉及流体力学、自动控制、空气动力学等各种高新技术，同时经济的发展也会为各个领域的学科技术发展带来动力，可再生能源技术的发展也得到前所未有的机遇。

2. 经济发展为能源开发利用提供了必要的物质基础

开发出来的能源资源需要借助一定的物质手段，才能对其加以利用。工业化时代以来，由于能源资源的开发工程投资额度大，难以快速收回成本，易受各种不确定性因素的干扰，只有保证充足的财力、物力和技术水平才能完成。经济发展对能源工业的资金规模有着客观的影响，对技术的支持力度也有着比较大的决定性影响。但是经济越是发展，其对资源的开发利用规模也就越受到限制，对资源的利用程度和水平也相应受到制约。技术进步和经济发展提供了先进的物质手段，可以对能源进行更加合理的开发利用。例如，海洋能资源的开发，需要复杂的设计施工技术，需要良好的材料强度，需要庞大的装置设备，经济发展落后的社会，是不能为海洋能资源的开发利用提供必要的物质基础的。因此，能源的开发规模和利用水平都受到经济发展程度的制约。

（三）能源价格对经济影响的传递机制

当今世界能源市场中，煤炭市场由于储量丰富、区域性比较强，且基本上是本国可控的，因此其对经济的冲击比较小。而石油市场由于其高度一体化，对世界石油市场的供应来源主要集中于中东地区，短期的石油需求缺乏弹性，油价极易变化且波动幅度较高，因此研究石油价格对经济的影响就成为 20 世纪 70 年代以来经济学家们关注的重点。

1. 石油价格冲击对经济的影响

石油价格经常性的变动对宏观经济具有深刻的影响。1973—1974 年和 1979—1980 年石油价格迅速上涨，使经济陷入衰退之中，而 1986-1987 年的石油价格下跌，经济却一如往常保持稳健发展而没有出现繁荣，但 1990—1991 年海湾战争使油价上涨，经济再次陷入衰退。许多专家分析，这种油价对经济的影响，并非是单独的，很可能是与其他因素共同作用影响经济的发展，导致经济的衰退，甚至在众多的因素当中，其他因素的影响要远大于油价上升的这一结果。还有一些理论认为，油价与经济之间的关系是确定的，但是政府的干预也有着十分重要的影响，失去政府的力量，这种关系可能会中断。20 世纪 70 年代后，油价导致的经济不稳定更可能是因为政府政策的不适当干预造成的。因此，实证地研究油价与 GDP 的关系对于制定适当的货币、财政政策和国家的能源政策具有重要的借鉴意义。

（1）1973—1974 年石油价格上涨对经济的影响

Michael Darby（1982）提供了一个关于 1973—1974 年石油冲击对宏观经济影响的计量分析。通过对 1957—1976 年 OECD 中八国经济的季度数据进行分析，Darby 不能拒绝油价造成了衰退这种假设，但他也指出，由于 1973-1974 年是一个特殊的时期，这并不能排除由于货币政策紧缩、布雷顿森林体系解体导致货币本位制变化以及价格管制消除对 20 世纪 70 年代出现的滞胀的作用。因此，虽然 Darby 得出了统计上油价与经济变化之间的关系，但他并不愿意明确指出油价是导致 1974—1975 年经济衰退的主要原因。

James Hamilton（1983）运用 VAR 方法，检验了"二战"以后包括第二次石油危机后的油价和失业的数据，发现石油价格引领了"二战"之后除 1960 年以外的每次经济衰退，并且得出了油价冲击可以"系统地"引发经济衰退的结论。Hamilton 的模型试图预测真实 GNP 的季度变化，对因变量滞后 4 期、油价滞后 4 期，发现滞后期油价的参数都是负值，并且在 5% 的置信水平上显著。即使将货币政策或其他第三变量纳入模型中，也无法拒绝油价引发经济衰退这一结论。其他一些经济学家的发现也与 Hamilton 的研究保持一致，如 McMillin 和 Parker（1994）将数据区间扩展到"二战"前的 1924 年 2 月，研究发现，在 1929 年 9 月到 1938 年 6 月的大萧条时期，油价冲击对工业生产的作用甚至比基础货币、M2 或货币乘数更大。

但 Burbidge 和 Harrison（1984）运用与 Hamilton 相似的 VAR 模型，对四个国家的油价—经济周期关系进行研究，数据区间为 1973—1982 年。他们发现各国间石油价格对工业生产的影响差别很大，但他们并没有发现货币政策、国内油价政策之间的跨国差别。20 世纪 70 年代中期的经济衰退即使没有 1973—1974 年的石油冲击也会到来，但油价冲击成为压倒骆驼的最后一根稻草。

（2）1986—1987 年油价下跌

"二战"结束以来，除了 1986 年和 1996 年，石油价格冲击基本上都是上涨。在 1986—1987 年，由于此前 OPEC 成员国相互欺骗导致沙特承担减产责任引发沙特的报复而夺回市场份额，石油价格急剧下跌。按照 Hamilton 的研究结论，石油价格下跌后应该会产生经济的繁荣，但经济的表现却出人意料。

几乎同时，Gilbert 和 Mork（1986）发展了单部门宏观经济模型，引入工资向下的刚性，模型显示石油价格冲击对经济具有不对称性，正向的价格冲击将导致经济衰退，负向的价格冲击不会产生经济繁荣。而 Mork（1989）运用 VAR 模型扩展了 Hamilton 分析的数据区间到 1988 年 2 月，并将货币政策指数和其他几个控制变量引入模型中，模型发现石油价格对经济的影响解释程度不如 Hamilton 的强。将数据扩展到 1949 年 1 月—1988 年 2 月，油价变量对经济的解释变得很差，但以 1986 年 1 月为断点分开数据，模型根本不能解释任何区间的情况。将油价变动区分为上涨和下跌后，模型又能通过检验。这证明宏观经济变动与油价的关系只在油价上涨时有效。

这种油价冲击的非对称性问题影响了后来的许多研究者，以至于在研究油价与经济关系时，其将油价上涨和下跌当作两个独立的变量成为一种标准的做法。Mork（1989）之后，将油价上涨和下跌当作独立变量的研究几乎都得出了非对称性影响的结论，虽然他们研究的样本区间、控制变量、数据的历史时期甚至是国家都各不相同。

2. 油价对经济影响的传导机制

在人们研究石油价格对经济影响作用力度的同时，油价冲击对宏观经济影响的作用机制也引起人们的兴趣，并取得了大量研究成果。这些研究成果既包括经济学理论上的模型设计情景模拟，又有实证检验分析。

（1）理论模型

Rotemberg 和 Woodford（1996）和 Finn（2000）设计了模型，试图在模拟中再现实证检验中石油价格冲击对经济发展的影响力度。实证检验中 10% 的石油价格冲击会导致产出在 5~6 个季度后 2.5% 的下降，但 Rotemberg 和 Woodford 的单部门宏观模型模拟研究发现，在完全竞争的情况下，10% 的油价冲击只会导致产生 0.5% 的下降；而实证检验中真实工资下降的幅度要比模型中模拟下降多，这表明黏性工资的劳动力供给可能不是产出出现如此大幅度下降的原因。

于是 Rotemberg 和 Woodford 修正模型，加入经济体系的生产商联合串谋，认为联合串谋使得产品价格超出完全竞争的水平。当出现油价冲击时，生产商会进一步提高价格弥补成本，压缩产出。但联合串谋的假定无法解释完全竞争的模型与实际产出 5 倍的产出下降差额。Finn（2000）运用了模型假定生产资本具有不同的利用率，该利用率为能源使用的函数。石油价格冲击将导致能源使用和资本使用率的下降。能源使用的下降主要是通过传统的典型公司的生产函数、减少产出、提高资本的生产边际生产率并降低劳动力的边际生产率来实现，劳动边际生产率的下降导致工资水平下降和劳动力供给的减少。于是永久性的石油价格的上升意味着低的能源使用量、资本利用率和劳动供给，并相应导致了当前和未来投资与资本存量的减少。

用理论模型来研究能源价格冲击对经济影响的传导机制证明，分析的重点必须超出充分就业和完全竞争的总供需模型假定。实际上油价影响经济的作用更多的是通过资本再配置、投资计划修正和劳动力市场分配等渠道来实现的。

（2）劳动力市场及资源再配置

Davis 和 Hahiwanger（2001）利用基于工厂水平从 1972 年第二季度到 1988 年第四季度的季度就业、人均资本量、能源使用、年龄及工厂规模和产品耐用性等角度，利用向量自回归检验了油价上升和下降对创造就业和失业的影响。他们发现，在几乎每一个工业部门，石油价格和货币冲击造成的失业作用要比创造就业的作用大得多，但石油价格冲击的影响力度几乎是货币政策的两倍，并且存在严重的不对称性，正向石油价格冲击力度是负向石油价格冲击力度的十倍以上。而且 Davis 和 Haltiwanger 还发现石油冲击的资源再配置效用明显，在 1973 年下半年的情景下产生的劳动再配置在接下来的 15 季度内相当于制造业总就业水平的 11%。

Keane 和 Prasad（1996）利用国家纵向调查的数据对 1966—1981 年的观测值进行了研究。他们使用的油价是提炼的石油产品前 12 个月移动平均的真实价格。研究发现，石油价格上涨将全面压低真实工资水平，但却提高了熟练工人的相对工资水平，当石油产品的价格偏离趋势 1 个标准差（1996）时，工人真实工资长期徘徊在区间 3%~4%。石油价格对就业短期的效应为负的，但在长期却是正的。油价冲击还造成了工业部门内部行业间的就业比例和相对工资变动。因为油价冲击使得一些不熟练的工人被解雇，从而他们不得不到不需要技术的行业来找工作。而且有证据表明，油价冲击对于不同工作经验和工作时间的人具有不同的影响，油价上涨后，熟练工人的工作机会上升，意味着熟练工人在生产函数中具有对能源的替代作用；而且具有较长工作经验的劳动力在油价上升时更有可能面临失业的威胁，这可能是由于年龄的因素而非人力资本的因素所致。Keane 和 Prasad 认为，熟练工人在 20 世纪 70 年代的工资溢价与持续的真实油价上升有关。

Carruth、Hooker 和 Oswald（1998）运用误差修正模型，以 T 资效率模型为基础，在生产函数中将劳动、资本和能源作为投入要素，发现油价的上升将会侵蚀公司的利润边际，为实现新的均衡，其他的投入要素必须做出调整，公司可以通过降低雇用人数来实现，于是油价上涨将导致失业率的上升。他们对油价的假定是使用对称的油价，即不将油价区分为上涨和下降。结果发现，油价的显著性非常高，而利率的作用无法通过传统的检验标准。

（3）总产出渠道与资源配置渠道

Lee 和 Ni（2002）将宏观经济和工业部门特定的均衡方程在 VAR 方法中进行研究，并用 1973—1974 年和 1979—1980 年的商业杂志分析弥补统计数据的不足。结果显示，能源密集型产业在油价冲击时倾向于受到供给冲击，而非能源密集型产业倾向于受到需求冲击。14 个工业部门的脉冲响应函数显示相关性很强，无法证明 Lilien（1982）和 Hamilton（1988）所证明的资源再配置作用。但 JonesJeiby 和 Paik（2003）证明，在允许一个标准差置信区间的情况下，不同行业脉冲响应函数在发生的时间、规模和作用的方向上都存在不同，因此无法否认资源再配置作用，而且 Lee 和 Ni 也承认他们的模型无法显示行业间的再配置作用。

（4）利率渠道机制

另外也有一些学者的分析涉及利率因素，建议将利率作为油价影响 GNP 的渠道（Ferderer，1996；HOoker，1996、1999）。Balke、Brown 和 Yucel（2002）的分析更为透彻，他们分析了货币政策对油价上涨可能做出的反应，但不认为货币政策会对油价下跌做出反应，虽然货币政策的这种反应会在一定程度上抵消油价上升的冲击。

脉冲响应函数证明短期利率对于油价的正向冲击和负向冲击具有强烈的不对称反应，而且长期利率也会对油价冲击存在温和的非对称反应。汉密尔顿的净石油价格增长（NOPI）对联邦基金利率和短期的利率影响是相当大的，并且对长期边际利率也有较明显的影响。利率和联邦金利率在 GDP 的决定方程中具有重要影响。Balke、BroWn 和 Yucel 认为，Bernanke 和 Gertler 的金融加速器（Financial Accelerator）机制会在联储改变利率时起到更为重要的作用，因为这在金融市场上将产生"向品质靠拢"的作用，即银行信贷更多地投向财务状况好的企业。金融加速器模型并没有体现出非对称性结构，但联邦储备银行的利率调整原则却隐含着对油价上涨的不对称反应。Balke、Brown 和 Yucel 检验了油价上涨对 4 个月和 6 个月的商业票据和 6 个月和 1 年期的政府债券之间的利差，结果发现油价冲击对利率的不对称影响非常显著。

（5）石油产品市场机制

能源经济学家们早已注意到石油产品价格对原油价格变动的非对称性，人们发现，石油产品价格变动相对于石油价格上升的速度要比石油价格下降时的速度要快。石油产品价格对油价的这种不对称关系与石油价格 GDP 的关系不同。原油—石油产品的关系是，不对称性体现在调整速度上，而在石油价格 GDP 的关系中，不对称性体现在反应程度的不同。Hungtington（1998）利用 1949—1993 年数据发现，其他能源价格和 GDP 对石油产品价格变动的反应是对称的，而石油产品价格变动对石油价格变动的反应是不对称的。

这些传导机制方面的研究，也只是给出了石油价格冲击影响宏观经济作用渠道的一个模糊的轮廓。由于石油价格对经济影响范围广而且机制复杂，有时要准确地说明哪种作用渠道是主要的比较困难。而且油价与 GDP 的关系并不因为非对称性而复杂，更引人注目的是石油价格对经济影响的作用力度在不断减小。

3. 油价对经济影响的作用减退

有许多证据表明，能源价格—经济的关系随着时间的推移会发生根本性的变动。在 1973 年之前，石油价格受到控制并处于低水平上，1973 年之后，价格处于高的水平上，价格控制放开并且即期市场代替长期合同市场；原油和石油产品的远期和期货市场在 20 世纪 80 年代相继开始运行。这些因素连同其他因素，共同导致石油价格的大幅度波动。

Hamilton（1983）发现油价与 GNP 之间的关系在 1972 年第四季度—1973 年第一季度出现断点，Gisser 和 Goodwin（1986）也发现了同样的问题。MOrk（1989）扩展了 Hamilton（1983）的样本范围到 1988 年第二季度，发现 GDP 对油价反应的系数接近于零，只是在边际意义上显著。Hooker（1996）对油价—GNP 的关系进行细究，发现不但在 1973 年出现了断点，而且在 1973 年后，油价失去了其对 GNP 的决定性因果作用。并且 Mork（1989）的研究发现，运用独立的变量来研究油价与 GNP 的关系，已经找不到 1948—1973 年间油价与经济增长之间的微弱关系。总体而言，Hooku 发现支持非对称性反应的结果对于后来的数据不再显著，即油价与 GDP 的基础性关系出现了变化。

二、能源经济的理论基础

任何一门学科的形成和发展都是根据一定的理论基础，运用一定的研究方法实现的。能源经济学是以能源为研究对象，以经济学理论和方法为基础的一门学科，涉及政治、经济、社会、生态环境，有很强的应用性。根据能源经济学研究的内容和方法，其理论基础包括以下几个方面。

（一）商品经济理论

能源是人类赖以生存和进行生产的重要物质基础，作为一种特殊的商品，能源资源的特点体现在资源有限性与需求无限性的矛盾中，正因为这种稀缺性，节约才成为必要，才产生了如何有效配置和利用能源资源这个问题。从政治经济学视角来看，能源商品不仅具有使用价值，而且具有使用价值的社会属性。在市场经济条件下，价值规律是经济发展的"第一推动力"，能源因其具有商品使用价值而对资源配置起到基础性作用，使人类能够在市场机制作用下协调价值、供求与价格的关系，使有限的能源资源得到最优配置，提高生产效率，减少不必要的浪费和低效率，充分体现商品使用价值的社会属性。

（二）经济增长理论

经济增长理论是研究经济增长规律和制约因素的理论。能源是经济命脉，人类社会对能源的需求，首先表现为经济增长对能源的需求。经济增长在对能源总量需求增长的同时，也日益扩展到其对能源产品品种或结构的需求。高质量的能源产品是提高能源利用率及其经济效益的重要前提。在经济增长的不同阶段，能源消费的变化遵循某些规律，无论是工业化社会还是后工业化社会，经济总量增长持续依赖总能耗的增长，这是一个基本规律。

经济的增长受到能源制约，主要体现在三个方面：一是能源资源环境的约束，即作为一国经济增长动力的能源资源所具有的承受能力和环境对由此产生的污染的承载能力；二是能源科技水平与管理能力的约束，即能源科技水平与管理能力直接制约能源的供给能力和能源使用效率的提高，也对污染物减排具有重要作用；三是观念的约束，即经济增长、能源优化使用、环境污染治理三者间如何协调发展，人类在观念上的转变受到社会发展状况、经济增长阶段、文化教育程度以及法制意识等诸多因素的制约。

（三）社会再生产理论

马克思的社会再生产理论强调总量均衡和结构均衡的重要性，指出在社会再生产条件下，市场经济中的各个部门都是相互制约、相互促进的，因此必须按照比例协调发展。马克思的社会再生产理论从社会总产品的实物构成入手，把社会产品分为生产资料和生活资料两大类，因而社会生产部门相应地也分为两大部类，即生产资料部类和生活资料部类；从社会总产品的价值构成入手，把社会产品分为三个部分，即不变资本、可变资本和剩余价值。能源商品生产和消费的总量均衡体现了社会总产品的实物替换与价值补偿的实现问题，即马克思的社会再生产理论所阐明的是宏观经济均衡问题。具体而言，就是要保证生产资料的部类和生产生活资料的部类满足一定的比例关系，要求社会总供给必须等于社会总需求。能源平衡表和能源投入产出表就是马克思的再生产理论两大部类即实物平衡和价值平衡的具体体现。

（四）数量经济学理论

数量经济学的研究对象是经济数量关系及其变化规律。通过经济数学模型来研究经济数量关系，是数量经济学的特征。数量经济学在经济科学体系中的地位，相当于数学在所有科学中的地位，它以特有的经济数学模型方法专门研究经济数量关系，为其他经济学科的深化提供一般的分析方法和方法论。在这个意义上，数量经济学作为一门方法论学科，对于能源经济学研究具有重要意义。数量经济学中的经济数学模型方法，可以应用于能源经济系统分析（包括能源生产、交换和流通、分配、消费过程的经济子系统）、能源—经济计量分析、投入产出分析、费用效益分析、最优规划分析等。能源经济系统分析对制定能源政策具有参考作用，能源—经济计量分析、投入产出分析等其他经济数量分析方法对已制定的经济政策具有评价作用。

（五）循环经济理论

根据物质不灭定律，自然界的物质可以循环往复利用，能量可以梯级使用。因此，力求有效保护自然资源、维护生态平衡、减少环境污染，即作为循环经济基石的"资源节约"和"环境友好"对能源经济学研究视角的拓宽、研究内容的丰富和深化具有重要作用。"资源节约"表明在能源资源稀缺性越发突出的背景下能源资源有效利用的重要性，"环境友好"则体现出人类在传统工业化发展进程中，对于环境污染治理从"末端治理"到"管端防治"方式的转变，是人与自然和谐共处的新境界。循环经济理念使人类在生产活动中更加注重企业内部生产工艺和流程的循环体系，更加注重各产业链上能源资源消耗时的节能减排，循环经济运行模式是能源资源开发、加工转换与运输、能源投资、化石能源的清洁利用以及可再生能源开发的重要指导思想。

三、能源经济的新发展

（一）能源安全与能源战略

国际能源的分布地域受到政治因素的影响，并且国际原油价格的波动也不断影响着石油贸易的安全，给能源进口国的能源安全带来了不利影响。对于能源安全的研究，主要集中在能源的供应安全预警以及国际能源的安全政策上。

能源与经济之间的复杂关系，使得各个国家，尤其是对国际能源市场依赖性比较大的能源进口国对能源安全的重视程度日渐提高。他们采取一系列措施，不断促进本国能源产业的健康发展。如通过创新能源的投资融资机制以及进行必要的能源储备，不断推进能源管理工作。

（二）能源市场风险

能源经济学关注的对象是能源价格以及能源市场，但是从 20 世纪 70 年代之后，西方发达国家开始了重新争夺石油定价的权力，石油危机使他们成为发达工业国家的需求更加迫切。石油美元的计价机制形成，一系列的能源金融产品逐渐问世，在国际能源署的指导下，能源战略的储备计划也逐渐形成。这一系列的行为，导致国际能源市场的格局发生巨大的变化，能源市场也越来越复杂，当前能源市场研究的热点就是能源的价格波动特征、能源的市场风险监测以及能源的价格机制。在当前的经济背景下，能源市场方面的研究重点是能源的价格机制与价格预测。能源金融与能源市场风险管理等，对能源市场的风险进行系统研究，不仅对能源市场的风险管理有十分重要的影响，同时对全球的经济持续健康发展也具有十分重要的意义。

（三）能源技术政策

能源技术在经济、能源以及环境的可持续协调发展中将发挥重要作用。对能源的技术变迁加以充分理解，能源战略与政策的制定者才能制定出良好的政策。能源技术的不断发展，需要科学合理的能源技术政策的支持，在环境资源不断限制经济发展，化石能源不断制约经济形势的背景下，能源技术的可再生、清洁和系统化发展都需要技术政策支持。

（四）气候变化与碳减排

全球气候变化和环境变化涉及不同层次范围和时间尺度，是典型的复杂科学问题。重点研究内容包括碳排放问题、气候变化情景分析、气候政策设计与模拟、碳捕获与封存、能源—环境健康、气候变化与环境变化的影响及易损性等。全球气候变化问题的国际政治生态和舆论环境也已形成，全球和区域气候政策也将成为能源经济学的重要研究对象。

总之，经济学研究从最初的单纯追求经济产出的增长，到经济结构的优化和经济质量的提高，再到可持续发展已成为共识，在整个发展过程中都贯穿有能源消费与经济发展之间关系的探讨。能源消费和经济发展关系的认识是一个不断深化和完善的过程。伴随着能源消费和经济发展矛盾的日益突出，有关两者之间关系的探究还将持续受到广泛关注。

第四章　能源需求的结构变动与预测

能源需求指消费者在各种可能的价格下，对能源资源愿意并且能够购买的数量。与一般产品的需求一样，能源需求必须满足:（1）有购买的欲望;（2）有购买的能力，缺少任何一点都不会产生有效的需求，不会在市场上形成实际的购买力。

第一节　能源需求的影响要素与研究方法

一、能源需求的影响要素

能源是整个世界发展和经济增长基本驱动力，是人类赖以生存的物质基础。作为维持整个世界不断前行的动力，能源几乎与各行各业都有非常紧密的关系。因此，决定能源需求的因素非常复杂。从宏观上来看，决定能源需求的因素主要包括经济增长、能源价格、产业结构、社会发展及能源技术和管理状况。

（一）经济增长

经济增长涵盖了社会发展的多个方面，因此对能源需求的影响也最大。经济增长及其对生活标准的影响，是促进能源需求增长的主要动力。经验研究证明，经济增长与能源需求之间存在着显著且稳定的正相关关系。如图 4-1 所示，从 1990 年到 2011 年，我国国内生产总值和能源消费都经历了一个快速上升的过程。我国国内生产总值由 1990 年的 18718.3 亿元增长到 2011 年的 472115.0 亿元，而能源消费也从 1990 年的 98703 万吨标准煤增长到 2011 年的 348002 万吨标准煤。

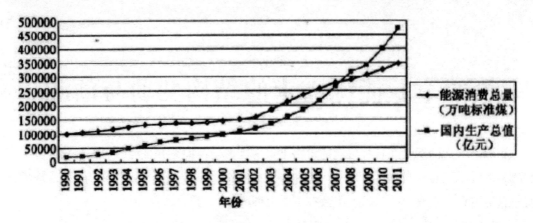

图 4-1　我国能源消费与国内生产总值

不同国家和同一国家不同经济发展阶段，经济增长对能源需求的影响也不同。为进一步寻求能源需求与经济增长的定量关系，自 20 世纪 70 年代开始，国内外学者对能源需求与经济增长的关系进行了大量实证研究。大部分研究认为两者之间存在长期的协整关系，但是至于能源需求是经济增长的格兰杰原因还是经济增长是能源需求的格兰杰原因，至今还没有达成一致，也没有给出一个合理的解释。

（二）能源价格

能源是与人们的生活相关的。价格将能源与其他商品联系起来，通过综合比较人们确定了能源需求的数量。一般来说，能源的价格越高，人们寻找能源替代消费品的动机越大，能源的需求数量也就逐渐下降。能源的价格越低，人们寻找能源需求的动机越小，能源需求总量也就越大。除了对能源需求总量产生影响外，能源价格波动还会对单位产出能耗产生影响。例如，能源价格上升引致众多高耗能产业的成本大幅度上涨，而为节约成本，这些产业将会促进节能设备的研发和投入使用，因此单位产值的能耗量将不断下降。能源价格的上涨，也会促使消费者消费组合的改变，选择更加节能的产品，减少对能源的需求，而生产者也会选择用资本代替能源，从而也会减少对能源的需求。但是，能源价格对能源需求的影响往往表现出滞后性。例如，经历了 1973—1974 年和 1978—1979 年两次大的石油危机后，石油价格由最初的每桶 3~4 美元飞涨到每桶 30 多美元，此后能源需求一直走低，直到 1986 年，能源需求降到了历史最低点。

如果价格没有扭曲，价格对于需求的调节作用是有经济效率的。然而，能源与其他商品相比有以下几个显著特点：

第一，能源利用（化石能源）会产生污染物排放，导致外部环境问题。

第二，能源资源是不可再生的，能源利用产生资源耗竭问题，因此本代人如果过度使用能源、低效使用能源将会影响后代人的能源使用，降低其福利水平，这是代际公平问题。

第三，与这两个外部性问题相关的，分别是环境成本和资源耗竭成本。如果能源价格包含了这些外部因素，竞争性定价机制将是能源资源优化配置的最有效途径。但是，大部分情况下能源商品价格中并不考虑外部性问题。

第四，与其他商品市场相比，在能源领域垄断更为常见，市场失灵极为常见；能源价格的政府干预也很常见。上述几点特征，都会使得能源价格对能源消费的作用机制发生扭曲，这也是研究能源价格和能源需求之间的关系时需要考虑的因素。

（三）产业结构

能源需求包括生产能源需求和生活能源需求，生产能源需求占能源需求的主要部分。按产业结构划分，生产能源需求可分为第一产业能源需求、第二产业能源需求和第三产业能源需求。三次产业的能源需求不同，主要是因为三次产业单位产值能耗存在较大差别。一般而言，第二产业单位产值的耗能最高，而第三产业单位产值耗能最低。例如，根据我国 2009 年第一季度的数据测算，第二产业单位产值的耗电量是第一产业的 4.7 倍，是第三产业的 5.5 倍。如果 GDP 生产结构中第二产业的占比大，那么 GDP 的增长就需要投入更多能源，单位产值的耗能就会高。相反，如果 GDP 生产结构中第二产业的占比小，则单位产值的能耗就会少。在现有能源利用技术不变的情况下，经济产业结构的状况决定了能源需求所产生的经济价值。无论是长期或者短期，经济产业结构的状况都会影响能源需求的结构。

（四）社会发展

人口是社会系统中最基本的因素。人口增长与能源消费增长密切相关。人口增长对于能源消费的作用可以从人口增长对能源消费的直接作用和间接作用两个方面来考察。一方面，人口增长将直接拉动生活能源消费量的增长，如对出行、照明、取暖等燃料和电力需求的增长。另一方面，人口增长会通过推动经济增长间接拉动能源消费增长，如人们对汽车、衣服和食品的需求，间接派生出对生产这些产品的能源需求。在其他影响因素基本稳定的情况下，人口规模增长必然将加快生活能源消费的增长。如图 4-2 所示，我国人口数逐年递增，从 1990 年的 114333 万人增长到 2010 年的 134091 万人。同时，我国生活能源消费也在逐年递增，从 1990 年的 15799 万吨标准煤上升到 2010 年的 34558 万吨标准煤，两组数据的相关系数为 0.85。

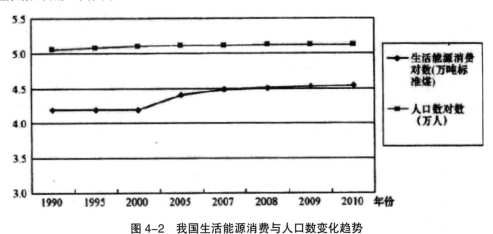

图 4-2 我国生活能源消费与人口数变化趋势

人口结构及生活水平也是影响能源消费水平的一个重要因素。传统的农村居民消费中，家庭能源消费的主体是可再生能源，并不纳入国家能源统计系统。城市化以后，农村居民转化成为城市居民。可再生的农林薪柴对于城市居民就成为不可能获得的，能源需求转向了可以统计的煤炭、电力、天然气和石油。这些人的能源需求在统计数字上一下子就迅速显示起来。因此，随着城市化进程的推进，能源消费随着社会结构的改革也在逐年递增。我国人均生活能源消费表现出明显的上升趋势，尤其是最近几年，人均生活能源消费从 2001 年的 127.2 千克标准煤上升到 2010 年的 258.3 千克标准煤，短短 10 年间，人均生活能源消费上涨了 103%。

（五）能源技术与管理

依靠技术进步，加强管理，采用新技术、新工艺、新材料、新设备逐步淘汰高能耗低效设备，可以达到有效节约能源、降低需求的目的。例如，超超临界火力发电技术，机组热效率能够达到 45% 左右。据测算，如果我国燃煤发电厂热效率都达到 45% 的水平，按 2006 年全国火电发电量计算，相当于全年可以少烧约 2 亿吨标准煤，减少二氧化碳约 5.4 亿吨。此外，管理制度创新也可以达到节约能源的目的。例如，一种基于市场的、全新的节能项目的合同能源管理机制。能源管理的方法虽然不是一种技术，但是从意识上逐渐消除能源浪费同样能够实现节能的目标。有资料统计，欧美一些国家的能源消费情况说明了能源管理节能办法能够有效实现节能 5%~40%，有最高项目可达 50%。

二、能源需求的研究方法

（一）基于生产函数的要素投入法

长期以来，人们将经济增长归因于劳动、资本、土地、企业家能力和技术的进步等因素。能源虽然是生产过程中所必需的，但由于当时能源的供应似乎是无限的，并没有人将其纳入经济学研究领域。近年来，随着能源供应的日益紧缺，能源对经济增长的影响也越来越重要，其经济研究的意义也越来越突出。因此，国内外学者创造性地将能源作为重要的生产要素加入生产函数之中。

（二）向量自回归（VAR）方法

正如前文所述，能源消费与经济增长之间存在紧密关系。能源作为重要的生产要素，是经济增长的主要驱动力，而同时经济增长又是影响能源消费的主要因素。因此简单的单方程估计必然存在内生性问题。为了解决相互影响的变量之间的内生性问题，学者们开始采用 VAR 方法。

VAR 方法本质上是一种统计方法，它把系统中每一个内生变量作为系统中所有内生变量的滞后值的函数来构造，从而将单变量自回归模型推广到由多元时间序列变量组成的"向量"自回归模型之中。

对多个相关经济指标进行分析与预测时，VAR 模型是容易操作的模型之一。而且在一定条件下，多元 MA 模型和 ARMA 模型也可转化成 VAR 模型。因此近年来 VAR 模型受到越来越多经济工作者的重视。

（三）Granger 因果关系检验

Granger 因果关系检验是 VAR 模型的一个重要应用，由 Granger（1969）提出，用于分析经济时间序列变量之间的因果关系。一个变量 X 在 Granger 意义下对另一个变量 Y 有因果关系是指增加了 X 的过去信息预测 Y 比不增加时预测得更好。用更正式的数学语言来描述 Granger 因果关系是：如果关于所有的 s > 0，基于（yt,yt-1，…,）预测得到的均方误差，与基于（yt,yt-1，…,）和（xt,xt-1，…,）两者得到的 yt+s 的均误差相同，则 Y 不是由 X Granger 引起的，相反，若后者的均误差较前者有显著减少，则 Y 是由 X Granger 引起的。

Granger 因果关系检验实质上是检验一个变量的滞后变量是否可以引入到其他变量的方程中，一个变量如果受到其他变量的滞后影响，则称它们具有 Granger 因果关系。

从学者们实证研究的结果可以发现，在长期以来，中国总体的能源消费与经济增长之间存在双向的因果关系，东部地区主要是能源消费增长推动 GDP 增长，而中西部地区则是 GDP 增长推动能源消费增长；在短期内，中国总体以及东、西部地区的能源消费与 GDP 增长之间不存在明显变量关系，而中部地区则存在能源消费与 GDP 增长之间的双向变量关系。学者们并没有给出关于四个方面研究存在差异的原因分析。

（四）平稳性检验协整检验

传统的 VAR 理论要求模型中的每一个变量都是平稳的，对于非平稳时间序列需要经过差分，得到平稳序列后再建立 VAR 模型，而这样通常会损失水平序列所包含的信息。但是随着协整理论的发展，对于非平稳时间序列，也可以直接建立 VAR 模型，或者建立向量误差修正模型，前提是各变量之间存在协整关系。因此在建立 VAR 模型前，首先要检验变量的平稳性。若变量为平稳序列，则可以建立 VAR 模型。但如果变量为非平稳序列，则需检验变量之间是否存在协整关系。若变量之间存在协整关系，则可以建立相应的 VAR 模型，但若变量之间不存在协整关系，则需要经过差分，得到平稳序列后再建立 VAR 模型。

由于大多数经济数据都是非平稳的，因此在建立 VAR 模型时，我们首先要检验时间序列数据的平稳性。检验时间序列平稳性的标准方法是单位根检验。

若时间序列是非平稳的，那么在建立 VAR 模型前，我们还需要进行协整检验。两种常用的协整关系检验方法是 Engle 和 Granger（1987）及 Johansen 和 Juselius 方法。Engle 和 Granger 两步法是基于单方程进行的，而 Johansen 和 Juselius 方法是以 VAR 模型为基础的检验回归系数的方法，是一种进行多变量协整检验的较好的方法，通常被称为 Johansen 协整检验。因为在实际运用中，大多数情况下是检验多变量之间的协整关系，而且 Johansen 检验还提出了检验协整向量个数及经济理论所设条件的显式方法，所以 Johansen

检验方法很快得到广泛运用。

此外，与单方程协整检验一样，在进行 Johanson 检验时，协整方程也可以包含截距和确定性趋势，要根据具体情况来确定协整方程的形式。

协整关系表明了经济变量之间存在长期的稳定均衡关系。如果能源与经济增长之间存在协整关系，证明其存在长期的均衡关系。

（五）误差修正模型

误差修正模型（ECM）是 VAR 模型的另一个重要应用。该模型主要应用于具有协整关系的非平稳时间序列分析。因为实际数据多为非平稳的时间序列，所以误差修正模型在实际中得到了非常广泛的应用。Engle 和 Granger（1987）证明在变量之间存在协整关系的情况下，必然有相应的误差修正表达式，即误差修正模型。最常用的 ECM 模型的估计方法是 Engle 和 Granger。

应函数等时间序列模型来研究能源需求问题。在实际应用中，我们应依据所研究的问题和数据的具体情况选择适合的模型。除了时间序列模型，一些学者还选择运用灰色理论方法、投入产出法和人工神经网络法等单一模型方法和运用这些模型的组合模型方法。每一种方法都有其优点，都有其适用的场合，但同时也都有其不足或局限之处，不能简单说哪个模型好，哪个模型不好。

第二节　能源需求结构变化研究

一、能源需求的弹性变化

1973 年石油禁运之后，石油需求变得相当不稳定，导致在石油需求预测方面出现极大错误，相应地引起了人们对能源需求价格弹性的关心。1974 年石油价格飙升及随后石油实际价格的下降，向人们提供了检验居民部门电力需求变化假定的机会。

Stevens 和 Adams 认为，跨部门数据模型用于做出长期性的解释，而基于时间序列的模型则适合给出短期的结果，但这种长短期的划分具有误导性。当涉及 Pool 数据和跨部门数据时，不管结果是长期性的还是短期性的，对于统计结果都需要给出更谨慎的解释。Stevens 和 Adams 认为对长短期划分的弥补有两个办法，局部调整模型和结构需求模型，并且需要将耗能设备变量纳入模型中，但结构需求模型似乎具有更强的解释能力。

Stevens 和 Adams 运用 McFadden 等（1977）建议的方法，计算了电力需求的长短期弹性。在所有情况中，长期价格弹性的值都大于短期弹性值，并且 1976—1981 年的弹性要比 1970—1975 年的小。Chow 检验证明，这两个时期不能够进行合并。这意味着电力需求的价格弹性在 1970—1975 年和 1976—1981 年，不管是在长、短期弹性方面都出现了变化。

从理论上来说，至少有两个方面可以说明结构的变化，新设备的采用和电力占家庭支出份额增长两个方面而导致的弹性增加。但结果显示弹性降低，这是因为，1973 年以来，由于生活习惯的变化导致电力需求一直在增长，意味着电力需求对价格的弹性就会相应地降低。第一，奢侈品的出现意味着在长期将会出现价格弹性的不对称现象；第二，1973 年的石油禁运和此后的价格上涨可能被消费者认为是暂时性的。

二、能源需求的不对称性

Gately 和 Huntington（2002）做出了能源需求对价格和收入的不对称性研究。他们认为抑制能源需求的价格上涨对能源需求的影响并不会因为价格回落而逆转，相反能源需求的收入增长对能源需求的影响并不会因为收入的下降而回落。他们是在考察 1971 年至 1997 年之间全世界 96 个国家的数据而做出的结论。

他们考察的国家主要是划分为 OECD 国家和非 OECD 国家。OECD 国家的收入增长率基本相同，在 1%~4% 之间；但非 OECD 国家收入增长率的跨度很广，5% 及以上的国家有韩国、新加坡、马来西亚、印尼、泰国、中国，而扎伊尔、安哥拉、津巴布韦、象牙海岸、海地、沙特阿拉伯、尼日利亚、牙买加、委内瑞拉等国家的增长率却为负值。在能源需求与石油需求同经济增长之间的关系方面，各国情况也大不相同，有的国家能源需求（石油需求）与经济保持相同的增长速度，在对角线附近，如 OECD 国家；而有的国家，特别是大部分发展中国家的能源需求和石油需求增长率超过收入增长率，但也有少数几个国家远低于收入增长率。

作者采用三种分解价格差价格上升和下降对能源需求的不同影响，分别是累积的最大历史价格增长序列、累积的价格削减数列和累积的价格恢复序列。同时他们对人均收入也进行了相应分解。

这些结果表明（1）NDOECD 国家的能源需求对价格上涨的反应程度远大于对价格下跌的程度；（2）在很多非 OECD 国家，能源需求对收入上升和下降的反应并不一定相反；（3）能源需求对收入调整的速度远大于对价格变化的反应速度，忽略这些非对称性作用机制将会导致对能源需求预测的误差。

第三节　能源需求预测建模

一、能源需求预测概述

能源需求预测是通过过去关于能源供需关系与影响能源需求要素各个数据的预测测算

一个地区未来的能源需求状况。能源需求预测是国家对能源市场进行宏观管理决策的一个重要依据。能源需求预测的结果对企业生产规划、能源市场运行状况都有至关重要的影响。能源需求预测的结果对于一个地方的经济结构和长期发展规划息息相关。因此，对于一个地区来说，做好能源需求预测对该地区的经济发展和社会稳定有着非常重要的意义。

国内外以能源需求为主要业务的机构非常多，成分也非常复杂。一般情况下，一部分从事全球能源需求预测的非营利组织或者国际联合组织会定期发布大范围的能源需求预测报告，比较具有代表性的机构是国际能源署（IEA）、国际能源公司或石油公司（如 BP）等。还有一些国际或者国内机构以及相关领域的学者也会针对一个国家或者地区进行大量能源需求预测工作，为单一国家或者地区服务，例如在美国或者日本就有很多针对国内能源需求预测的机构。近些年，随着市场经济体制的逐步完善，中国能源需求预测工作也在逐步开展。国际上有一些国际组织进行了专门针对中国的能源需求预测工作。国内也有一些组织对中国能源需求结构进行了预测。

各个国际组织采用的能源需求预测的建模方法都不一样，因此可以说能源需求预测的建模方法有很多，例如时间序列方法、灰色理论方法、人工神经网络方法、投入产出方法等单一模型法以及综合运用多种模型的综合方法。每一种方法都有多个优点和缺点，主要区分在其适用场合。因此，不能简单对所有方法进行优劣排名。韩君（2008）在其文章中曾对各个方法进行过相对全面的介绍。

（1）部门分析方法。该方法将能源需求水平锁定在一定经济发展速度和相对稳定的技术进步条件下。该方法假设一个国家的国民经济发展可以划分为多个部门，且相关部门的技术水平是稳定的，地区的人口总量也是稳定增长的。能源价格在一定时期内维持稳定状态。能源需求总体上只和产业经济的发展状况紧密关联。这一方法的模型通过计算或者衡量这个地区的国民经济增长水平，对其进行精准分析，并预测在短期内的增长水平。从基年的产值水平与能源消费的关系出发，模型就可以衡量出国民经济的各个部门产值增长速度与单位产值之间的关系，从而预测出短期内各个部门的能源消费需求变化以及国民经济总的能源需求量与增长趋势。一般来说，各个部门的划分越细，该模型的预测准确率就越高；反之，该模型的预测准确率就越低。

（2）传统时间序列趋势法。该方法从能源消费量的统计数据出发，寻找能源消费总量同时间变动之间的关系，并利用这一规律对未来某一个时刻的能源需求数量进行预测。这一方法的基本思想是建立影响能源消费数量的各个要素的多元差分方程，将各个要素随着时间变化的规律融合在关于能源的差分方程中。这一方法的缺点是没有办法准确预测能源消费的拐点之时，没有办法进行准确预测，需要其他方法进行辅助。Dahl 和 Sterner（1990）通过 100 多个实证研究证实，传统时间序列趋势方法最常用的模型是以能源需求为被解释变量，以能源价格、能源需求滞后变量和人均收入变量为解释变量的形式。

（3）能源需求弹性系数方法。一个国家或者地区的能源需求弹性系数是关于本国或者本地区的国民经济发展以及能源需求的统计规律的显示。在一个特定发展阶段，能源需求的弹性系数总体上是区域稳定的。这一预测方法假定了一个国家或者地区在未来年份能源需求的技术与管理水平相对稳定，能源需求会随着经济发展的状况不断增加或者减少。在确定一个地区能源需求弹性系数以后，人们通过以往经验预计该国或者该地区的未来经济发展状况，从而确定该国或者该地区的未来能源需求水平。

（4）投入产出方法。该方法认为一国或者一个地区的经济是有机联系整体，能源生产消耗与分配使用能够全面反映能源在整个国民经济部门间的运动过程。这个过程包含了能源产品的经济价值形成过程和使用价值运动过程。投入产出方法能够将能源产品在各个部门的总体运行状况显示出来，从而建立属于该部门能源投入产出模型，并通过多部门的汇总，形成整个地区的能源投入产出状况。

（5）BP人工神经网络模型方法。神经网络是由多个处理单元组成的多元并行计算系统。BP神经网络是这一网络体系的一个组成部分，这一神经网络由两个算法构成，分别是信息传播和误差反向传播。这一算法由三个层面构成，分别是输入层、中间层和输出层。输入层负责信息的输入，中间层则按照模型的设计对输入的信息进行综合处理，处理以后传向输出层。信息的选择包含两个过程，分别是正向信息沟通和反向误差纠正。反向误差纠正是指对信息进行反向误差传播，不断调整中间层各隐层的权重数值，将误差调整到可以接受的程度，最终在输出层输出。这种方法通过多层级的调整不断修正各个要素对能源需求影响的预测，从而准确输出能源需求。

（6）情景分析方法。该方法假设能源需求受环境的影响较重，未来的能源需求不可能受当前环境条件的限制。人们应该首先设定未来能源需求可以接受或者可以达成的目标，并根据这一目标分析可以采取的各种措施以及可行性，最终对这些措施的调整修改各个要素对能源需求的影响，从而确定未来能源需求数值。

（7）灰色模型方法。在控制论的体系中，对于已知信息控制的系统可以称为白色系统，对于未知信息控制的系统称为黑色系统，对于既包含白色系统又包含黑色系统的模型可以称为灰色系统。在1982年，我国学者邓聚龙教授首创此方法，开创了控制论研究的新领域。总体来说，灰色系统包含了"部分已知信息"和"部分未知信息"，并以不确定性系统为研究对象，通过对已知信息的挖掘，提取有价值的信息，对整体系统的运行做出有效描述。在能源需求预测这一问题上，能源需求面对的即是一个灰色系统，在预测过程中，通过对有效信息的挖掘，从而确定能源需求的预测模型。

其中传统时间序列趋势法、灰色模型法、BP人工神经网络模型法等，主要是根据历史数据之间的相互关系和规律，不考虑能源系统的相互作用和平衡规律，直接将历史趋势进行外推的建模方法，这些模型结构简单，使用起来比较方便，但由于这些模型对系统内的机理考虑较少，外推能力有限，比较适合短期预测。与单一模型预测相比，利用组合模型可以将各模型有机结合，综合各模型的优点，从而提供更精确的预测结果。

二、中长期能源需求预测

下面介绍以多地区投入产出方法，结合情景分析法，对中长期能源需求预测进行建模分析。情景分析的思想有助于全面考察影响能源需求的主要驱动因素（即技术进步、经济增长、人口增加及城市化推进）各种可能的发展路径，从而把握这些因素发展在时间上的不确定性；多地区投入产出分析方法通过将预测总体划分为多个预测区域，可以把握空间上的复杂性。

（一）情景分析

能源系统是一个复杂的系统。影响能源需求的主要社会经济因素（如经济、人口、技术等）的变化具有不确定性。在能源需求分析方面，传统的趋势外推的预测方法只能预测当影响因素按过去的轨迹变化时的需求，无法考察过去未发生过的情况，如突发事件下的需求，预测结果具有片面性。

目前流行的情景分析法与一般的趋势外推预测方法的不同：它不是要预报未来，而是设想哪些类型的未来是可能的，通过描述在不同的发展路线下各种"可能的未来"，从而可以考虑能源需求的各驱动因素的不确定性。

（二）基本的投入产出模型

投入产出模型是 Wassily Leontief 教授于 20 世纪 30 年代末构建的一个分析框架。它的主要内容是编制棋盘式的投入产出表和建立相应的线性代数方程体系。投入产出表展示了各经济部门之间的相互往来及其相互作用关系。

（三）面向多个地区的投入产出模型

当研究对象为一个以上地区时，就需要对基本的投入产出模型进行扩展，得到关于多个地区的投入产出模型。

面向多个地区的投入产出模型包括基本的地区间投入产出模型及一系列简化模型。最早关于地区间投入产出模型的陈述出现在 Isard 的著作中。基本的地区间投入产出模型对统计资料的要求很高，需要有完整的地区间投入产出表。在经济统计体系不够完善的情况下，编制这样的投入产出表需要进行大规模的调查工作，耗费大量人力物力，调查所得数据的可靠性有时也不能保证。目前只有日本和荷兰等极少数国家编制出了完整的地区间投入产出表。

因为数据来源的限制，直接运用基本的地区间投入产出模型是非常困难和复杂的，所以出现了一系列简化模型，主要包括多地区投入产出模型（multiregional input-output model，MRIO，亦称列系数模型）、Leontief 模型和 Pool-Approach 模型。其中，MRK）模型是目前公认的地区间投入产出模型的主流形式，它与其他模型相比具有资料要求低、精度较高等显著特点（张阿玲，李继峰，2004；刘强，冈本信广，2002）。目前，我国的区域间投入产出表也正是采用 MRIO 模型方法编制的，因此，本节选择 MRIO 模型作为核心模型。

（四）能源需求模型

本书介绍如何基于上述的 MRIO 模型预测未来的能源需求。需要说明的是，这里预测能源需求时只考虑一次能源需求，因为二次能源"由于部门间相互的需求结构已经自动被考虑了"。

第五章　能源资源型经济

　　资源型经济又称资源依赖型经济，主要是指依靠区域资源特别是矿产资源的比较优势，通过对自然资源的开采、初级加工并形成初级产品的经济增长模式。资源型经济的典型特征是主导产业依赖相关资源而发展。由于资金投入集中于资源开采，造成其他产业因投资匮乏而发展缓慢。由于矿产资源的有限性和不可再生性，随着资源被不断开采利用，可开发利用的资源将逐渐减少并最终耗尽，依赖资源而形成的产业链条就会断裂。资源枯竭型地区如何实现经济转型和可持续发展是一个世界性难题。本章主要是从经济学角度，探讨能源资源型经济的形成、能源资源型经济转型的模式、面临的问题，并总结发达国家能源资源型经济转型经验，提出相应的对策建议。

第一节　能源资源型经济的形成

一、能源资源的可枯竭性

　　矿产资源本身具有枯竭性特征，因为地球上任何一种资源（开发）都必须遵循一种基本规律，那就是必然经历一个生命周期：发现—利用—兴旺—高峰—平稳—衰退，这其实就是所谓的峰值理论，应该说没有人会否认这一基本规律，但关键是峰值来临的时间可能有不同的判断。悲观论者主要是预言化石能源产量高峰将很快来临，然后就是逐渐衰退，直到完全枯竭。而乐观论者也承认上述生命周期理论，但对化石能源产量高峰来临的预期时间判断非常遥远，枯竭是一个漫长的过程，尤其是随着技术进步和人类对地球上化石能源资源的认识加强，所谓的峰值理论还是一个长时期的过程，人类无须悲观地看待枯竭问题。

　　目前，世界能源结构中化石能源依然是主体，石油、煤炭和天然气等占据主导地位，这是一个无法回避的客观现实。从资源特点来看，这些传统化石能源属于地下矿产资源，具有不可再生性，终究要走向枯竭。丰富的能源资源储备是一个地区能源资源型经济形成的根本原因，而能源资源的可枯竭性要求能源型经济传型成为必然。从矿产资源最终注定要枯竭的角度分析，人类如果过分依赖化石能源必将引起能源危机，进而引发全球经济出现动荡，因此人类需要重新思考未来能源来源和如何利用问题，这又是必然需要抉择的大问题。不管是何时导致化石能源枯竭，这都是必须面对的人类生存和发展问题，人类发展和人性欲望是无限的，人类发展目标也是无限的，因此依赖有限的石油、煤炭和天然气等矿产资源，当然无法做到持续稳定和谐发展。如果未来没有找到新的能源来取代化石能源在经济发展中的核心地位，人类社会确实无法做到永续发展。

一般而言，资源丰裕国家或区域对资源部门进行选择和利用的结果无疑有两种：一是陷入资源优势陷阱，形成资源型经济；二是资源开发并未影响工业化进程，避免了资源优势陷阱与资源型经济的形成，陷入资源优势陷阱的国家或区域面临资源型经济的转型。能源资源的可枯竭性使得很多地区陷入资源优势陷阱。

二、能源资源型经济的形成

（一）资源型经济形成的理论阐述

一般而言，假定工业内部只有资源部门与制造业部门，在工业化初期，资源丰裕区域首先会在资源部门投入与发展。如果对这两个部门投入相同的劳动力与资本要素，则其投入产出率的变化如图 5-1 所示。

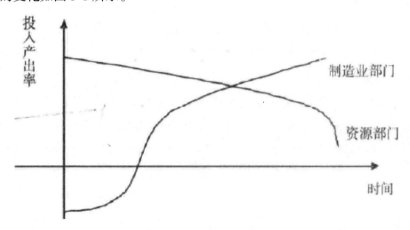

图 5-1　资源部门与制造业部门的投入产出率变化趋势

在经济发展初期，资源部门的投入产出率相对较高，制造业部门的投入产出率相对较低，甚至为负。投资会更多集中在资源部门，较少投入到具有溢出效应且技术进步较快的制造业部门。从中长期来看，资源部门迟早会面临资源枯竭，或者受到资源价格冲击的影响，导致资源部门的投入产出率下降，从资源繁荣走向经济衰退，随着技术进步与资本积累，制造业部门的投入产出率表现出长期增长趋势，

资源部门和制造业部门投入产出率的变化，与这两个部门的资本形成能力以及产业的成长性有很大关系。从资本形成能力来看，资源部门前后关联效应较差。在其扩张和膨胀过程中，除资源部门自身的投资之外，对其他产业部门的资本需求能力弱，难以形成新的产业资本积累。从资本的供给来看，资源部门的高收益对本地消费品需求的拉动力非常弱，而是更多用于区外奢侈品的消费，造成资本的大量流失。相反，从制造业部门来看，产业

的前后向关联效应比较强,一个部门的发展会带动相关部门的发展,产生规模较大的资本需求,吸收新资本进入,形成资本积累。制造业部门是技术进步比较快的部门,产品更新换代快,需要资本的进一步投入,技术进步提高了资本的产出效率,对投资的吸引力越来越大。从消费需求来看,制造业部门需求主要集中在本地,对当地经济的带动作用也比较强。从长期来看,制造业部门的资本形成能力较强,投资收益率处于上升趋势,产业成长性明显好于资源部门。

两个部门的关系昭示着产业结构的变动方向,其本质取决于两个部门内在发展机制的重大差异。正是资源部门自身独特的发展机制,支配着令人胆寒的资源繁荣现象,决定着经济发展路径,阻止了资源产业向制造业的转化与递进。资源部门发展的自强机制包括资源部门对经济要素特殊的吸纳效应、资源产业家族形成的黏滞效应,以及由沉淀成本与路径依赖形成的锁定效应。

1. 吸纳效应

吸纳效应是指资源部门对经济要素特殊的吸纳作用。资源繁荣的结果是通过吸纳效应,引导经济要素流入资源部门。对于制造业部门而言,本来就较为稀缺的经济要素更加稀缺,产业发展条件趋于恶化,生产要素的流出带来边际产量曲线向下移动,边际成本曲线上升。在边际收益不变的情况下,产品竞争力下降,产量下降,乃至发展停滞。

制造业部门物质资本的流出使得劳动的边际产量曲线从 MP1 向下移动到 MP2,由于 MC=W/MP(边际成本与边际产量呈对偶的关系),故边际成本曲线向上方移动,从 MC1 移动到 MC2;成本上升引起产品竞争力下降,厂商为了获取最大超额利润,遵循 MR=MC,将产量从 Q1 减少到 Q2;产量减少,引起制造业部门对物质资本与劳动力等要素的需求进一步减少,导致边际成本曲线的进一步上升。相比之下,资源部门更具比较优势,要素报酬更高,形成了一个正反馈循环。

2. 黏滞效应

黏滞效应实质上是资源部门对经济要素的阻滞或粘连作用,它加剧了资源产业的正反馈循环发展过程。在资源部门快速扩张过程中,采掘、初加工、配套、生产服务等资源家族产业相应得到发展,形成了由支柱产业及其附生产业、伴生产业等组成的产业体系。相对而言,制造业部门也会围绕某一产品加工形成支柱产业及其辅助产业,但一般而言,制造业部门具有较高的产业带动力和影响力,是能够不断进行产品更新与技术创新、推动产业结构升级的部门。

资源部门的影响力系数小,其产业家族是一种封闭式的围绕采矿业扩张、服务于自身循环体系。按照制度经济学原理,资源型经济不具备竞争性经济所特有的良好适应性,不具备对价格变化的高度敏感性,不具备高度的要素流动性,因而是一种非竞争性经济。竞争性的、灵活的和增长的经济向资源所有者提供着新的机会。然而,资源部门似乎对要素的流动具有天然的阻滞作用,对特殊要素,特别是一般经济要素具有较强的黏滞性。资源产业的高黏度,导致经济要素过分集中、黏滞于资源产业。从表面上看,形成了资源产业的持续繁荣，但实际上，却妨碍了经济的转型发展。

3. 锁定效应

锁定效应是针对功能性锁定而言的，是指资源部门或资源繁荣对区域功能、产业功能及相关核心企业的功能锁定，以及对供应关系、合作关系、专业化生产的路径限定。功能性锁定是指由于既已建立的长期稳定的供求关系、健全的供应链网络和良好的合作关系，产品的技术与功能由此被锁定。需要指出的是，资源部门的沉淀成本很大，沉淀成本的存在常常会使人们不情愿改变发展路径所带来的短期损失，而倾向于维护既有的利益关系和合作关系，由此就形成了资源型经济的锁定效应。沉淀成本与信息不完全的结合会在很大程度上扭曲资源配置，导致产业结构刚性，降低经济效率和福利水平。一个行业中的沉淀成本越大，其进出壁垒越大，锁定效应越强，锁定效应涉及资本的有效需求。在资源型经济体中，其他产业，尤其是制造业发展不足，抑制了非资源产业的资本需求及需求能力，导致资本的使用长期锁定在资源产业以及资源加工产业、配套及服务产业、相关的基础设施等领域，明显降低了资本使用效率，无形中扩大了资本投入的风险。

综上所述，资源型经济的百强机制，是指在资源高收益的强力刺激下生产要素不断向资源部门流入，推动资源部门持续扩张，促进资源加工产业及相关的服务产业、辅助产业快速发展，进而形成资源产业的主导性和依赖性同步增强的过程。资源部门的自我强化将资源型区域锁定在以资源部门为主体的资源产业体系中，制约了资源部门向以制造业为代表的报酬递增且生产率较高的部门的转化。

（二）自强机制的数理表达

资源型经济的自强机制，用基于两部门的数理模型推导如下。

1. 假定条件

（1）工业化与反工业化假设：将工业化进程简化为工业部门(I)内部结构的演变，即资源部门（R）与制造业部门（M）的此消彼长；工业化进程表现为资源部门所占比例（B/D 的下降；与制造业部门所占比例（M/I）的上升；反之，则认为是"反工业化"。

（2）资源部门与制造业部门假设：资源部门属于规模报酬不变或递减的部门，技术创新相对缺乏、对劳动力技能没有要求；制造业部门是规模报酬递增部门，对技术创新比较敏感、劳动力技能要求较高、具有"干中学"特征。

（3）常规性生产要素假设：制造业部门、资源部门均使用劳动力（L）与资本（K）。工业化进程中，工业部门的生产要素 L^I、K^I 处于上升趋势，这两类生产要素在资源部门、制造业部门的使用数量分别为 L^R、K^R、L^M、K^M，且 $L^R+L^M=L^I$，$K^R+K^M=K^I$。

（4）劳动力与人力资本的投入成本：资源部门对劳动力技能没有要求，可以理解为劳动力不需要接受教育就能从事资源开发工作，其教育的投入成本为零；制造业部门对劳动力技能有较高的要求，即必须接受适当的教育，方能从事制造业部门工作，教育的投入成本为 E，且 E＞0。

此外，矿产资源作为特殊要素，区域供给充裕。

根据上述假定条件，资源部门规模报酬不变或递减，则有生产要素增长率大于或等于产出增长率，即 gL^R、$gK^R=g$，其中：gL^R、gK^R、g^R 分别表示资源部门劳动力的增长率、资源部门资本的增长率、资源部门产出增长率；制造业部门规模报酬递增，则有生产要素增长率低于产出增长率。

事实上，资源部门、制造业部门生产要素的实际增长率取决于这两个部门经济个体预算约束下的最优决策或者说取决于这两个部门生产要素的净收入比较，其中资源部门劳动力的投入成本为零，则净收入就等于工资收入。

2. 变量关系

资源部门与制造业部门净收入的初始差别，引起资源丰裕地区劳动力流向资源部门。根据假设，制造业部门对技术创新、劳动力技能要求相对较高，在人力资本缺乏的情况下，其资本的收益水平也是非常低的。相对而言，资源部门对技术、劳动力技能要求不高，为资源部门的发展提供了可能性。因而，在工业化初期阶段，矿产资源的新发现都会带来资源部门的发展。

从国际市场来看，矿产资源的需求仍在不断扩张，而矿产资源本身是可耗竭的，发展中国家的粗放利用更加剧了资源的耗竭速度，供求矛盾导致价格整体处于上升趋势，但并不排除短期内资源价格下降的情况。也就是说，资源产品的价格是很不稳定的。那么，资源产品价格的波动起伏，比如持续上升或持续下降是如何影响资源部门，乃至资源型地区工业部门的发展呢？

首先对资源产品价格上升时期进行分析。资源产品价格上升必然引起资源部门工资的上涨与资本收益的上涨。

上述关系表明，资源产品价格的上升，必然导致生产要素进一步向资源部门集中，引起资源部门的繁荣。

其次，当资源产品价格下降时，资源部门会如何变化，是否会导致资源部门的要素向制造业部门的流动，引起制造业部门的快速发展？如果资源产品价格下跌，必然导致资源部门生产要素价格下降。

对于资本而言，由于资源部门具有很强的资产专用性，存在巨大的沉淀成本，除非制造业部门的资本收益率非常高，足以补偿沉淀成本，否则很难实现向非资源部门的转型发展。

正是资源部门发展的自强机制强化了资源型地区对资源部门的依赖，从而使其陷入资源型经济发展的陷阱。从长期来看，资源部门的自我强化对人力资本与创新具有明显的挤出效应；反过来，人力资本与创新的缺乏，制约了区域经济的长期增长，出现了资源型经济现象。

（三）能源资源型经济的形成

能源是一种重要的战略资源，而且可枯竭性十分明显，在能源资源储备丰富的地区，根据上述理论，能源资源型经济的自强机制往往使得该地区陷入能源资源优势陷阱。形成地区经济资源依赖型发展模式，资源依赖型发展模式主要是指依靠区域资源特别是矿产资源的比较优势，通过对自然资源的开采、初级加工并形成初级产品的经济增长模式。

能源资源型城市和地区的出现是工业化进程中的一种普遍现象，资源的自然禀赋是导致资源型城市和地区产生的初始动因，由于自然资源的不可再生性，它决定了资源总会有枯竭的一天，所以资源型城市迟早总要面临转型问题。工业化最先在英、法和德等国家开始，能源资源型经济最早也是在这些国家形成。如德国的鲁尔区是世界上最大的工业区之一，也是欧洲最大的工业区，它位于德国西北部，是一个以煤炭开采为基础的工业基地。鲁尔区煤田面积较大，煤炭地质储量达 652 亿 t，煤层厚、开采条件好、煤的品种多。20世纪 50~60 年代，这一地区扮演着德国经济迅速恢复和高速增长的"发电机"角色，其钢铁产量占全国 70%，煤炭产量占全国比重高达 80% 以上，经济总量曾占到德国国内生产总值的 1/3。20 世纪 50 年代后期，鲁尔老工业基地经济结构和传统产业受到严重挑战，过度开采造成资源趋于枯竭，生产成本直线上升，产品市场萎缩，工人大量失业，陷入资源型经济陷阱。

在自强机制的作用下，我国山东的枣庄市、东营市和山西的大同等很多城市和地区都形成了能源资源型经济，而随着能源资源的开发和日益枯竭，这些地区必然陷入能源资源优势陷阱，面临转型问题。

第二节 能源资源型经济转型面临的问题

一、问题的形成机制

陷入能源资源型经济的地区和城市往往具有以下特征：主导产业依赖某种化石能源资源而发展。由于资金投入集中于该能源资源开采，造成其他产业因投资匮乏而发展缓慢。由于化石能源资源的有限性和不可再生性，随着能源资源被不断开采利用，可开发利用的能源资源将逐渐减少并最终耗尽，依赖能源资源而形成的产业链条就会断裂。对环境生态破坏严重；各种矿床的开采，严重破坏了地下结构，造成大片沉陷区；而对地表资源的开采剥离了地表植被，使环境生态恶化并难以逆转。化石能源产品的初加工：造成的大量粉尘和有害气体，更加剧环境恶化。人们对原有模式的路径依赖，忽视了技术创新能力的培育，伴随着能源资源的开发殆尽，其发展模式的转型将更加困难。因此，能源资源型经济往往面临着产业转型与发展问题、生态环境问题、经济增长和规划管理等一系列问题。

不同于一般的产品生产，矿产开发表现出四个特殊性：矿产资源的稀缺性与可耗竭性，矿产开发的负外部性和高风险性，矿产品的高价格波动性，矿业的低产业关联性与强资产专用性。长期以来，对于这样一个具有特成性的产品和产业，缺乏有效的制度规范、约束、调控，引发资源型区域诸多难题，即资源生态环境难题、产业结构难题、经济增长难题、社会发展难题。为此，需要制定专门的经济政策，以规制企业行为、管理资源财富，防范收益分配不公与使用失当。

二、问题分析

（一）产业结构问题

能源产品的高价格波动性导致矿业收益的波动，引起要素在资源部门与非资源部门之间流动；能源产业的高资产专用性与低产业关联性，导致高沉淀成本与资源部门对生产要素的锁定效应，带来资源型区域的反工业化与产业单一性等发展难题。

1. 矿产品的高价格波动性与"反工业化"

在能源市场与价格部分，我们曾经做过分析，能源产品价格波动性强，从石油、煤炭等产品的价格变化趋势可以得到证实。其原因有多个方面，既有供求不均衡等经济原因，也有国家关系等政治甚至军事原因，同时能源产业本身所具有的低供给弹性也是重要原因之一。能源产品价格波动带来生产要素收益在部门间的比价变动，容易引起要素在部门间的不正常流动。假设能源产品价格上升，在能源资源高收益的强力刺激下，劳动力、资本等生产要素源源不断地向能源资源部门流入，推动能源资源部门的持续扩张和迅速繁荣，促进能源资源加工产业及相关的服务产业、辅助产业的快速发展，而制造业部门的发展受到制约，出现"反工业化"现象。

2. 能源产业的强资产专用性、低产业关联性与产业结构单一性

能源产品的高价格波动性与低供给弹性，容易引起部门间贸易条件恶化与反工业化，而能源产业的强资产专用性又将要素牢牢锁定在资源部门，这一特性存在于企业、产业、区域三个层面。在企业层面，固定资产投入比重大，且一次性投入占比高、物质资产专用性强；在产业层面，人力资本专用性强，无论是技术人员还是矿工，大多专职与能源资源相关的技术工作和开发活动，很难适应其他行业的工作；在区域层面，多数办公、生活设施专用性强，且随着资源的枯竭转为沉淀成本。此外，矿业部门的产业关联度低，对相关产业带动能力不强，形成资源型区域产业结构的单一性问题。

（二）资源生态环境难题

资源生态环境难题具体表现为能源开发带来的资源损耗和枯竭及生态环境破坏，前者源于能源资源价值未能得到合理估价，造成资源开发过度；后者源于能源资源开发的负外部性。

1. 能源资源的可耗竭性与资源损耗、资源枯竭

作为生产要素，与劳动力、资本等生产要素一样，能源资源（化石能源）具有稀缺性特征。但不同的是，能源资源还具有可耗竭性特征。随着能源资源的开发，能源资源的所有权逐步灭失。按照新古典要素收益分配理论，在能源资源开发中，工资、利息、正常利润分别是对矿工、资本投入、矿业开发经营者的补偿，构成能源产品的新增加价值。能源资源租金是使用稀缺的、可耗竭的能源资源的代价，体现为能源资源的价值，包括补偿资源前期勘探的发现权权益价值与大自然所赋予的资源财富的所有权权益价值。

在能源资源开发中，资源租金反映着能源资源的价值，并与能源产品收益分配密切相关。能源资源价值包括发现权权益价值与所有权权益价值，前者是通过能源资源前期勘探而形成的能源资源资产价值，后者是大自然赋予的、属于当代人与后代人共同所有的资源财富价值。所有权权益价值或者说资源财富价值，是对资源稀缺性和可耗竭性的补偿，构成稀缺性租金和耗竭性租金。在实际生产中，耗竭性租金往往容易被忽略，表现为能源资源所有权人未能获得相应的报酬；资源所有权权益价值，部分转化为能源产品的新增加价值，部分转化为能源开采企业的超额利润。将财富价值计入新增加价值，增加国家的税收收入。在逐利动机下，为了获得更多的高额收益，政府、企业家、要素所有者等相关经济主体共同推动着资源部门的规模扩展，加速了能源资源的开采与耗损。

2. 能源开发中的负外部性与生态环境破坏

不同于一般产品生产过程，能源资源开发具有显著的负外部性，即能源资源开发带来土地资源占用、植被破坏、地面塌陷、地下水层破坏以及大气污染、水质污染等生态环境破坏，还可能导致对本体能源资源以及伴生矿产资源的损耗及破坏。

20世纪上半叶，在资源无价或者低价背景下，处于工业化起飞期的世界主要工业化国家，对矿产资源进行了大规模开发，引起资源损耗与生态环境破坏这一生态难题，引发人们对资源价值的理论思考以及对解决外部性问题的实践探索。如今，澳大利亚、德国、加拿大等工业化国家，已经形成较为完善的资源生态环境补偿体系。改革开放以来，我国对环境污染问题以及矿产开发中的资源损耗、生态环境破坏问题日益重视，相应的制度体系也在探索与完善之中。

（三）经济增长问题

经济增长难题表现为短期经济增长波动与长期经济增长滞缓。资源型区域对资源产业高度依赖，形成脆弱的、单一的产业结构。矿产品价格波动，引起资源产业，乃至整个资源型区域的经济波动。从长期来看，对资源部门的高度依赖，会挤出制造业与人力资本，导致经济增长停滞。

1. 价格波动、产业单一与短期经济增长波动

资源型区域高度依赖资源产业开发。能源产品价格波动，造成能源资源产业波动，进而引致资源型区域的经济波动。当能源产品价格升高时，劳动力、资本等生产要素向资源

部门流动，能源资源产业迅速繁荣，资源部门的高收益与资源产业规模的扩张，带动资源产业及资源型区域的高速增长。当能源产品价格下跌时，由于能源产业资产专用性强，沉淀成本高、退出壁垒高，抑制了要素从能源资源部门的流出。其结果，不仅造成能源资源产业的负增长和衰退，还严重拖累资源型区域的整体经济增长，往往形成剧烈的经济增长波动。

2. 人力资本、物质资本挤出与长期经济增长滞缓

根据内生增长理论，区域长期经济增长主要取决于资本积累，尤其是人力资本。Matsuyama 等学者认为，制造业部门存在"干中学"特征，带来规模报酬递增。制造业部门的发展有利于人力资本的积累，制造业部门比重的上升，意味着整个社会人力资本数量的上升，将会持续促进区域经济增长。然而，能源资源部门存在自我强化的作用机制，特别是能源产品价格上升时，将会引致劳动力、资本等生产要素从制造业部门向资源部门集中，出现能源资源部门比重不断上升、制造业部门比重持续下降的现象，造成人力资本积累减少，进而降低所有部门的生产力，造成长期经济增长的滞缓和区域发展能力的受损。

（四）社会发展问题

社会发展难题主要包括：能源资源开发的高风险性及由此带来的矿难频发、安全事故问题，能源资源开发收益分配的不合理及由此带来的能源产业寻租现象和腐败问题、收入分配差距扩大问题，区域经济长期增长衰退及由此带来的矿工失业问题及其他相关社会问题等。

1. 能源资源开发的高风险性与矿难

能源矿产开发活动大多在地下或者水下进行，作业环境复杂多变，存在许多不可预料因素，安全隐患多，瓦斯爆炸、透水事故等意外事故时有发生；在矿井设计中采取更高水准的安全防范设施，建设矿工逃生渠道，增加安全投入，就能有效降低事故发生概率，减少矿工伤亡。在利益最大化理念支配下，如果没有相应的制度约束、强有力的政府监管，能源资源开采安全设备往往会大打折扣，能源矿山安全投入也难以足额到位，安全生产隐患就难以消除，矿难事故就不可避免。

2. 收益分配制度缺失与寻租、利益纷争

在能源资源开发所产生的资源收益中，有一部分是属于弥补资源稀缺性与可耗竭性、矿产品开发的负外部性以及转型成本的，还有一部分应当是用了安全生产投入的。如果缺乏相应的收益分配制度以及完全的成本核算和有力的财务约束，这些收益就有可能（在实际中常常发生这样的情况）转化为矿产开发的额外租金收益与超额利润。长此以往，必然会引起收入差距扩大，引发相关经济主体、社会团体的收益纷争，导致寻租、腐败、派系冲突等社会问题，增加社会发展的非持续性风险。此外，资源型区域或迟或早都会面临资源枯竭问题，矿工再就业问题也是资源型经济转型中面临的突出难题。

（五）规划与管理问题

能源资源储备丰富的地区发展面临着区域发展规划与管理问题。只有做好区域发展规划，才有可能避免陷入资源优势依赖陷阱，使得能源资源的开发与工业化进程同步进行，资源部门与制造业、服务业等部门协调发展。但是，在发展中国家，由于资源部门的自强机制，使得大多能源资源储量丰富的地区不可避免地陷入了能源资源优势陷阱，形成资源型经济，而随着能源资源的日益枯竭，转型就成为必然，此时，就面临转型中的规划和管理问题。

1. 缺乏长远发展规划，造成发展危机

从资源的开发到枯竭，往往是一个漫长的过程。很多资源储量丰富的地区或城市，资源依赖容易造成城市管理和发展的"惰性"，即由于城市或区域管理人员素质不高、任期短、流动性频繁等原因，造成城市发展和管理部门任期内更多的是追求短期利益或政绩，对城市的发展缺乏长远规划。由于缺乏长远发展规划，资源型经济就不可避免地形成了，而形成资源型经济后如何转型往往也会因为缺乏规划致使城市或区域发展陷入危机，无法走出资源优势陷阱。这是很多发展中国家的资源型城市基本都会面临的问题，所以必须学习发达国家的先进经验，未雨绸缪，做好资源型城市或地区的发展规划工作。

2. 区域发展管理能力弱化，转型困难

根据发展中国家的经验，资源型城市或地区政府官员往往由于资源优势而陷入资源依赖而无所作为，而且贪污腐败的机会也较多，易形成不良风气。很多政府官员同时又是矿山股东或业主，使得资源型城市或区域行政管理能力弱化，行政效能较低，不仅对城市发展缺乏长远规划，而且在城市或区域发展管理方面由于对资源的依赖，管理能力无法及时提升。不良的社会风气、较弱的区域发展管理能力和"资源性利益链"使得资源型城市或地区发展往往陷入"迷途"，无力进行制度创新等改革，也就无法促进资源型城市经济转型。

第三节　能源资源型经济转型的模式

资源型城市经济转型是一项复杂的工程，需要全面调查与规划，根据当地资源开发情况、产业发展情况、发展有利条件和不利因素等诸多方面的现状，实施资源型经济转型。所以，实现能源资源型经济转型，必须借鉴先进经验，遵循一定的客观规律，选择合适的模式进行。

一、资源型经济转型的模式

（一）优势延伸模式

所谓优势延伸是指在资源开发基础上形成的产业体系在区域甚至全国占有重要地位，

不但是地区经济发展的支柱产业，而且还具有主导产业的性质。这类城市或地区的突出特点是资源较丰富，开采成本低，经济效益好，转型面临的问题少，通过充分发挥现有优势，将资源优势转化为经济优势，使现有的产业优势转化为地区经济发展优势。优势延伸模式适用于处于成熟期的资源型城市或地区，强调同一产业链中上游采掘业与下游加工业的协同关系，重点发展加工业。主导产业采取此种模式的资源型城市或地区又可分为以下类型。

第一，传统产业链向后延伸的高加工度型。由于历史原因，资源型城市的主导产业通常都是结构单一的原材料工业。根据工业化进程中的结构演变规律，沿着传统的原材料工业产业链条向后延伸，可形成加工、组装工业；初级加工业还可通过"技术集约化"过程向精密加工和深加工发展，最终形成以技术密集型加工业为重心的高加工度产业模式。随着产业链的纵向延伸，下游企业和配套企业数量不断增长，大量生产经营相关联产品的企业在一定空间的聚集形成专业化生产、低成本运输和低交易费用，最终形成一定范围的产业集群，对资源型城市转型后的主导产业选择可有两种安排：一是从资源采掘到轻工业的主导产业选择。特别是大型城市做强做大轻工业的有利因素很多，如工业基础雄厚，拥有相对廉价的原材料和能源优势。同时，轻工业项目投资较少，产品品种多，既可以是大型的工厂化生产，也可以是小型的家庭化生产，便于城市富余人员的安置。二是从资源采掘到重化工业的主导产业选择。以我国为例，我国目前还处于工业化中期，发展重化工业仍是经济发展的重心和不可缺少的产业环节。从全国产业布局看，由于历史原因，许多重化工业仍布局在东部地区，西气东输、西煤东运不仅耗费大量的人力、物力和财力，也给铁路运输带来沉重压力。资源型城市主要聚集在中西部地区，可根据资源现状和产业优势，利用本地相对丰富、廉价的煤炭等资源建设坑口电站，直接对外输出电力；也可发展电解铝（铜、银）、氯碱化工等高能耗产业。这种方式不但有利于实现资源型城市的经济转型，对全国产业布局的优化十分有利。

第二，传统产业链向前延伸的"绿色农业"型。许多能源资源型城市（如煤炭城市）在完成矿物采掘后，遗留有大量土地资源。根据当地自然资源条件，发展高效绿色农业和种植、养殖业，既复垦利用这些土地资源，又起到经济转向旱、投资少的效果，对林业城市，可在整个林区处于蓄养恢复阶段时，向生态型产业经济模式转换，发展林区养殖、药材种植、森林旅游等绿色产业。

（二）优势组合模式

优势组合是指资源型城市或地区除具备资源优势外，还具有适度的产业优势或区位优势。这类资源型城市交通便利、基础设施完善、综合实力强、接续产业已有一定基础。通过综合开发利用以上优势，可实现主导产业结构的多元化。优势组合模式适用于依托条件好的资源型城市，随着资源加工产业群的建立和发展，企业间的技术外溢和乘数效应日益加强，为发展其他产业创造了条件。优势组合模式强调不同产业群（包括主导产业间及主导产业与关联产业间）的协同关系。此种模式包括以下类型。

第一，高起点创新型。对地理位置和产业基础都较优越的资源型城市，经济转型要走资源产业与非资源产业并重的发展之路，在产业布局上注重转型与发展高新技术产业兼顾共进，坚持高起点转型。一方面坚持用高新技术对煤炭、石化等传统能源产业进行改造。另一方面大力扶持发展具有地方特色的高新技术产业，带动城市经济发展不断跃上新台阶。通过充分发掘国内外重大技术创新所带来的投资机会，进行产业升级和产业替代。

第二，多增长点共荣型。多增长点是指资源型城市经济发展不再是单一或单线的，而是复线或混合的。就是在产业结构演化中，无论是三次产业增长对经济增长率的贡献率，还是产业内或部门间的发展，虽然在不同时期各有侧重，但绝不是单兵突进，而是并重或混合进行，从而彻底打破资源型城市单一的产业结构。例如，在转型的某个阶段，确定重点发展资本密集型产业的同时，适度发展劳动密集型产业。因为随着中间产品和资本品的生产，传统服务业等第三产业的需求也扩大了，对吸纳就业和繁荣经济将起到重要作用。如卡尔加里是北美地区转型成功的典范。卡尔加里是加拿大著名的石油城市，20世纪80年代曾因国际油价下滑而使经济陷入低谷。经过20年的转型发展，卡尔加里如今已成为"全加拿大最佳工作地和生活地，全世界最佳投资地，正以其经济优势和优越生活方式成为世界的领先者，并吸引了一百万居民和众多世界知名企业驻扎。经济多样化对卡尔加里经济的贡献率为75%，多样化发展不但使卡尔加里摆脱了过度依赖石油的不利局面，而且对产业结构升级起到了加速推进的作用。卡尔加里产业多样化进程一部分属于城市产业发展的自然变革，同时也是城市管理者精心设计规划的结果。

（三）优势互补模式

优势互补是指资源型城市自身条件虽不理想，但转型可纳入周边大中城市构成的城市圈中，通过区域经济合作与经济一体化发展配套产业，利用相对优越的外部环境，选择与周围城市和区域经济发展相适应并能产生经济互补优势的产业发展。这种模式的好处是较好地解决了区域分工与协作问题，最大限度地减少了经济转型成本，避免出现区域产业趋同现象）优势互补模式适用于依托条件相对较差的资源型城市及处于成长期的资源型城市。该模式强调经济转型与区域经济之间的协同关系，有以下几种发展类型可供选择。

第一，点轴开发型。城市群往往是由若干大中小城市（镇）组成的点轴联合体，其中，点是增长极，是区域中心城市；轴是增长线，一般沿公路、铁路干线辐射。由于城市群内各城市之间一般具有较明显的职能分工，资源型城市应结合自身实际和城市群内职能分工情况，正确定位自身的城市职能，以便顺利、深入地融入城市群，获得转型的动力和持续发展的活力。例如，对矿业城市来说，在开发初期，就应根据当地交通、信息、经贸等各方面信息，依托周边城市，宜城则城，宜镇则镇，将矿产资源的开采、分选、粗炼、精炼等生产环节适当予以分离，采用"长距离通勤"等方式开采自然资源，降低转型成本。又如，在沈阳、抚顺、本溪、辽阳、铁岭为主体的辽中城市群中，资源型城市比较集中，由于整个城市群中只有沈阳是中心城市，根据地区经济发展需要，抚顺原来以煤炭工业为主，但由于煤炭资源接近枯竭，而城市又具有一定的工业基础，是城市群点轴系统中发展潜力最大的增长带，可以定位为综合性工业城市；而铁岭的煤电工业发达，可以定位为辽中城市群的能源基地。

第二，城矿联动型，联动就是要充分调动矿山企业与资源型城市两方面的积极性，通过发挥各自比较优势，把转型工作开展起来。矿业城市大多地理位置偏僻，远离中心城市，经济总量小，产业发育程度低，人员安置能力有限，而这些城市中的矿山企业往往还有进一步发展的潜力，依靠矿山企业的联合、兼并等资本运作方式，地方政府再给予一定政策支持，通过外部扩张，使其通过转型解决人员分流问题。如休斯敦是世界石油城市成功转型的典范。20 世纪 80 年代中期，由于国际油价暴跌，世界经济受到沉重打击，休斯敦开始实施城市转型并取得成功。休斯敦转型的成功离不开当地政府全方位的支持，转型过程中休斯敦积极争取政府资助的大项目，以点带面发展高科技产业。休斯敦现在已成为美国国家航空航天局航天中心所在地和美国第一大医疗中心、美国太阳能城市等。

第三，整体迁移型。并不是所有资源型城市都宜于进行经济转型的尝试。例如，日本学者通过对日本多个煤炭产区经济转型效果的观察后发现，只有两类煤炭产区的发展在日本政府煤炭产业政策的指导下有所成效。一是靠近东京产业带和濑户内海的矿区；二是与高速发展的新兴都市邻近的矿区，如札幌附近的石狩区和福冈附近的矿区。这些矿区经济转型成功主要得益于新兴都市的城市化扩张。除此之外，那些远离经济发展中心的矿区，尽管也耗费了大量资金，但收效甚微，很难成功。这种情况在我国也确实发生过，国家曾向不少衰退期资源型城市投入大量资金，搞了许多技术改造项目，但最终还是无济于事。因此，对少数不宜经济转型的资源型城市，特别是少数矿城及林业城市，应让市场机制来决断，与其投入大量资金搞经济转型，不如把钱用在人口迁移和社会保障上，将一些小城市和小城镇整体迁移。

（四）优势再造模式

在原有资源优势基础上建立起来的产业体系，由于结构比较单一，受资源供应的影响，会表现出活力丧失甚至衰退的迹象。所以，这类地区必须通过走产业更新的道路来实现转型。所谓优势再造是指随着自身优势资源的衰退，在国家政策扶持下，从生态条件、区位条件、技术条件等各方面重新认识和确立新的优势，优势再造模式适用于资源面临枯竭的矿业城市，这些地区由于多年开发，后续资源接替不上，原有的优势正逐渐消失。而优势再造模式强调矿产资源要素之外的政策、生态、技术、人才等方面的协同关系。

对依托条件好、交通运输便利、生产要素流动能力强的矿业城市，可利用资源开发所积累的资金或通过招商引资，建立基本不依赖原有资源的全新产业群，把原来从事采掘业的人员转移到新兴的产业上来。此种转型模式国外已有可借鉴的成功案例，如法国洛林地区，由于煤炭资源枯竭，开采难度大，开采成本高于进口煤炭到岸价格的三倍左右，造成洛林煤炭工业长期亏损，法国政府毅然放弃已经完全丧失竞争力的煤炭和铁矿开采业，根据国际市场需求发展计算机、激光、电子、生物制药和环保等新产业。

托条件较差的矿业城市，需要国家产业政策、税收政策和财政政策的大力支持，因地制宜地发展新产业。辽宁省阜新市作为资源枯竭型城市经济转型的试点，在政府资金和政策的大力支持下，转型工作已取得初步成功。

二、转型模式的选择

资源型经济所处的背景条件不同，在转型时必须考虑内外部环境因素，因地制宜地进行，以我国资源型城市转型为例，我国资源型城市数目众多，分布广泛，自然条件、资源条件、区位条件等方面情况各异。因此，不同资源型城市应采取不同的转型方式，不考虑具体情况，一刀切地采取同一种转型模式，必然使转型脱离实际，其结果可能会使资源型城市的发展陷入被动局面。实践证明，处于相同或相近开采阶段的资源型城市，其发展前景也有显著差异，这主要是由城市的地理位置造成的。从区域经济学角度看，一个城市的发展状况与其依托条件有很大关系，具有良好依托条件的资源型城市，大多交通条件便利，生产要素流动能力强，可资利用的公共条件好，接续产业的发展具备一定基础，这对经济转型大有裨益。反之，地理位置偏僻、依托条件差的资源型城市，投资环境不理想，可利用的基础设施少，生产要素流动比较困难，将导致经济转型的难度大。因地制宜原则要求不同类型的资源型经济要选择不同的转型模式。资源型经济转型需要根据不同的依托条件和发展阶段，以及其他条件选择合适的转型模式，只有选择了合适的转型模式，资源型经济城市或地区才能顺利转型；所以模式选择是成功转型的前提。

第四节　能源资源型经济转型的对策

一、发达国家资源型经济转型经验

资源型城市或地区迟早总要面临转型问题。工业化最先在英、法和德等国家开始，资源型城市在那里最先发展起来，也最先开始转型。在国外，资源型城市经济结构转型问题，一般叫衰退地区经济振兴或结构性问题地区的经济振兴。20世纪50年代甚至更早，在这方面就有了不少研究成果，主要是针对特定地区而言的。如德国鲁尔区的振兴、日本九州地区的振兴等。分析讲究发达国家资源型城市和地区转型的模式和经验，对目前面临转型城市和地区选择转型模式，做好资源型经济转型工作具有较强的借鉴意义。

（一）美国、加拿大、澳大利亚三国的转型经验

美国、加拿大、澳大利亚三国的特点是：幅员辽阔、矿藏丰富、人口稀少。三国的矿业城市主要是煤铁矿区和石油产区，一般规模较小，只有几千人到几万人的规模，转型难

度较小。美、加、澳三国的资源型企业绝大多数是私人企业，政府主要通过财政和金融手段对经济进行控制，很少直接干预企业经营。因此在处理矿业城市产业转型的问题上，主要由企业自主决定何时进入，何时退出，如何退出。政府主要解决资源型企业迁移后留下的人员安置问题。由于美、加、澳都是移民国家，人们对于迁移习以为常，绝大部分居民都能顺利迁移到适合发展的城市。因此美、加、澳的矿业城市就出现了两种截然相反的前途：一种是如美国西部由于资源开发殆尽、人去城空而形成的"鬼城"；另一种就是类似休斯敦和洛杉矶这样的综合型城市。这都是市场自由选择的结果。

三国矿业城市的转型，虽是市场选择的结果，但这些国家政府还是采取了一些政策，只是不起主导作用而已。三国在资源型经济转型方面的基本经验如下。

一是建立预警系统。预警系统是指提前公布公司的计划，给公司、地方政府、工人及其家庭留出足够的时间来逐步有序地关闭工厂或是放弃一个矿区城市。加拿大法律规定的预警时间是 2~4 个月。这可以避免工人惊慌失措。

二是实施紧急经济援助、再培训、搬迁及工作分享策略。紧急救援可持续半年到一年，帮助工人渡过最初难关，直到找到工作为止；再培训可以增加工人在新兴产业中的就业机会；搬迁到其他地区以渡过暂时困难；工作分享可以降低不稳定性，减少社会不安定因素。

三是建立社区赔偿基金和专项保险机制。由政府、公司、工会组织注入社区基金，作为危机时期的补救来源。同时建立一个社区委员会负责审查并发放资助。

四是经济基础多样化和地方购买。要保障一个地区长期发展和繁荣，扩张经济基础、实现经济基础多样化是唯一选择。地方购买可产生附带扩散效应，扩大地方就业和服务功能，将经济乘数留在当地。

五是实施区域规划，建立结构联系。在北美有中心城市资源区的概念。大型人口中心的外围依次是：无人居住带、移动性城镇地带、长期通勤地带，这三个地带构成中心城市资源区。在工地上有最必需的建筑，平房即可。中心城市是周末娱乐和购物场所，集中力量建设好。这样中心城市资源区资源的枯竭只会导致就业结构的转移，而不是经济上的不稳定或城镇的消失。

（二）日本资源型经济转型经验

日本矿产资源缺乏，人均资源占有量低，这就决定了日本对资源型产业的重视。日本的资源型产业主要是煤炭产业。20 世纪 60 年代，由于廉价石油的冲击，煤炭产量大幅度下降，煤矿数目急剧减少，煤炭产业出现危机。为此 1961 年日本政府规划了产煤地域，并制定了煤炭政策和相关法律。到 1991 年，日本政府先后制定了九次煤炭政策。从第一次煤炭政策到第七次煤炭政策，日本政府一致认为，煤炭产业应该维持一定的生产规模。日本政府为之付出了总计达 2501 亿日元的国债，但结果不尽如人意。到了 20 世纪 70 年代，日本煤炭产量由 5000 万吨水平下降到 1000 多万吨。因此在第八次和第九次煤炭政策中，日本政府开始注意煤炭产业的转型，决定在分阶段逐步减少国内煤炭产量的同时，寻求多元化及开拓新领域，逐步实现使用国内煤炭向进口煤炭转变，通过支持产煤地域基础设施建设，扶持大型项目建立，发展替代产业等措施，寻求煤炭产区经济结构多元化，实现产煤地域的振兴。在日本矿业城市转型过程中，政府的作用是非常重要的。除了专门制定了九次针对煤炭产业的对策，还制定了《特定萧条产业安定临时措施法》《特定产业结构改善临时措施法》等相关法律，以及财政补贴、税负减免、电力行业必须购买高价的国产煤炭等。日本模式的特点是政府制定政策和法规支持产业转型。

（三）欧盟资源型经济转型经验

欧盟国家资源型城市的特点是：由于工业化进程较早，自然资源大规模开发的历史长、程度深，生产成本高；城市历史较长，曾经为重工业中心，转型要求迫切，难度大。法国洛林地区和德国的鲁尔地区是典型的煤铁基地和重工业区，曾经是当地的骄傲，但原有的以煤炭、钢铁、煤化工、重型机械等为主的单一的重型工业经济结构日益显露弊端。联邦及当地成立了专门的委员会负责产业转型，制定了一系列措施，并投入重资支持产业转型。诸如用高技术改造矿业产业，发展新兴的替代产业，大力扶持中小企业发展，通过职业培训和个人创业等方式帮助下岗人员再就业等。欧盟模式的特点是政府主导与市场调节相结合，推动资源型城市产业转型这种模式对我国资源型城市来说有更大的借鉴意义。下面以法国洛林地区和德国的鲁尔地区为例，介绍其经验与做法。

法国洛林地区的基本经验如下：一是彻底关闭煤矿、铁矿、炼钢厂等成本高、耗费大、污染重的企业；二是根据国际市场的需求，重点选择了核电、计算机、激光、电子、生物制药、环保机械和汽车制造等高新技术产业作为未来发展的方向；三是利用高新技术改造传统产业，大力提升钢铁、机械、化工等产业的技术含量和附加值；四是制定优惠政策，吸引外资，将转型与国际接轨；五是专门成立国土整治部门，负责处理和解决衰老矿区遗留下来的土地污染、闲置场地的重新有效利用问题；六是创立专项基金，用于对老矿区的重新包装，如建居民住宅、娱乐中心等；七是创建企业创业园，扶持失业职工创办小企业，由国家资助非营利的"孵化器"为新创办的小企业无偿制订起步规划，在初期或成长期为之提供各种服务；八是把培训职工、提高技能作为重新就业的重要途径。

德国鲁尔地区的基本经验如下：一是成立劳动和经济促进机构。二是吸引外地企业前来投资。市政府对土地的使用进行规划，向投资企业提供价格优惠的土地。三是建立技术园区。从 1985 年起，分 5 个阶段投资 1.3 亿马克，建设了一个技术园。四是大力发展手工业和中小企业。五是大力发展生产性企业。六是大力发展服务业。七是实施一项三年期的特殊政策，如通过德国联邦协调银行提供 9 亿马克的低息贷款，每创造一个就业岗位，就给企业 5 万马克，工人转岗培训费完全由政府支付。在替代产业方面，以发展汽车、化工、电子以及消费品工业为接续产业，通过产业变革的力量改变了整个鲁尔地区的经济格局；在环境治理方面，对填充废井和环境整治提供资金，由联邦政府承担 2/3，地方政府负责 1/3，启动了煤炭补贴税。

总之，发达国家在资源型经济转型方面积累了丰富的经验，无论是美、加、澳的市场主导模式，还是日本的政府主导模式，亦欧洲地区的市场与政府结合模式，都值得后来者学习和借鉴。发展中国家在资源型经济转型方面必须吸取发达国家的先进经验，做好资源型经济转型工作。

二、完善经济运行体制与机制，为转型创造条件

借鉴发达国家先进经验，考虑到能源资源型经济的诸多缺陷与问题，有必要从改革矿产开发的收益分配方式入手，建立一套与资源收益分配相关的经济运行机制，其基本思路是：建立矿产资源产权与收益分配机制、生态环境补偿机制、矿产资源财富转化机制、绿色创新激励机制、产业结构优化升级机制，通过制度创新、产业规制与政府监督，实现资源绿色集约开采与高效利用、生态环境保护、产品链条延伸、再生资源开发、财富持续积累的目标。

（一）矿产资源产权与收益分配机制

完善矿产品完全成本与价格形成机制。完全成本是对私人成本和对矿产资源开发的负外部性、安全投入、沉淀成本的补偿，除合理的资源租金、生产成本外，还包括安全成本、转型成本、外部成本，这些统称为矿产开发中的社会成本。传统的矿产开发活动，不可避免地带来环境污染、生态破坏以及区域发展能力的下降，严重影响当地居民的生活与生产，造成典型的负外部性，对这类损失的补偿称为外部成本。在矿产开发中，由于资产专用性强、投资数额大，容易形成巨大的沉淀成本，进而导致严重的资源配置扭曲，对这一类损失的补偿称为转型成本。在矿产开发中，作业环境的不完全可知性和作业场所的经常流动性，必然在生命过程中伴随着这样或那样的安全隐患，并有可能引发安全生产事故，乃至付出矿工生产健康的代价，对这一类（潜在）损失的补偿称为安全成本。

资源租金包括两部分：一是获得采矿权所应支付的费用，是资源发现权益与所有权益的体现，为基本租金；二是开采矿产资源时依据市场价格向资源所有权人及国家缴纳的相应费用，是对资源所有权益的补偿，为浮动租金。基本租金采取从量原则，浮动租金采取从价原则。

考虑到矿产品价格波动性的深刻影响，应当建立稳定基金制度，用以调控矿产品市场的收益波动。在矿产品价格较高时收取超额利润部分，在价格低迷时对矿产资源开发企业进行适当补贴。稳定基金制度可以平抑市场资源价格异动，促进矿产品供求均衡，调节矿产品收益，维护矿业健康稳定发展，同时还能够实现代际补偿，将资源产品价格上升带来的额外收益以基金形式留给后代。

（二）资源生态环境补偿机制

资源生态环境补偿机制包括矿产开发前的规范化开采与环境服务付费制度、矿产开发中的即时修复与补偿制度和矿产开发后的矿区生态恢复制度通过开发前的防范、开发中的

补偿、开发后的修复，达到保护区域生态环境的目的。

矿产开发前，要求开采者预估和防范矿业开采活动可能产生的潜在破坏，避免那些不可逆转、不可恢复性的环境破坏。通过立法形式，禁止各类可能导致生态功能不可恢复性破坏的矿业开发行为；改革完善会计核算制度，将预防性投入计入企业生产成本，激励开采者更多采取防范性措施；严格环境影响评价和审查，对预期损害、防范性措施以及开采后的生态修复计划进行全面评估和有效监督。矿产开发中，要求开采者采取环境友好型绿色开采方式，如充填式开采、保水式开采等，尽量避免对生态环境造成破坏；对可能引起严重生态衰退的地段或区域，必须采取严格的规避性措施；对已经造成的生态环境破坏及时进行修复，对受损的当地居民给予经济补偿和实物补偿。

矿产开发后，要求开采者或者政府治理矿区土地，恢复矿区植被；对早已废弃的或无法分清责任的矿区环境问题，通过建立"废弃矿山生态环境恢复治理基金"，由地方政府负责，委托相关专业机构治理；对新建矿山可能造成的环境污染和生态破坏问题，通过建立"生态环境修复保证金（备用金）"由企业负责恢复治理。

（三）资源财富转化机制

建立区域财富总量监控账户，加强自然资本财富向物质资本、人力资本、社会资本财富的转化力度，提高区域真实储蓄（率），增强区域可持续发展能力。矿产资源的开发导致区域自然资源财富的减少，只有当物质资本、人力资本、社会资本财富的增加量高于自然资源财富的减少量时，区域财富总量才可能增加，区域可持续发展能力才可能增强。增强资源型区域的资本积累能力，促进自然资本财富向其他资本财富形式的转化，形成一种内生化的物质资本、人力资本、社会资本的持续累积增殖机制，是实现经济持续增长的前提，财富转化与资源型区域的投资环境、政策导向以及资源收益管理密切相关。现有统计体系主要关注物质财富的增加，而很少考虑自然资本财富的减少，以及人力资本的流失、社会资本的下降。在资源开发区域，要针对性地建立区域财富监控账户，科学测度资源财富、人力资本财富、社会资本财富的动态变化，提升资源型区域的可持续发展能力。

（四）绿色创新激励机制

所谓绿色创新激励机制，就是通过观念创新、技术创新、金融创新、制度创新，建立以低碳、循环、绿色、集约为特征的发展促进机制，提高资源和能源利用效率，减少二氧化碳及其他废弃物排放，增强区域经济增长的动力，实现资源型区域人口、资源与环境的协调发展。提高资源利用率、减少温室气体排放主要有两种途径：一是开发利用各种可再生能源，大力发展新能源产业，如太阳能、核能、天然气、地热能、风能等，尽快在产业化关键技术环节取得重大突破，改变能源利用结构，提高能源清洁利用水平；二是在化石能源开发中，鼓励绿色洁净高效能源利用技术的研发和推广，不断提高资源回采率和转化率，增进能效和降低能耗，减少能源利用过程中的环境污染。

韩立岩等认为，绿色产业往往是知识密集型和资本密集型产业，具有投资起点高、短期见效慢等特点，没有完善的绿色金融体制，就无法实现绿色产业的快速发展。因此，需要建立绿色金融激励机制和绿色评级体系，通过金融产品创新，拓宽绿色项目和绿色技术的融资渠道，优先满足符合环保、低碳、节能要求的市场行为人的融资需求。

（五）产业结构优化升级机制

产业结构优化升级就是指产业结构多元化、合理化、高级化的发展过程。产业结构多元化是指根据要素供给结构与消费需求结构，形成以不同主导产业为核心的，具有带动性强、影响力大、成长性好的多元化产业体系，以增强抵御市场风险的能力。产业结构合理化，是根据消费需求与要素供给特点，对生产要素进行合理配置，协调产业之间、供给结构与需求结构之间的关系，提高要素的生产率与综合使用效率；还包括产业组织结构合理化，即在市场机制下形成的特定产业内不同规模水平企业之间比例关系及其竞争与垄断特征。产业结构高级化是指随着生产力的发展和社会的进步，国民经济部门结构的重心按照三次产业的序次不断递进和升级的过程，以及在各次产业及行业内部技术层次和价值链分工不断递进和升级的过程。

资源型区域的产业结构优化升级，重点是从单一的、低技术含量的、资源部门为主的产业结构，向多元的、具有高附加值价值、高技术含量的制造业部门，以及服务于资源部门、制造业部门的现代物流、科技研发、现代金融、信息产业等生产性服务业转化升级的过程。

三、能源资源型经济转型具体对策

（一）改善宏观调控

能源资源型经济转型宏观调控包含以下三个方面：一是成立专司部门。资源型城市的经济结构调整，既是一个复杂的系统性问题，也是一个长期的战略性问题。德、法、日等发达国家在20世纪五六十年代推动资源枯竭型城市经济转型时尽管具体做法不一，但都成立了专门领导和协调转型的机构。我国可考虑由发展改革委等有关部委共同成立"国家资源型城市经济转型规划与政策办公室"等；二是制订和实施战略规划，并可考虑立法保障。由国家专司转型的权威机构来制定和实施经济转型规划和区域振兴规划。首先，这种高层次机构可以兼顾利益、协调各方采取行动；其次，可以避免地方政府制订转型规划所带来的主观随意性和任期制下出现的非连续性；最后，能突破地方政绩观和地方利益集团的束缚，及早进行科学规划，做到未雨绸缪。另外，鉴于资源型城市的经济转型在我国是一项具有全局性、战略性的重大举措，不只是资源型城市的局部问题，可借鉴国外经验，通过立法将转型纳入法制轨道，强化保障机制；三是在产业政策、财税金融、环境生态、科学技术、教育培训和基础设施等诸多方面对资源型城市的经济转型给予倾斜性支持。鉴于资源型城市转型的系统性与复杂性，要取得转型的真正成功，必须打政策组合拳和注意措施的综合配套。

（二）积极调整产业结构

积极调整产业结构一是要淘汰落后资源产业，即主动退出那些成本高、环境污染重且没有区域比较优势的产业；二是改造传统产业，即对仍具竞争优势的传统资源产业积极用先进技术进行改造升级。资源型城市经济转型并不意味着要放弃全部传统资源产业。对仍具竞争优势的传统资源产业要利用先进的科技对其改造，使其升级换代，提高市场竞争力；三是将有基础的非资源型产业做大做强成支柱产业，激活存量资产；四是在资源型产业基础上发展接续产业，拉长产业链条。当然，还可以考虑对伴生资源、共生资源和废弃物的综合利用，大力发展循环经济；五是在资源型产业之外发展既有国际市场前景又有本地比较优势的新兴产业，进行新产业植入。

（三）重塑城市形象与功能

重塑城市形象与功能要注意两个方面：一是资源枯竭型城市转型的过程一般也是"现代城市化"与"城市现代化"协同推进的过程。要理解这一点，必须先弄清楚传统城市化与现代城市化、现代城市化与城市现代化两组概念。传统城市化与现代城市化的区别在于城市化的产业支撑不同：18世纪六七十年代工业革命以后，世界城市化开始进入现代城市化阶段，即城市化传统与现代之分界点在于有没有社会化工业大生产的支撑。现代城市化与城市现代化的区别在于城市化量与质的区别：近年来，第三产业替代第二产业成为城市发展新动力源的趋势越来越明显，并且城市发展也由以"城市化"为主的量变阶段向以"城市现代化"为主的质变阶段过渡；二是资源枯竭型城市的经济转型必须高起点规划，强化环境整治、生态保护、基础设施建设和城市功能与形象的优化。没有城市形象的重塑，没有城市功能的再造，就不可能有成功的转型。

（四）优化产业组织

优化产业组织一是要促进大企业集团的建立，培育地方经济成长的火车头：竞争力强、发展迅速的大企业往往能成为带动一个地区经济成长的火车头；二是要促进中小企业的发展，打造有活力的产业组织结构。要在积极建立大企业集团和争取大型企业进驻的同时，大力发展中小企业，为大企业提供配套服务，形成产业聚集和企业网络，提高区域竞争优势。企业在初创阶段最需要政策、环境的呵护）因而，为推动和促进中小企业的更快发展，要综合运用诸如提供创业资助、支持技术进步和创建企业园圃等多种政策措施。

（五）深化对外开放

深化改革开放一是要优化投资环境，大力吸引外资和区外资本进入。为配合转型、吸引外部投资，其一可以考虑积极兴办各类工业园区，努力培育项目载体，实施筑巢引凤和项目招商；其二政府应该制定和给予一系列优惠政策。扩大开放、吸引外部资本进入不仅会促进产业转型和创造就业岗位，还将极大地推动经济在区域间的横向联系，甚至将推动和深化产业的国际化发展；二是要鼓励企业积极参与国内统一大市场的竞争，在条件成熟的时候更要走出去主动参与国际市场竞争。资源型城市在经济转型过程中，要创造条件，积极鼓励企业开拓外部市场甚至是国际市场，从而促进经济的外向型发展和对外贸易多元化。企业参与国内大市场和国际市场竞争程度加深的过程，也就是企业扩大产能、改善产品结构的过程，更是提高企业竞争力和提升企业品牌影响力的过程。

（六）健全科教培训和社会保障

健全科教培训和社会保障一是要依靠科技教育为资源型城市经济转型提供物质技术动力。资源型城市的经济转型必须走新型工业化道路，按照这一要求，资源型城市的经济转型必须紧紧依靠科技进步，把科技创新与资本投入相结合，用科技力量放大经济转型提供动力，推动经济转型的步伐。另外，科技创新和教育发展也是城市经济结构优化和升级的根本标志之一；二是要加强职业技术培训，促进再就业和再工业化。通过卓有成效的职业培训事业的发展，能提高大批传统产业工人的素质和技能，从而为产业结构调整和新兴产业的发展准备条件；三是完善社会保障制度，减轻经济转型带来的负面影响。资源型城市的经济转型，必然会造成大量的结构性失业，社会不稳定性因素增加，这就要求多渠道地分解经济转型压力，在加强职业培训的同时抓紧完善社会保障制度，以减轻资源型城市经济转型的负面影响，为转型提供稳定的社会环境。

综上所述，本章从能源资源型经济的形成入手，全面分析了能源资源型经济形成的机制、转型面临的诸多问题，并在分析问题的基础上，研究了能源资源型经济转型应该遵循的基本原则和可供选择的转型模式，能源资源型经济区应该根据自身特点，考虑内外环境因素，吸取先进经验，因地制宜，选择合理的转型模式，本章在研究发达国家转型经验和分析转型机制的基础上，从宏微观多个方面提出了能源资源型经济转型的具体对策。

第六章 能源与金融

第一节 能源期货市场简介

一、能源期货市场的由来

期货市场是市场经济发展到高级阶段的产物，也是现代市场体系中一个重要的组成部分，它的形成是贸易方式长期演进的结果。期货市场的起源可以追溯到中世纪欧洲的商品交易。从 10 世纪开始，随着生产力的发展，各国的产品如粮食、酒类等产量提高，交易量变大。在交易的过程中一些商人为保证商品的购买，出现了提前支付在途货物的做法：只要交一笔案金（保证金），不必支付全部货款，等货物运到时才交收全部金额，这时交易才告完成。后来，一些商人为了转嫁风险或为了投机获利，在货物运到之前就将买卖合同卖出，买者可能再次将合同转卖，卖者又会购买新的合同，以获取收益。在买卖合同的行为变得频繁时，荷兰、法国、意大利等国的商人还成立工会，对合同的买卖进行担保。这就是现代期货交易的雏形。有记载的期货交易最早产生于 17 世纪的日本。当时在日本大阪建立了一家大米交易所，许多封建诸侯纷纷建仓存米，然后卖给商人。为方便交易，交易所发行了一种称为"藏米票据"的单证，相当于现在的存货证明书（仓单），可以转让。这样，交易商可以用它随时套取现金或保值。日本明治维新以后，政府发布公告，设置米商会所，即大米交易所。之后，建立东京期货交易所。真正意义上的商品交易所始于19 世纪美国中西部的芝加哥。在 1752 年美国的商品交易市场已初具规模，其主要交易品种为农产品、纺织品、皮革、金属和木材。后来，由于芝加哥得天独厚的地理位置，迅速发展成为闻名于世的谷物集散地，该地区商业的发展使得美国第一家农产品期货交易所顺理成章地建于该市。1848 年由 82 位商人发起并成功组建的芝加哥期货交易所就是现代意义上的期货交易所。

能源期货首次出现于 19 世纪末，当时一个"汽油交易所"曾在纽约繁荣一时。在 20 世纪 30 年代初，当市场原有秩序被俄克拉荷马和得克萨斯石油生产出现的爆炸性增长所打乱，油价大幅下跌，为此在加利福尼亚曾建立起一个石油期货市场。不过这一石油期货的萌芽很快就消失了，因为大型跨国石油公司和美国政府很快重建了稳定的垄断市场结构，确保了此后将近 40 年中价格的相对稳定。这样使石油期货市场失去了产生的先决条件。

1973 年，石油危机造成油价大幅上涨，纽约棉花交易所率先推出了一个在鹿特丹交割的原油合约。但这一努力仍然未能成功，因为美国政府继续进行价格控制，石油贸易的参与者当时也对石油期货持怀疑态度。

在随后的十余年中，石油产业市场结构和价格机制发生了重大转变，市场参与者增多，竞争性加强，现价体系下价格变动幅度大且频繁，市场参与者对石油期货的需求与日俱增。人们开始认识到，石油期货不仅可以满足石油行业对风险管理的需要，同时也为对石油感兴趣的投资者提供了一个市场投机的途径。1978 年，纽约商业交易所（NYMEX）推出了第一个成功的石油期货合约——纽约取暖油期货合约。刚推出的时候，取暖油合约吸引了小型的独立市场参与者以及一些将纽约商品交易所作为替代供给的炼油商。由于初期参与的小型公司目的往往是在充斥着大公司的市场中找一个替代供给源，实物交割量开始时相当高。不过，很快现货石油交易商和来自其他金融和商品市场的一些纯投机者也进入了石油期货市场。在市场鼓舞下，NYMEX 又推出了含铅汽油合约（后被无铅汽油合约取代），国际石油交易所（IPE）也成功地推出了它的第一个柴油期货合约。

二、纽约商品交易所

纽约商品交易所是目前世界上最大的商品期货交易所。目前世界市场上的能源、贵金属、铜以及铝的现货和期货价格主要以 NY-MEX 的价格为参照，所以 NYMEX 在世界能源及贵金属市场中占据重要地位，在世界能源及贵金属市场上，发挥了价格发现以及风险规避的重要作用。

在工业革命时期，纽约曼哈顿地区的牛奶商看到当时混乱的市场状况，认为有必要建立一种清晰的交易及定价机制。于是在 1872 年，62 个黄油及奶酪商联合起草了组织章程，成立了纽约黄油及奶酪交易所（Butter and Cheese Exchange of New York）——NYMEX 最初的名字，至今其名称已经经过五次变更，而其交易品种也几经沿革。20 世纪中叶，NYMEX 以交易土豆和铂闻名。1978 年，该交易所引进了取暖油期货合约，该合约是世界上首个成功上市交易的能源期货合约，随后 NYMEX 乘胜追击，于 1981 年推出了汽油期货合约，于 1983 年推出轻质低硫原油期货合约，于 1987 年推出丙烷期货合约，于 1990 年推出天然气期货合约，于 1996 年推出电力期货合约。可以这样认为，在 NYMEX 的变革过程中，无论是交易品种的变革，还是交易时间、交易规则的变革，都反映了美国乃至世界经济在不断成长，和对价格发现与风险管理需求不断增长。从历史上看，目前的 NYMEX 是 1994 年由当时的 NYMEX 与 COMEX 两个交易所合并而成。COMEX 的历史最早可以追溯到 1883 年成立的纽约金属交易所，COMEX 于 1933 年大萧条时期由当时的四个商品交易所——国家金属交易所、纽约橡胶交易所、国家丝绸原料交易所和纽约皮革原料交易所——合并而成。

1994 年两所合并之后，两所调整了交易品种在两所内部的分布。具体而言，NYMEX

分部挂牌交易的交易对象有：轻质低硫原油、布伦特原油、取暖油、无铅汽油、天然气和钠的期货及期权合约，丙烷、煤以及电力的期货合约，并于 1994 年 10 月引进了取暖油及原油间的炼油毛利期权合约以及汽油和原油间的炼油毛利期权合约，2001 年引进了基于布伦特原油和西得克萨斯中质原油间差价的期权合约。COMEX 分部挂牌交易黄金、银、铜和铝的期货及期权合约，COMEX 被认为是世界上黄金和银的主要交易市场，也是北美地区铜的主要交易市场。1993 年，NYMEX 推出了名为 NYMEXACCESS 的非工作时间内电子交易系统，允许在非工作时间内交易。自 2001 年 9 月始，NYMEXACCESS 在互联网上提供该项服务。

2001 年 11 月，NYMEX 完成了交易所自身的非互利化改造。目前，NYMEX 是一个以盈利为目的的机构。从组织结构上看，NYMEX 分部有 816 个交易席位，COMEX 有 772 个交易席位，所有交易都通过交易所的清算进行清算。NYMEX 在伦敦设有海外办事处。NYMEX 还成立了自己的慈善基金会以资助其所在纽约当地社区的社会及文化服务。

三、伦敦石油交易所

伦敦的国际石油交易所成立于 1980 年，是欧洲最重要的能源期货和期权的交易场所，是非营利性机构。1981 年 4 月，伦敦国际石油交易所又称国际石油交易所（IPE）推出重柴油期货交易，重柴油在质量标准上与美国取暖油十分相似。该合约是欧洲第一个能源期货合约，上市后比较成功，交易量一直保持稳步上升的趋势。

1988 年 6 月 23 日，IPE 推出国际三种基准原油之一的布伦特原油期货合约。IPE 布伦特原油期货合约特别设计用以满足石油工业对于国际原油期货合约的需求，是一个高度灵活的规避风险及进行交易的工具。IPE 的布伦特原油期货合约上市后取得了巨大成功，迅速超过重柴油期货成为该交易所最活跃的合约，从而成为国际原油期货交易中心之一，而北海布伦特原油期货价格也成了国际油价的基准之一。现在，布伦特原油期货合约是布伦特原油定价体系的一部分，包括现货及远期合约市场，该价格体系涵盖了世界原油交易量的 65%。

四、中国能源期货市场简介

我国期货市场酝酿于 20 世纪 80 年代。1990 年 10 月郑州粮油批发市场引入期货交易以及 1992 年 1 月深圳有色金属交易所的成立标志着我国期货市场开始建立。我国期货市场的发展有个很好的开端，成立后交易量大增。经过 1993 年和 1998 年的两次大规模调整之后，我国现在有三个期货交易所：上海期货交易所、郑州商品交易所、大连商品交易所。上海期货交易所现阶段上市交易的主要有铜、铝、橡胶、胶合板、籼米五种商品期货的标准合约。郑州商品交易所交易品种主要有小麦、绿豆等，该所的交易价格直接反映国内外粮食市场价格变动。大连商品交易所经营的品种主要有大豆、啤酒小麦等，其中大豆是国内交易最为活跃的大宗粮食期货品种。

近年来，随着中国石油进口量的不断攀升，对国际市场依赖性日渐加大，风险因素由此增多。而除几家获准在境外做套期保值的国有企业和从事燃料油进出口贸易的一些企业外，中国大多数石油相关企业并没有条件参与石油期货市场，缺乏风险控制经验。在广泛调研和深入考察后，2004年中国首只能源期货合约——燃料油期货合约在上海期货交易所挂牌上市，为中国能源期货的发展打开了一个突破口。其实，十年前，上海期货交易所的前身之一——原上海石油交易所曾成功推出了石油期货交易，当时推出的标准期货合约包括大庆原油、九十号汽油、零号柴油和二百五十号燃料油等四种，但很快由于实行石油政府统一定价而暂停交易。此次燃料油期货的推出引起了投资者的极大关注，这不仅有利于改变中国在亚太燃料油定价体系中的弱势地位，降低中国进口燃料油的成本，进一步稳定石油市场，而且也使相关企业享有一个套期保值平台，从而降低风险。上海期交所推出的燃料油期货是一百八十号CST工业燃料油，主要用作工业窑炉的燃料。在进口燃料油中，目前一百八十号CST燃料油的比例在八成左右，是中国燃料油现货市场上流通量和使用量最大的一个品种；此外，一百八十号CST燃料油也是国际燃料油市场定价的基准品，因此，选择该种燃料油作为交易标有利于中国燃料油市场与国际接轨，有利于使上海期交所燃料油期货被国际市场所接受，成为国际燃料油市场的定价基准之一。中国是世界上能源消费大国，正确地对能源价格进行定价十分重要。作为建立中国能源期货市场的切入点，燃料油期货一经推出，就得到了中国能源市场需求双方的支持。可以预见，随着中国市场化改革的不断向前推进，未来汽油、柴油、原油等期货品种的上市交易将成为必然趋势。

第二节　能源期货

一、期货供求分析

在期货市场交易的是期货合约，它可被视为高度标准化的远期合约。投机者通过买卖期货（期权）合约，承担价格波动风险，获取风险收益。生产者、消费者、存货持有者和其他物品交易者是通过买卖合约来减少甚至在某种情况下完全消除不可预见的价格风险。具体来说，实物交易者可以使用期货市场来降低或消除风险。期货和期权交易的主要社会收益来自风险厌恶者向投机者自愿的再分配。期货市场的管理者倾向于为基本的生产者或消费者提供价格保险制度，但是，很显然投机者的存在是很重要的（从原理上讲，投机者并不是不可缺少的，但是，一个期货市场如果没有投机者的大量买卖就没有前途的）。

如果一个投机者认为某种商品的价格要上升，他就买入该商品的期货合约。（或者，他买入一种类似商品的期货，这是基差风险形成的一种方式）传统的期货合约也是远期合约，它只是有着特定的交割条件，即在特定的一段时间、在特定的一个或几个地点交割一定数量的、某种商品。但是，如果在合约到期前的任何时间，做个相同数量相同交易期的对冲交易（通常在月末），就可以不必交割实物。一般来说，只有少于 5% 的期货交易需要实物交割。

在一个正常运行的期货市场合约到期前平仓是可能的。所谓正常运行的期货市场，是指在该市场上具有大量活跃的交易者，在接近上个交易价格买卖指令被给出并形成交易，因此该市场具有高度的流动性。如果一个合约被买入后又以较高的价格被卖出，这个（多方）投机者将获取一定的利润。类似地，如果一个投机者认为价格要下降，他（她）卖出一个合约变为空方，在价格下降时获取利润。

套期保值者也买卖期货合约，而这取决于他们是否想避免价格的变化带来的风险。例如，某人买入了一定数量的原油（价格在未来不确定），由于卖方都是按照惯例收取交割期的原油现货价格，他不知道未来交割价格会是多少。原油的买方在价格急剧上升时将面临相当大的价格风险，但是在期货交割时，期货合约的价格与原油的实际价格会非常接近，风险厌恶的买方可以通过买入期货合约（多方）在原油交割时进行对冲交易，从而在某个价格锁定风险。如果原油的现货价格上升，买方在实物交易上会有一定的损失，但是（正如以后表明的）期货合约的价格也将上升，他将在以后卖出期货合约时获得补偿，被锁定的价格就是买入期货合约时的价格。

类似的，如果一个公司在销售原油，担心价格下降，于是可以通过销售期货合约来对冲风险。如果原油价格下降，期货合约的价格也会下降，可以通过买入期货的对冲交易获得补偿收益（收益＝合约卖价－合约买价）。

下面用一个简单的模型来说明以上的讨论。假设一个市场中只有投机者买卖期货合约，这些合约有相同的到期时间，存在一个合约的买卖中介，他以任何价格买卖合约以使市场出清。这类似于绝大多数有组织的交易所使用的公开叫卖系统，可能是拍卖市场的基本形式。由于单个投机者对商品期货的价格有不同的看法，他们将会这样操作：当期货合约的价格偏高时，他们就会卖出合约，这样在价格变低时一个冲消购买就可以获得利润；当期货合约的价格在购买时相对较低，在价格上升时就可获得利润。

持有实物存货的商人在现货市场上被认为是多头，因为他拥有商品。一个交易者是（合约）空头，如果这个交易者先卖出一个合约，然后在未来以已知或未知的价格交割一定数量的商品。多头与买入行为相伴，而空头与卖出行为相伴。拥有净多头或净空头的交易者被视为投机者。

一个投机者卖出一份期货合约，他就是在期货市场上卖空。一个交易者在现货市场上的敞口被期货市场上的敞口抵消，那么他就是一个套期保值者；如果他在现货市场上卖空，在期货市场上也卖空，他就是一个空头套期保值者。相反，他是一个多头套期保值者。

相比投机者，套期保值者（如原油的套期保值者）不会买卖相同商品的合约，而是现货敞口对应期货敞口：在未来要购油的人买入期货合约，而在未来要卖出油的人卖出期货合约。

假设空头套期保值者在期货合约价格变高时发现套期保值更有吸引力，类似的，一个担心价格上升的多头套期保值者在合约的价格变低时可能会觉得期货更有吸引力。可以看到，多头套期保值者意味着对期货合约的正的超额需求。

在均衡点，总体上套期保值者是空头，而投机者是多头：一般来说，他们期望期货价格上升。当然，存在一些套期保值者是多头，而一些投机者是空头。在原油市场上多头套期保值者存在，但是在存货不足时就不存在了。例如在海湾石油危机时，原油拥有者没有卖空，反而买入期货合约期望石油价格上涨。

二、套期保值和投机的内在机制

理论上商品期货和现货价格收敛于一点，当且仅当期货市场能够对价格风险进行足够对冲时他们能收敛。当期货的卖者有权利、有能力进行交割，且期货的买者持有合约没有对冲直到交割时，两者的价格收敛。现实世界中，如果期货市场有很强的流动性，交割没有地理和技术障碍，则价格风险可以被充分对冲。若无法完全对冲，就会有损失。

当合约到期时，没有平仓的卖空者要按照合约条款交割实物，而没有平仓的多头要支付现金接收实物。因此，在交割时，如果现货价格（S）比期货价格（F）大，多头将接受交割并在现货市场上卖出，这种套利行为一直到 S 等于 F 时才会停止。类似地，如果 F>S，卖空者将会在现货市场上买入现货再进行交割（而不是在更高的期货价格买入期货进行平仓。）因此，套利行为使 S 趋近于 F。

更进一步地分析，如果卖空者能在现货市场卖出个更高的价格，他就不会交割，于是，当交割期临近时，如果 S > F，他们将对冲期货合约。这样会导致期货需求增加，于是价格上升，从而使 F 接近 S。与此同时，现货销售也会迫使 S 向下接近 F。类似地，如果多头能够更便宜地买入现货，他们就不会想交割实物。因此，当交割期临近时 F > S，他们将对冲合约，这样会导致期货合约的供给增加，促使 F 下降，而对现货的需求增加导致 S 上升。当然，在实践中这种机制不会完全按照上面所述，因为在商品市场，交易成本和交割的不便会阻碍这两种价格的接近。

虽然原油能用供暖用油的期货合约对冲，但两种不同质的商品在逻辑上是不存在收敛关系的。同样的问题也存在于用得克萨斯西部市场的合约对冲北海原油价格：两个市场地理上的差异可能会让价格往相反的方向移动。不收敛价格（到期时）的问题称为基差风险；即使价格最终收敛，基差风险也可指期货合约有效期间现货价格和期货价格的不一致。由于这样的价格不一致，假设不计货币的时间价值，套期保值者将会被要求支付巨额的保证金，即使他最终损失能够得到补偿。

保证金是指对每一份买卖的合约，交易者要将合约价格的一定比例移交给经纪人，这种类似存款性质的数目就称为保证金。每个交易日结束合约要重新估值或称为"盯市"，通常用市场的收盘价。如果当日收盘价低于昨日收盘价，买入合约的交易者（多头）会被要求支付额外的保证金，而卖出合约的交易者（空头）将获得一定利润，这些利润可以用现金提取或者仍然放在经纪人的账户里，这样做可以防止利润或损失不会变得太大。

期货交易所像股票交易所一样是会员组织，非会员要通过会员如经纪人进行交易。几乎所有的期货交易所都有一个结算中心。这个机构充当卖者的买方，买者的卖方，它的作用类似于经纪人相互移交货币的中介，而这些经纪人代表他们的交易客户。

下面举例说明根据价格变化期货市场操作手法。假设 30 天内你必须为公司买入 1000 桶原油，当日原油的现货价格是 $19.5/ 桶，期货价格是 $20/ 桶。因此，你买入一份 30 天到期，1000 桶的合约，并开始观测合约的价格。假设在 30 天内合约的价格每天每桶涨 $1，在合约到期前通过卖出合约平仓。通过盯市制度，每天合约每桶原油有 $1 利润，于是在对冲合约时每桶有 $30 的利润（总收益为 $30000）。但是无论在这个月原油的价格如何变化，30 天后它还是要收敛于合约价格。因此这时买入原油现货时价格为 $50/ 桶，但在原油期货上每桶有 $30 的收益，净支付价格为 $20/ 桶。你已经锁定了 $20/ 桶的价格。在买入期货合约时，你可以完全不管市场实际的变化。现实中这并不完全正确。上面的例子可以看出，如果原油的价格迅速下降，你会考虑要对冲期货合约，因为合约的损失必须在保证金账户上支付。

三、基差风险

基差风险是极其重要的，在期货市场将价格风险转换成基差风险可以降低甚至消除价格波动所带来的损失。期望算子用 E 表示。假设考虑下年 1 月 1 日的，油价，可以写成 $E(P)$ 这是期望价格；而考虑上年 1 月 1 日相同商品的价格可以简单地写成 P 这是事后价格。

现定义基差为 S-F，S 为现货价格，F 为期货价格。如果我们进行卖空套期保值，是因为价格可能下跌导致损失或 $E(S_1)-S_0 < 0$。下标"0"表示合约和实物交易都处于敞口状态的时刻，"1"表示两种都平仓时刻。原理上，期望损失将被从期货市场上的利润 $F_0-E(F_1) > 0$ 抵消。因此，从卖空套期保值获得的净利润 VS 可以写成：

$E(V_s)=[E(S_1)-S_0]+[F_0-E(F_1)]$

或 $E(Vs)=[E(S_1)-E(F_1)]-[S_0-F_0]$

用基差（B=S-F）的定义，可以写成：

$E(Vs)=E(B_1)-B_0=$

将算子从事前变成事后，用 B1 代替 $E(B_1)$，VS 代替 $E(V_s)$，我们可以看到 S 和 F 以相同数量相同方向移动的话，套期保值的利润为 0，这称为完美保值。但如果基差朝着相反方向变动，我们可以得到负的 VS（一般来说，S 和 F 变动的方向相同）。所以套期保值者要将它尽力避免的价格风险转换成基差风险。

把初始基差（S_0-F_0）当作 0，对事后的基差有 $F_1 > S_1$（以期货溢价为条件），看看会产生什么。如果从上式事后的情形看，基差下降会有 Vs < 0（如果 E > S- 有 B_1 < 0，因为 B_0=0，所以事后的 V_s=B_1-B_0 < 0）。

套利不一定会使 S_1 和 F_1 收敛。在理想情况下，S_1 和 F_1 收敛。但如果使用不同的商品保值，或如果商品是相同的，但是市场不同，例如欧洲的原油在美国市场上保值等，价格收敛就不会产生。在这个例子里，如果基差增加（如 S_1 > R，称为条件倒置），就会有正的利润，这表明如果我们为了防止价格上升来做多进行保值，就会得到与上面相反的结果。我们的事前关系如下：

$$E(V_L)=[S_0-E(S_1)]+[E(F_1)-F_0]$$

做多保值的基本原理通常是 E(S_1) > S_0，所以买入合约，如果现货价格没有上升，有 E(F_1) > F0。

$$E(V_L)=[S_0-F_0]-[E(S_1)-E(F_1)]=B_0-E(B_1)$$

事后如果基差（S-F）增加，就会有损失但这种变化的损失会远远小于没有进行做多保值所面临的风险。

第三节　能源期权

一、期权的概念与特点

（一）期权的概念

期权（option）又称选择权，是指在确定的日期或这个日期之前，持有人享有依照事前约定的价格（执行价格）买进或卖出某种商品或证券的权利。期权交易实际上是"权利"买卖。对于买方来说，购买期权是获得一种权利，这种权利使他可以在一定期限内以一定价格购买或出售一定数量的某种商品或证券，代价是他必须支付一定的权利金。对于期权的卖方而言，他必须承诺在期权有效期内买方行使期权时进行出售或购买，但他之前以收取一定的费用作为补偿，这种费用称为期权费（Premium）。

期权种类有两种基本的划分。根据对未来标的资产价格变化的判断，可分为看涨期权和看跌期权。看涨期权的持有者有权在某一确定的日期以某一确定的价格购买标的资产。看跌期权的持有者有权在某一确定的时间以某一确定的价格出售标的资产。另一种根据期权合约的执行日期可分为美式期权和欧式期权。美式期权可在期权有效期内任何时候执行。欧式期权只能在到期日执行。需要强调的是，期权赋予其持有者做某件事情的权利，持有者不一定必须行使该权利。这一特点使期权不同于期货，在期货合约到期时持有者有义务购买或出售该标的资产。所以，投资者签署期货合约时的成本为零，但投资者购买一张期权合约必须支付期权费。

（二）期权的特点

期权的产生和发展，使人们又掌握了一种新型的金融衍生工具来避免风险、降低固定成本。但是，由于期权交易是先购买一种"权利"，然后期权的购买者再根据情况决定是否行使该权利去购买或出售商品。因此，与其他金融工具相比，期权交易要复杂得多，其技术性与交易技巧性也更强。一般而言，期权交易具有以下特点。

1. 标的的特殊性。期权是一种可以买卖的权利，可以是买卖某种现货的权利，也可以是买卖某种期货合约的权利。期权交易以这种特定权利作为交易标的，是一种权利的有偿使用。这种权利是指期权的购买方向。期权的出卖方支付了一定数额的权利金之后所拥有的在规定的有效期内，按事先约定的价格向期权的出卖方买进或者卖出一定数量的某种商品或期货合约的权利。

2. 交易的灵活性。期权的执行与否完全由购买方确定。如果市场行情变化对购买方有利则执行，如对其不利则购买方完全可以放弃这种权利不予执行。而且在执行日期上，如果购买方购买的是美式期权，则其可以在期限届满之前的任何一天行使权利，这是一般金融交易工具所不具备的。

3. 权利义务的非对称性。在期权交易中，期权的购买方享有在有效期内买进或卖出一定数量的某种商品或期货合约的权利，但并不承担必须买进或卖出的义务。对期权的出卖方来说，其权利是有限的，即向购买方收取一定数额的期权费用，而其义务则是无限的，一旦买方要求行使期权，出卖方则必须即时卖出或买进一定数量的某种商品或期货合约。

4. 风险与收益的不平衡性。对于期权的购买方来说，其所承担的风险是有限的。因为他可能遭受的最大损失就是购买期权时已经支付的期权权利金，这种风险是可预知的。由于购买方具有行使买进或卖出标的物的决定权，所以获利机会较多，并且在购买看涨期权的情况下，其收益是无限的。而对于期权的出卖方而言，他在期权交易中所面临的风险是很难准确预测的，为此，其必须预先缴纳一笔保证金以表明其具有履约的财力。具体来说，在出售看涨期权情况下其风险可能是无限的，在出售看跌期权情况下是有限的。与其所承担的风险相比，期权出卖人的收益永远是有限的。

二、期权的简单代数表达

如果一个投机者购买了一个看涨期权，市价上升时他就会挣钱；而如果他卖出了一个看涨期权，市价上升时他就要遭受损失。类似地，如果他买入一个看跌期权，市价下跌，则他能挣钱；而如果他卖出一个看跌期权，市价下跌，他就会遭受损失。当价格上升时如果他想套期保值，可以买入看涨期权；而当价格下跌时他想套期保值，就买入看跌期权。与此同时，期权卖方希望期权不会被执行，他们可以拿着期权费离开。风险规避的交易者在可以得到相同的资产或商品时选择期货而不选择期权。然而，期权比起期货来有很强的灵活性。在资产的价格朝着相反的方向运动时，期权持有者可以选择不执行，损失期权费；

而期货合约的拥有者需要进行及时对冲，否则会无限放大损失。

看涨期权的卖方的损失有趋于无限的可能，卖方的作用被限制在吸收大额损失，而他仅能得到小部分费用，这在看涨期权上看显然是正确的。

如前所述，对期权的买方来说，潜在的利润原理上是无限的，正如对卖方来说，潜在损失在原理上是无限的一样。

期权的卖方遭受巨大损失的概率很小，获得小额收益的概率很大。此外，期权的买方用遭受小额损失的大概率换取获得巨大收益的小概率。虽然在市场中的短期交易者做得有好有坏，但买卖双方作为一个整体不会获得收益。然而，期权的投机者作为一个整体从长期来看会挣钱。这是因为由价格不确定引起的风险，特别是由高度波动性引起的风险，它有时会危机到套期保值者。在拍卖市场（完美竞争）形式下，会导致风险携带者因为提供了服务而获得一个要价，而这个要价要比文章中的理想假定高。真实世界的期权市场通常是场外市场，经验表明与期货市场相同至少一些敏感的投机者能从中取得利润。

三、关于期权价格的解释

期权的定价由著名的 Black-Schole 公式给出。这个公式被当时的经济学家认为是所有经济学中最有用的发明。不能否认公式逻辑上的吸引力。有许多观察家认为近代的 Fish Black 在引导着世界的经济学家（另一个应是 Merton MiHer）。Black-Schole 公式通过包括股价 S、执行价格 E 和到期时间 T 认可了时间价值。通过股价 S 历史数据的标准差也清楚地承认了波动性。如果 S 是高度波动的，而且是临时性的，期权会变成实值或深度实值；如果期权是美式期权，它会被立即执行，在这种情况下买方会损失很多钱。从之前两部分我们知道什么因素影响期权的价格，B-S 公式能告诉我们这些因素是如何相互作用。

严格说来，Black-Schole 公式是对不付红利的股票的欧式看涨期权定价，但是一些经济学家也将其运用于其他情况。期权看涨—看跌平价公式提供了看涨期权和看跌期权的价格的关系（关于相同商品或资产）。例如，如果 S 下降，P 也下降，因为期权被执行的可能性变小了，而且时间是其中的一个影响因素。资产价格上升或下降的概率的无关性是因为期权的非对称性：损失的限度是期权价格，而 B-S 公式决定潜在的利润有赖于价格能走多远和波动率。实际中可以利用 B-S 公式里的关系先计算出 P 再跟市场上的价格比。如果不同，套利就是可能的。

第四节　能源互换

互换交易是 20 世纪 70 年代中期兴起的金融衍生工具之一，是国际金融形势变幻莫测、金融自由化与电子化发展的必然产物。经过多年的演变和发展，现已流行于各大资本市场，备受投资者、筹资者和资产债务管理者的青睐。

互换是两个交易者之间私下达成的协议，以按照事先约定的方法在将来交换现金流。根据交换标的的不同，互换可以分为商品互换、利率与货币互换及股票指数互换等。本部分主要介绍原油互换，它属于商品互换的一种。它是随着人们对石油价格风险管理的不断加强发展起来的，已成为场内期货和期权交易的补充。具体地说，石油互换是一种场外远期合约，交易双方为了规避风险，同意交换与石油价格有关的现金流。石油互换的基本类型可以分为两种：一种是固定价格换浮动价格的价格互换，另一种是价格与利息的互换。大多数交易属于第一种类型。

一、固定价格与浮动价格的商品互换

固定价格与浮动价格的商品价格互换是指最终用户根据需要，在约定时间内选择其要交易的商品价格，这样在将来一段时间内锁定一个固定的商品价格。以石油互换为例，不管市场上的现货价格怎么浮动，炼油厂希望在一定时期按预先约定的固定价格购买，而石油生产者也愿意在一定时期内按市场平均价格出售。这样，炼油厂可以锁定成本，产油者可锁定收益，都能回避风险。

商品互换使生产商和消费者都消除了各自暴露于石油价格波动的风险，双方都接受稳定的价格。作为中介的银行将互换双方的时间和数量进行配对，并利用互换固定价格之间的差价盈利。如果银行想回避风险，可以在期货市场上分别对每笔互换进行套期保值。

商品互换的一种变形是该互换的浮动价格以一段时间内每日市场价格的平均数为基础，而不是某一日的即期商品价格，这对连续买卖商品而不是定期买卖的用户较合适。另一种变形是固定价格支付者给接受者一个互换权以获取较低互换价格，这种方法在期货溢价市场上很有吸引力，因为期货价格比即期价格有更多溢价机会。

固定价格与浮动价格的互换是一种金融交易，即在互换过程中，互换双方没有任何有形的商品互换，而双方在现货市场上各自进行正常商品（互换标的）买卖。对上例来说，每月100万桶石油，这一数量对商品互换的意义仅是用于计算支付款项。互换交易的财务结算只是净额结算，互换对手之间的收支净额由双方在结算日结算。在交易中不存在中间现金流，而且不需要任何保证金。

在商品互换交易中，互换对手之间必须确切地就以下几个方面达成协议。

1. 数量/质量。互换对手就互换交易中的有关商品的数量达成协议。商品的规格也需要明确予以说明，因为交易商品的规格不同，产品的价格会有很大的不同。

2. 期限。互换对手必须就交易的期限达成协议。

3. 商品价格。与商品互换有关的结算支付是以达成的协议价格为基础。双方可以期货收市价、实际现货出售价等为参考价格，在选择协议价格时，主要考虑以下几个方面：该价格易获得，是公平价格，不易被人为操作，能客观反映现货市场的实际买卖情况。

4. 结算方法。互换双方须约定结算时间点，如月末或年终等；在结算时，可以根据结算期限中所有交易日的期末平均价格结算。这里所说的期末平均价格，是指在该结算期限内每一营业日收盘价格的算术平均值。利用平均价格能够更好地反映结算期限内的实际价格变动情况，减少由于偶然因素导致的价格扭曲现象。

实际操作中，商品互换往往借助商品交易所或其他金融中介机构来完成，每一个互换对手都单独与互换中介进行互换交易，这样，每个互换对手便不必承担另一方的信用风险。

二、商品价格与利息的互换

商品价格与利息的互换是商品价格互换的变种。在此交易中，商品生产商和商品用户达成协议，以某一商品的固定数量交换浮动利息。商品价格与利息互换的主要目的在于：一是商品生产商利用该交易形式可以避免融资成本相对于商品价格的上升，即将商品的多头头寸和利率支出的空头头寸风险予以规避。二是商品用户可以在长期内锁定其要购买商品的价格（见图6-1）。

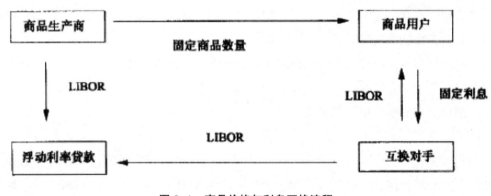

图6-1　商品价格与利息互换流程

图给出的是一个典型的商品价格与利息的互换交易。该互换交易由三个部分组成：

1. 商品价格与利息互换。商品生产商向商品用户支付固定数量的某一商品，并从商品用户那里收入以名义金额为基础的LIBOR。

2. 浮动利率借款。商品生产商借入以LIBOR为利率基础的资金为其商品生产融资。

3. 利率互换。商品用户从事美元利率互换以锁住其购买商品的成本。

从商品生产商角度看，已将其浮动利率债务转换为以商品计值的固定融资。如果利率上升，那么，商品与利率互换中收入的款项也将增加。这样，商品生产商浮动利率融资由于利率上升所带来的成本增加，将与其在互换交易中收入款项的增加相抵消。而若利率下降，道理也是一样。生产商实际上是在利用商品而不是资金还债务，因此，可以免受利率变动带来的风险。不过，如果商品价格超过了互换交易中隐含的价格，也将蒙受机会损失。从事商品价格和利息互换交易的难点在于，如何将互换中的数额、支付与融资的基础利率水平及生产成本等一些对生产商利润有影响的因素联系在一起。

商品价格与利息互换对商品用户比较有吸引力,因为若在互换中进行商品的实际交割,用户可以在相对长时间内按照一定价格确保某些原材料的供应。商品生产商也乐于利用这一互换形式,因为该互换形式将其债务偿还与商品生产及交割联系在一起,因而便于规避资金风险、管理债务的偿还。但是,有时互换对手不一定愿意采用有形的实物交割,因此,此时互换机构中涉及的就应是以商品计量的款项。

尽管商品价格与利息的互换有一定实用性,但实际上不如固定价格与浮动价格商品互换受欢迎。

第五节 能源项目投资决策

中国经济的迅速崛起形成对能源的巨额需求。在新的替代能源近期内不可能大量运用的情况下,传统能源仍然占据着举足轻重的地位。2004 年,中国能源消费总量为 1970.0Mtce,其中煤炭占 67.7%,石油占 22.7%,天然气占 2.6%,水电占 6.1%,由此可以看出中国目前的主要能源还是煤炭、石油和电力,这些主要是不可再生能源。在实际上,由于中国能源储量限制及政府的缺乏规划,在经济发展过程中逐渐暴露出一些问题。如我国虽然煤炭储量丰富,但煤炭使用效率低,而且使用煤炭会排放大量的二氧化碳容易受到国际环保组织的非议。在石油方面,国内几十年的大量开采已经使许多老油田枯竭,国内也没有发现太多新的大油田,目前中国的石油进口依存度已经接近 50%。国内的石油企业为了保证国内的石油供给在海外寻油,尽量使本国的石油来源多样化以降低风险。2005 年哈萨克斯坦石油公司(下称"PK 公司")股东大会投票表决,通过了中油国际(CNPCI,中石油集团全资子公司)以每股 55 美元的价格 100% 收购 PK 公司,总收购额为 41.8 亿美元。这是迄今为止中国最大的一笔海外收购案。在电力方面,随着中国世界制造中心地位的确立,电力需求迅速增长,国内的供电企业疲于应付。这两年出现的大面积停电事故给经济造成了很大损失,暴露了中国电力缺乏长远规划,短期内投资不足的严重问题。面对着上述诸多的问题,中国政府急需明确的能源投资决策。一方面需要改进技术,提高能源的使用效率,另一方面需要鼓励国内企业积极的进行投资,增加能源供给,以保证能源需求得到满足。那么,对于国内的企业来说,它们在进行能源项目投资的时候能采取哪些方式,如何衡量项目的经济收益,项目的风险如何分析,这些都是它们必须面对的问题。本节的内容将着眼于解决以上的问题。

一、能源项目筹资方式

能源是一国经济运行的必需品,经济中如果出现能源短缺,将直接影响经济的发展,因此能源在一国经济发展中具有举足轻重的作用。另外,现在使用的主要能源都是不可再生的，且在能源的开发和使用过程中容易造成浪费和生态环境的破坏，一般来说国家对能源的开采都设置了较高的门槛，很多领域对民间资本并不开放。但对一些可再生能源的利用方面，国家还是持鼓励态度的，如国家会鼓励民间资本投资小水电。当然，现实中大多能源项目投资本身具有投资大、周期长的特点，造成民间资本很难涉足该领域。这也是许多国家的能源领域由主要几个公司掌握的原因，国家对这种事实上的垄断持肯定态度。因此，当我们谈到能源项目的投资问题特别是大型能源项目的投资问题时如何解决资金来源问题即项目的筹资方式就显得很重要。

能源项目筹资是以项目公司为投资主体，以项目未来收益和资产为筹资基础，由项目的各投资者共同承担风险的具有有限追索权性质的特定筹资方式。项目筹资是项目建设的经济基础，是项目建设和项目经营活动的保障。能源项目筹资的渠道可分为两种：第一种是项目资本金（股本金）筹资方式；第二种是项目融资方式，即债务资金的筹措方式。

（一）项目资本金（股本金）筹措方式

1. 自筹资金。自筹资金是指各地区、各部门、各企事业单位，按照财政制度提留、管理和自行分配用于固定资产扩大再生产的资金。我国目前能源建设项目投资中的自筹资金主要来源有以下几条渠道：地方自筹资金、部门自筹资金、企事业单位自筹资金、集体和城乡个人自筹资金。

2. 国家财政投资。包括国家财政预算内补贴和国家预算内提取的国家基本建设基金投到企业的资本金，形成国家股的资本金。

3. 股票筹资。经国家批准公开向社会发行股票。股票筹资是股份有限公司筹集社会资金的重要方式。按投资者不同可分为国家股、法人股、职工个人股和外商股四种。

发行股票筹资的优点有：首先，以股票筹资是一种弹性融资方式，由于股息或红利不像利息那样必须按期支付，当公司经营不佳或现金短缺时，董事会有权决定不发股息或红利，因而公司融资风险低。其次，股票无到期日，其投资属永久性质，公司不需为偿还资金而担心。最后，发行股票筹集资金，可降低公司负债比率，提高公司财务信用，增强公司今后的融资能力。

发行股票筹资的缺点是：一是资金成本高。购买股票承担的风险比购买债券高，投资者只有在股票的投资报酬高于债券的利息收入时，才愿意投资股票。另外债券利息可计入生产成本，而股息和红利须在税后利润中支付，这样就使股票筹资的资金成本大大高于债券筹资的资金成本。二是增发普通股须给新股东投票权，降低原有股东的控制权。

（二）债务资金的筹措方式

债务筹资主要有长期借款、发行债券、融资租赁等方式。

1. 长期借款：包括政策性长期银行贷款、商业银行贷款、保险公司贷款、投资共同基金贷款。

（1）政策性长期银行贷款。

为了促进国民经济协调发展，国家必须进行宏观调控，因而规定了一系列的投资政策，通过国家设立的政策性开发银行的专项借贷来实现。如能源交通基金贷款，三峡建设基金，煤炭开发等政策性贷款。

（2）商业银行贷款。商业银行是以信贷为手段，盈利为目的，达到自负盈亏、自我积累、自我发展的商业金融机构。

银行信用筹资对稳定投资资金来源，满足项目建设资金需要，开拓市场融资，调整生产结构，促进国民经济发展都起着极为重要的作用。银行通过吸收存款，可以把短期资金转为长期资金，把消费资金转化为积累资金，把国外资金转为国内资金，可以汇集和形成巨额投资资金，所以银行信用筹资是稳定投资资金来源的根本保证，但要承担一定的利率风险。

（3）保险公司贷款。保险基金是信用筹资中的重要组成，保险基金是国民收入分配和再分配中预留下来用于补偿因自然灾害或以外事故所造成的经济损失的社会资金，它的性质属于后备基金和保险信用基金。

（4）国际金融机构贷款。国际金融机构一般包括"国际货币基金组织""世界银行""国际开发协会""国际金融公司"及各洲的开发银行和联合国的援助机构等。来自国际金融机构的贷款条件一般比较优惠，但并不是无限制的。如世界银行的贷款主要是面向发展中国家，贷款的期限比较灵活，如果项目得到它的贷款在建设中要采取国际公开招标。

2. 债券筹资。债券是债务人向债权人出具的、承诺在一定时期支付约定的利息和到期偿还本息的债务凭证。它具有收益性、安全性和流动性。根据发行主体的不同可分为国家债券、企业债券和金融债券。

（1）债券筹资的主要优点有：

①支出固定。不论企业将来盈利如何，它只要付给持券人固定的债券利息。

②企业控制权不变。债券持有者无权参与企业管理，因此公司原有投资控制权不因发行债券而受到影响。

③少纳所得税。债券利息可计入成本，实际上等于国家为企业负担了部分债券利息。

④如果企业投资报酬率大于利率，由于财务杠杆作用，发行债券可提高股东投资报酬率。

（2）债券筹资的缺点

①固定利息支出会使企业承担了一定的风险。特别是在企业盈利波动较大时，按期偿还本息较为困难。

②发行债券会提高企业负债比率，增加企业的风险，降低企业的财务信誉。

③债券合约的条款常常对企业的经营管理有较多的限制，如限制企业在偿还期内不能再向别人借债未按时支付到期债券利息不得发行新债券、限制分发股息等。

所以企业发行债券在一定程度上约束了企业从外部筹资的扩展能力。一般来说，当企业预测未来市场销售情况良好、盈利稳定，预计未来物价上涨较快，企业负债比例不高时，可考虑发行债券的方式进行筹资。

3.融资租赁。租赁是一种承租人可以获得固定资产使用权，而不必在使用初期支付其全部资本性开支的一种融资手段。在发达国家中相当多的大型项目是通过融资租赁来筹措资金，即所谓"借鸡下蛋"。

4.BOT方式 OBOT（build-operate-transfer）即先由承包商向主办单位承包，包括建造、营运、转让三大步骤。项目公司承包商签订投资项目的特许权协议，使承包商在特许期内具有建造和经营权，承包商利用项目收益偿还投资和营运支出获得一定利润。待年限满后，投资者将无偿转让给项目主办单位。

二、能源项目投资经济分析

（一）能源项目财务盈利能力分析的指标计算与评价

能源项目财务盈利能力分析主要是考察项目投资的盈利水平。为此目的，根据编制的全部投资现金流量表、自有资金现金流量和损益表，计算财务净现值、财务内部收益率、投资回收期等主要评价指标。根据项目的特点及实际需要，也可计算投资利润率、投资利税率、资本金利润率等指标。

1.财务净现值（FNPV）。根据全部投资（或自有资金）的现金流量表计算的全部投资（或自有资金）财务净现值，是指按行业的基准收益或设定的折现率（i_e），将项目计算期内各年净现金流量折现到建设初期的现值之和。

算出的财务净现值大于或等于零时，表明项目在计算期内可获得大于或等于基准收益水平的收益额。因此，当财务净现值 FNPV≥0，则项目在财务上可以考虑被接受。

2.财务内部收益率（FIRR）。财务内部收益率时使项目在整个计算期内各年净现值累计等于零时的折现率。它反映项目所占用资金的盈利率，是考察项目盈利能力的主要动态评价指标。

由此计算的财务内部收益率通常为一近似值。为控制误差，一般要求（i_2-i_1）≤5%。

基于全部投资的现金流量表计算的全部投资所得税后的财务内部收益率，是反映项目在设定的计算期内全部投资的盈利能力指标。将求出的全部投资财务内部收益率（所得税前、所得税后）与行业的基准收益率或设定的折现率（i_e）比较，当 FIRR=（i_e）时，则认为从全部投资角度看，项目盈利能力已满足最低要求，在财务上可以考虑被接受。

基于自有资金的现金流量表计算的自有资金财务内部收益率（所得税后），是反映项目自有资金盈利能力的指标。将求出的自有资金财务内部收益率与行业的基准收益率或设定的折现率（i_e）比较，当 FIRR=（i_e）时，则项目盈利能力已满足最低要求，在财务上可以考虑被接受。

3.投资回收期（Pt）。投资回收期是指以项目的净收益抵偿全部投资（固定费产投资、流动资金）所需的时间，它是考察项目在财务上的投资回收能力的主要静态指标。投资回收期以年表示，一般从建设开始年算起。

4. 投资利润率。投资利润率是指项目达到设计生产能力后的一个正常生产年份的年利润总额与项目总投资的比率，它是考察项目单位投资盈利能力的静态指标。对生产内各年的利润总额变化幅度较大的项目，应计算生产期年平均利润总额与项目总投资的比率。其计算公式为：

投资利润率 = 年利润总额或者年平均利润总额 / 项目总投资 ×100%

项目总投资 = 固定资产投资 + 全部流动资金 + 建设期利息

投资利润率可根据损益表中的有关数据计算求得。在财务评价中，将投资利润率与行业平均投资利润率相比，以判别项目单位投资盈利能力是否达到本行业的平均水平。当投资利润率大于行业平均投资利润率时，则项目在财务上才可以考虑被接受。

5. 资本金利润率。资本金利润率是指项目达到设计生产能力后的一个正常生产年份的年利润总额或项目生产期内的年平均利润总额与资本金的比率。它反映投入项目的资本金的盈利能力。其计算公式为：

本金利润率 = 年利润总额或者平均利税总额 / 资本金 ×100%

6. 投资利税率。投资利税率是指项目达到设计生产能力后的一个正常生产年份的年利税总额或项目生产期内的年平均利税总额与项目总投资额比率。它是反映项目单位投资盈利 能力和对财政所做贡献大小的指标，其计算公式为：

投资利税率 = 年利税总额或者年平均利税总额 / 项目总投资 ×100%

年利税总额 = 年产品销售（营业）收入 - 年总成本费用

或年利税总额 = 年利润总额 + 年销售税金及附加

投资利税率可根据损益表中的有关数据计算求得。在财务评价中，将投资利税率与行业平均投资利税率对比，以判别项目单位投资对国家积累的贡献水平是否达到本行业的平均水平。当投资利税率大于等于行业平均投资利税率时，则项目在财务上才可以考虑被接受。

（二）能源项目清偿能力分析的指标与评价

能源项目清偿能力分析主要是考察项目在计算期内各年的财务状况及偿债能力。为此目的，根据编制的资本来源与运算表、资产负债表两个基本财务报表，计算借款偿还期、资产负债率、流动比率、速动比率等评价指标。

1. 固定资产投资国内借款偿还期。固定资产投资国内借款偿还期（简称借款偿还期），是指在国家财政规定及项目具体财务条件下，以项目投产后可用于还款的资金偿还固定资产投资国内借款本金和建设期利息（不包括已用自有资金支付的建设期利息）所需要的时间。

2. 财务比率。根据资产负债表可计算资产负债率、流动比率和速动比率等财务比率，以分析项目的清偿能力。

（1）资产负债率。资产负债率是负债总额与资产总额之比，是反映项目各年所面临的财务风险程度及偿债能力的指标。其计算公式为：

资产负债率 = 负债总额 / 资产总额 × 100%

（2）流动比率。流动比率是流动资产总额与流动负债总额之比，是反映项目各年偿付流动负债能力的指标。计算公式为：

流动比率 = 流动资产总额 / 流动负债总额 × 100%

（3）速动比率。速动比率是反映项目各年快速偿付流动负债能力的指标。计算公式为：

速动比率 = (流动负债 - 存货)/ 流动负债 × 100%

第六节　能源风险管理

一、能源的二重性

能源以物质的形式存在，如石油、天然气、电力等的生产、传输、储存、转换和消费都需要实际的基础设施，而且整个能源运作过程要受到时空限制及自然条件的影响。能源的供应和消费必须保持实物数量的平衡，能源实物性地存在和发生效用是整个社会经济活动的基础。另外，能源又有明显的金融特征。能源业是资金密集型行业，资金运作是能源运作的前提条件。因为能源对经济的重要作用，持有能源被视为持有资金，资金加能源的投资组合在基金操作中屡见不鲜。关于能源产品的期货市场十分发达，他们为确定合理的实物价格，为买卖双方提供避险工具提供了便利。

能源以物质的形式存在，又有明显的金融特征，我们称它为能源的物质—金融二重性。能源的现货市场、期货市场、场外市场等为能源的物质—金融二重性相互转化提供了必要的机制。市场上的实物交易使得能源由生产向消费的转换得以实现，而市场上的金融行为（期货交易）则调动资金流向，调节生产和消费的平衡。虽然能源期货交易的直接动机是盈利或避险，但这些市场行为客观上促使能源和资金流向经济高效率的单位，并有助于提高社会的整体生产力。在美国能源市场上，平均市场交易量是实际生产和消费量的8~10倍。换句话说，能源在从生产到最终消费的过程中平均被易手8~10次。能源的物质—金融二重性及其在市场上的相互作用决定了其风险特征。物质性平衡、金融性平衡，以及物质—金融交叉平衡是能源运作的三个基本风险点。

二、能源市场风险的种类

对于能源企业而言，首先需要考虑的市场风险便是价格风险。影响能源价格的因素极其复杂，自然灾害、气候条件、经济发展、人口数量、能源储量、金融操作、环境政策、政治因素等都会影响到能源价格。能源价格的变化幅度巨大，在美国卡特里娜和丽塔飓风袭击前后的 60 天内，纽约商品交易所的天然气价格上涨幅度超过 100%。电力价格涨落更是惊人，2005 年夏季美国得克萨斯州的平均电价为每百万瓦小时 90 美元，但在 9 月中旬炎热的几天中，电价竟跃升到每百万瓦小时 500 美元。能源价格可以及时将生产和消费状况反映出来，有利于调动社会资源恢复和保持供需平衡。然而，价格巨幅波动也给能源企业的风险管理带来极大的挑战。不少企业把对冲（hedge）交易作为控制价格风险的利器。

其次是流动性风险，对能源企业来讲主要是现金流动性风险，它是指在未来某个时点现金流入流出之和不等于预期值的风险。该风险表现为：（1）只能以高于市场的利率筹集资金或以低于市场的利率（相同的信用等级）运用资金（机会成本）；（2）缺乏流动性，不能筹集足够的资金偿付到期债务；（3）虽然正确预料到了市场的变化，但头寸安排不正确。对冲交易的基本概念是将买卖平衡，使市场价格升降对产品组合的影响相互抵消。正常条件下的对冲交易是有效的风险管理工具。不过，一旦市场条件变化，能源的物质—金融二重性发生时间上的脱节，则市场对冲交易就可能衍生极大的现金流风险。

能源市场的第三个风险是信用风险，它是指由于信用事件引起的资产价格变化。信用事件是指信用等级的变动，包括违约行为。企业、地方性机构以及独立的债券等都有信用风险。20 世纪初美国能源巨人安然公司的崩溃并非由于交易操作的失误，而是肇始于其策略性的账外金融操作和由此引发的信用崩盘。安然破产殃及数百个交易对家，这些公司所持有的对安然的应收款项大多付诸东流。近年来能源市场价格扶摇直上，信用风险水涨船高，一笔信用损失就可能冲销许多企业整年的利润。

能源市场的第四个风险是交易风险，它的特征是持仓错位，即买卖数量不能相互抵消，或供应与需求不平衡。这包括两个方面，即实物仓位的错位和金融仓位的错位。因为能源价格涨落显著，任何一种错位都可能酿成巨大损失。美国特莉能源公司在新泽西州经营电力零售业务，向大约 10 万用户供应电力。2005 年 8 月 5 日，当地气温陡升，该公司因预测错误，对用户耗电量少估算了约 900 百万瓦小时，电价从每百万瓦小时 WO 美元飞跃至 700 美元，公司被迫从现货市场上购电以供应用户，仅此一日的持仓错位就让该公司净亏 54 万美元。

能源的物质—金融二重性及其在市场上的相互转换是一把双刃剑。市场风险管理的关键是充分认识这些特征，动态地度量产品组合的风险，并应用金融工具去平衡，从而达到避险和增值的目的。

三、能源市场风险的度量

风险是潜在的损失，即发生损失的一种可能性。如果损失已经发生，或者已经被确定，则它不再是风险，而是事实。如果损失还没有发生并且又没有被确定，那么它只能以概率来描述。因此，任何科学的风险度量方法，必须以概率统计作为基础。

在险价值（valueatrisk，VAR）就是这样一个度量。它是指在一定期间内，一定的置信水平下，产品组合在不利的市场变动中可能会蒙受的最大损失。产品组合的错仓越大，或者市场价格的波动性越大，则产品组合的市场价值概率分布越分散，其在险价值也越大。这个度量综合了产品组合结构与市场动态，是被广泛应用的一个风险度量。

与 VAR 直接相关联的是产品组合的市场实时价值（marktomarket，MTM）。在市场波动条件下，MTM 的稳定性成为风险控制的主要目标。比如，对于原油生产企业，市场价格的上下动荡将使其预期产出的原油价值随之波动，直接增加其预算困难并影响其现金流的稳定性。公司可考虑卖出与其生产量相当的期货合同，这样期货价格与实物价格的涨跌相互抵消，MTM 趋于平衡。如果公司既想避免价格下跌的利润收缩，又想捕获价格上涨的利润增值，并且避免逆向保证金，则可考虑购入卖方期权。这样的组合可以使 MTM 平稳并具攀升潜力，但代价是要立即支付期权费用。

对能源企业来说，市场风险管理的一个主要目标就是防止破产，因此如何鉴别那些导致严重的财务困难的市场事件发生就显得尤为重要。压力测试就是度量极端价格变动对资产价值影响的一种风险度量方法，它的本质思想是获取大的价格变动或者综合价格变动的信息，并将其应用到资产组合中以量化将导致的潜在的收益和损失。进行压力测试的主要方法有：

1. 情景分析。设立和使用未来可能的经济情景来度量它们对资产组合的损益的影响。

2. 历史模拟。把真实的历史事件运用到现在的资产组合来。所使用的历史事件可以是发生在一天或者更长一段时间的价格波动。

3. VAR 压力测试。即对影响 VAR 的那些参数施加"扰动"，也即加以改变，然后考察这些改变使 VAR 的计算结果发生了什么样的变化。

4. 系统压力测试。创建一系列易于理解的情景，用其中的一个或一组来测试资产组合中的主要风险因素。该方法和前两个方法所期望得到的结果是对资产组合产生影响的收益和损失。它的不同之处在于它所使用的压力测试更容易理解。其思想是鉴别所有的能够导致巨大损失的主要场景，而不像前两种方法那样检验少数情景的影响。

四、能源市场风险管理的技术系统

能源市场风险强度大，因素复杂，破坏速度快，传统的手段已不能满足现代风险管理的要求。以计算机技术为核心的风险管理系统取代了的风险点测量及人工数据报表程序，这种系统通常由商业模型、数学算法以及数据库等子系统组成，并与交易市场在线联通。成熟的能源市场风险管理系统应能实时提供以下功能。

1. 记录逐项交易。交易的输入应是实时的，并且没有多重系统重复输入。交易记录需经风险管理部门独立确认，确认后的任何修改需要通过密码安全检查，并记录所有原始内容。

2.报告仓位。根据生产和交易量,系统应能计算出在每一个货物交割点上的净长仓(净供应盈余量)或净短仓(净供应短缺量),同时还应计算出在每一个期货交易点上的期货净长仓或净短仓。

3.报告 MTM。系统不但实时计算 MTM,而且根据生成来源将其分解:一部分可能来自当日新交易,另一部分则可能源于市场的波动。而市场波动部分又可进一步分解成市场价格影响分项,市场振荡分项、时间衰退分项等。MTM 的分解报告将产品组合的风险直接与不同的市场因素相连接,是跟踪和控制市场风险的有效工具。

4.报告 VAR。系统根据历史价格和价格模型参数做出市场预测,进而计算出产品组合的价值概率分布,并以此报告 VAR 值。VAR 值通常被用作交易员的风险控制额度。

5.计算信用风险。信用风险应以交易对家为序逐个计算,并随时与信用额度比较。在特定市场环境下,如市场价格巨幅跳动,或某个交易对家的信用降级,信用风险应被实时重复计算。

6.预测现金流状况。市场风险管理主要关心交易保证金和抵押款陡升所引起的现金流短缺,而这两方面的现金需求都是由于市场价格所衍生的。风险管理系统应根据市场预测随时计算潜在的现金需求量。

7.压力测试。高级的市场风险管理系统不但能对主要的市场因素进行单项压力测试,而且可以进行相互关联条件下的综合测试。例如,汽油价格上涨 20% 可能拉动天然气价格跟进 15%;而某地的电力需求下降不但会抑平本地电力价格,还可能间接推动邻近区域的电价下滑。市场多因素模拟的结果被用于计算压力条件下的 MTM 和其他指标,作为风险度量和管理依据。

现代商业环境已逐步告别了那种"生产、销售、计算利润"的时代,风险贯穿于动态商业过程之中,风险管理不再是一种花瓶选择。风险管理是商业战场上的积极防守,是市场条件下的运筹帷幄,是企业长期立于不败之地的必要条件;而发展或引进风险管理系统,则是明智的战略投资。

第七章　能源、环境与循环经济

第一节　能源与环境

一、能源利用对环境的影响

由于受认识水平及技术水平的限制，人类改造自然的活动会对环境造成污染。人类活动造成的环境问题可以追溯到远古时代，当时，人类已经掌握了人工取火方法，但是由于用火不慎，大片草地、森林发生火灾，生物资源遭到破坏，导致他们不得不迁往别处以求生存。随着社会分工与商品交换的发展，城市成为手工业和商业的中心，人口密集，各种手工业作坊与居民住房混在一起。作坊排出的废水、废气、废渣，以及城镇居民丢弃的生活垃圾，造成了环境污染。近代，在一些工业发达城市，工矿企业排出废弃物污染环境的事件不断发生。19世纪中后期，英国伦敦多次发生可怕的有毒烟雾事件，日本足尾铜矿区出现排出废水毁坏大片农田的事件。第二次世界大战以后，工业发达国家普遍经历的现代化工业大发展，带来了范围更大、程度更加严重的环境污染问题，直接威胁到人类生存。环境问题已发展成为全球性的问题。

随着现代科学技术的进步和工业化进程的急速发展，人们对自己所处的环境——大自然的改造能力愈来愈强，人类对能源的需求量发生了明显的变化，对基本能源的需求量和使用量开始大幅增长。煤、石油、天然气是全球经济发展的基本能源，这些能源在使用过程中都排放出大量的污染物。

任何能源的开发利用都会对环境造成一定影响。水能的开发和利用会造成地面沉降、地震、生态系统变化；地热能的开发利用会导致地下水污染和地面下沉。在诸多能源中，不可再生能源尤其是煤、石油、天然气等化石燃料的大量使用对环境的影响最为严重。

能源利用导致的环境问题主要包括酸雨、荒漠化加剧、生物多样性减少、温室效应和全球气候变化和核废料问题。

（一）酸雨污染

大气中的硫和氮（SO_2 和氮氧化物）有自然来源和人为来源。SO_2 的自然来源包括微生物活动和火山活动，含盐的海水沫也会增加大气中的硫。自然排放的硫氧化物约占大气中全部硫氧化物的一半，但是，自然循环过程使自然排放的硫基本上保持平衡。硫氧化物的人为来源主要有煤炭、石油等矿物燃料的燃烧，金属冶炼、化工生产、水泥生产、木材造纸以及其他含硫原料的工业生产。其中，煤炭与石油的燃烧过程排出的 SO_2 数量最大，约占人为排放量的 90%。近年来，虽然各国采取了种种降低 SO_2 排放的措施，燃烧单位质量矿物燃料排出的 SO_2 数量有所减少。但随着工业发展与人口增加，矿物燃料的总消费量在不断增长，全世界由人为造成的 SO_2 的排放量仍在持续增加。

燃煤排放的 SO_2 是由煤炭的含硫成分在燃烧时被氧化而成。煤炭中的硫分以硫铁矿、有机硫和硫酸盐三种形式存在。硫铁矿所含硫分一般占煤炭含硫总量的 50%~70%。煤炭含硫量一般随地区与煤种而异，例如，我国高硫煤的含硫量可达 10%，而低硫煤则只有0.3%，煤炭平均含硫量大约是 1.72%，而全世界煤炭含硫量一般是 1%~3%。

煤炭的可燃性硫分在燃煤府；大部分被氧化成 NO_2 和 SO_2，在过量空气条件下，约有 5%的 SO_2 转化为 SO_3，它们大都随烟气排入大气中，只有少部分可燃硫与灰渣中碱金属氧化物反应，形成酸硫盐而留在灰渣中，一般可燃性硫分的 80% 都会转换成硫氧化物（SO_x）随烟气排出。

原油中除含有上百种烧类成分外，还含有一定的硫分。含硫量随产地而异。南美、中东地区所产原油含硫量较高，通常为 1%~3%。例如，科威特原油含硫量平均为 2.55%，而美国出产的 40% 的原油的含硫量都低于 0.25%，只有 20% 的原油含硫量超过 1%。石油中的有机成分在蒸馏过程中进入高沸物，因此，柴油含硫量比汽油及煤油高，而重油的含硫量又高于柴油，所以重油含硫量比原油高。例如，科威特原油含硫平均为 2.55%，炼制后剩下的重油含硫量却高达 3.7%。重油通常用做燃料，燃烧时所含硫分以 SO_2 形式排入大气中，形成酸雨。

酸雨一般指 pH 值低于 5.6 的降水，现在泛指酸性物质以湿沉降或干沉降的形式从大气转移到地面上。湿沉降是指酸性物质以雨、雪的形式降落于地面，干沉降是指酸性颗粒物以重力沉降、微粒碰撞和气体吸附等形式由大气转移到地面。酸雨的形成机制相当复杂，是一种大气化学和大气物理的过程。酸雨中的绝大部分是硫酸和硝酸，主要来源于排放的二氧化硫和氮氧化物。就某一地区而言，酸雨发生并产生危害有两个条件，一是发生区域有高度活跃的经济活动水平，广泛使用矿物燃料，向大气排放大量硫氧化物和氮氧化物等酸性污染物，并在局部地区扩散，随气流向更远距离传输；二是发生区域的土壤、森林和水生生态系统缺少可中和酸性污染物的物质或者该地区比较容易遭受酸性污染物的污染，如酸性土壤地区和针叶林就对酸雨污染比较敏感，易于受到损害。

这些污染物在大气中不会分解消失，而是会通过大气传输，在一定条件下形成酸雨。酸雨污染可以发生在其排放地 500~2000km 范围内，酸雨的长距离传输会造成典型的越境污染问题，从而使酸雨污染可能成为跨区域和跨国界的环境污染问题。欧洲和北美洲东部是

世界上最早发生酸雨的地区。20 世纪 60 年代以后，随着世界经济的发展和矿物燃料消耗量逐步增加，酸雨的分布范围呈现扩大的趋势。亚洲和拉丁美洲也开始出现酸雨污染，

并表现出有后来居上的趋势。目前，欧洲和北美已经开始采取防止酸雨跨界污染的国际行动。而在东亚地区，酸雨的跨界污染还是一个敏感的外交问题。

欧洲是世界主要的酸雨区之一，主要排放源来自西北欧和中欧一些国家。这些国家排出的二氧化硫有相当一部分扩散到其他国家。如北欧国家降落的酸性沉降物有一半来自欧洲大陆和英国。从波兰、捷克经比利时、荷兰、卢森堡到英国和北欧，这一区域是工业区和人口密集的地区，受到的影响最严重。其酸性沉降负荷高于欧洲极限负荷的60%。其中，中欧部分地区的负荷已经超过生态系统的极限承载水平。

美国和加拿大东部也是一大酸雨区。美国是世界上能源消费最多的国家，消费了全世界近1/4的能源，其每年由于燃烧矿物燃料而排放的二氧化硫和氮氧化物居世界首位。从美国中西部和加拿大中部工业心脏地带的污染源排放出的污染物定期落在美国东北部、加拿大南部农村及开发相对较少、较原始的地区，加拿大有一半的酸雨来自美国。

亚洲是二氧化硫排放量增长较快的地区，排放主要集中在东亚，我国南方是酸雨最严重的地区，成为世界上新的酸雨区。

酸雨的主要危害主要表现在以下几个方面。

1. 对人体健康有直接危害。硫酸雾和硫酸盐雾的毒性比二氧化硫大得多，可以侵入肺的深部组织，引起肺水肿等疾病而使人致死，比较典型的例子是1952年12月发生的世界公害史上著名的"伦敦烟雾事件"。

2. 酸雨使河流、湖泊的水体酸化，抑制水生生物的生长和繁殖，杀死水中的浮游生物，减少鱼类食物来源，使水生生态系统紊乱，严重影响水生动植物的生长。如挪威和瑞典南部1/5的湖泊没有鱼，加拿大有1.4万个湖成为死湖。

3. 破坏土壤、植被和森林。酸雨降落在地面以后，首先污染土壤，使土壤pH值下降，变成强酸土。强酸土会抑制硝化细菌和固氮菌的活动，使有机物分解变慢，营养物质循环降低，土壤肥力下降，有毒物质将毒害作物根系，杀死根毛，导致发育不良或死亡，生态系统生物产量明显下降。1982年我国重庆郊区有几万亩水稻、豆类植物受酸雨危害，产量损失在6.5%以上。由于森林中植物的生长期较长，酸雨对植物的作用时间也较长，加之土壤不加管理，在酸雨的长期影响下，土壤pH值降低。因此，酸雨对森林生态系统的影响要比对农田生态系统的影响大得多，而且一旦酸化就需要很长时间甚至几十年才能恢复。酸雨还通过对植物表面（茎、叶）的淋洗对森林造成直接伤害或通过间接伤害，或通过诱使病虫害爆发，造成森林大片死亡对森林造成间接伤害。德国的巴登符腾堡有6.4万公顷森林因酸雨而死亡，巴西利亚有5.4万公顷森林危在旦夕。1985年我国重庆南山景区马尾松死亡面积达800公顷，被视为世界上大气污染对森林造成毁灭性灾害的典型。

4. 腐蚀金属、油漆、皮革、纺织品及建筑材料等。酸雨会造成油漆涂料变色、金属制品生锈、纸张变脆、衣服褪色、塑料制品老化等，对电线、铁轨、桥梁、建筑、名胜古迹等人文景观也会造成严重损害。世界上已经有许多以大理石和石灰石为材料的古建筑和石雕艺术品因遭酸雨腐蚀而严重损坏，如我国的乐山大佛、加拿大的议会大厦、雅典的巴特农神庙、印度泰姬陵、法国埃菲尔铁塔、埃及金字塔及狮身人面像等。

5. 酸雨渗入地下，可能引起地下水酸化，酸化水的铝、铜、锌、镉等金属含量比中性地下水的含量高很多倍。

（二）荒漠化加剧

1992 年召开的"联合国环境与发展大会"对荒漠化如是定义：荒漠化，即由气候变化和人类不合理的经济活动等因素使干旱、半干旱和具有干旱灾害的半湿润地区的土地发生的退化。

土地荒漠化是全球范围内的灾害，已影响到世界六大洲的 100 多个国家和地区，全球约有 1/6 人口生活在这些地区。全球荒漠化面积目前已经达到 3600 万平方公里，占全球陆地面积的 1/4，100 多个国家的 9 亿人口遭受荒漠化影响和威胁。全世界每年因荒漠化而遭受的损失达 420 亿美元。

我国是世界上沙漠面积较大、分布较广、荒漠化危害较为严重的国家之一。沙漠、戈壁及沙化土地面积为 168.9 万平方公里，占国土面积的 17.6%。除西北、华北和东北的 12 块沙漠和沙地外，在豫东、豫北平原、唐山、北京周围，还分布着大片风沙化土地。近 20 年来，沙化土地以平均每年 2460 平方公里的速度蔓延。全国每年因荒漠化危害造成的损失高达 540 多亿元。

因风蚀形成的荒漠化土地的面积已经超出全国耕地面积的总和。由于水土流失，每年流失土壤达 50 多亿吨，土地资源受到严重破坏。全国直接受荒漠化危害影响的人口 5000 多万人。西北、华北北部、东北西部地区每年约有 2 亿亩农田遭受风沙侵害，粮食产量低且不稳定，15 亿亩草场由于沙漠化而严重退化，数以千计的水利工程设施因受风沙侵袭而排灌效能减弱。

荒漠化的发生、发展与社会经济有着密切的关系。人类不合理的经济活动是造成荒漠化的主要原因，同时人类自身又成为荒漠化的直接受害者。

对森林的过度砍伐也是荒漠化形成的重要原因。黄河中游的黄土高原本是茂密的森林，而人类的开发活动却使大片森林遭受到破坏。森林缺乏保护，土地无法阻挡西伯利亚气候的侵袭，形成了干旱、荒凉的黄土高坡。

森林对维系地球生态平衡、净化空气、涵养水源、保持水土、防风固沙、调节气候、吸尘灭菌、美化环境、消除噪声起着不可替代的作用。地球上现今仅存大约 28 亿公顷森林和 12 亿公顷稀疏林，占地球陆地面积的 1/5。森林破坏的速度为每年 1130 万公顷，到 20 世纪末，地球上的森林面积已减少到约占地球陆地表面积的 1/6。

历史上，我国曾是森林资源丰富的国家。然而，经过历代砍伐和破坏，我国已成为一个典型的少林国家，森林覆盖率和人均占有量均居世界后列。2003 年结束的全国第六次森林资源清查结果显示，我国森林覆盖率 18.21%，仅相当于世界平均水平的 61.52%，居世界第 130 位；人均森林面积 0.132 公顷，不到世界平均水平的 1/4，居世界第 134 位。

可以认定，中国是一个缺材少林的国家。同时，我国也是森林资源消耗大国。由于历史和社会原因，我国余下的资源多分布在边远贫穷山区和主要江河的上游，基本上属于应保护的资源。森林资源不足引起了我国林产品供给不足，林业经济危困，特别是生态环境的恶化。

森林锐减的主要原因是人口压力。截至 2005 年 6 月，世界人口已经接近 65 亿人，其中 75% 以上集中在不发达的第三世界国家。这些国家的主要问题仍然是粮食和能源，为了有吃、有穿、有住、有柴烧，人们不得不向森林索取，毁林开荒、伐木为薪，致使大片森林以惊人的速度消失。

森林锐减的第二个原因是滥伐树木。最近二三十年，人类开始大规模地利用热带木材。发达国家为了保护自己国内的木材资源，转向从发展中国家索取。近 20 年来，发达国家的热带木材进口量增加了 16 倍，占世界木材、纸浆供给量的 10%。欧洲国家从非洲，美国从中南美洲，日本从东南亚进口木材。占世界人口 3/4 的发展中国家，虽然拥有木材资源的 50% 以上，但木制品的消费量只占有 14%。

毁林烧柴是森林锐减的第三个原因。人类燃薪煮食取暖所使用的能量超过由水电站或核电站所产生的能量。根据联合国环境规划署的统计，人们为了煮食和取暖，每年要砍伐、烧毁的林区面积约为 2.2 万平方公里，而木柴中大部分能量都被浪费掉了。

（三）生物多样性减少

由于工业化和城市化的发展，能源的大量利用占用了大面积土地，破坏了大量天然植被，造成土壤、水和空气的污染，危害了森林，特别是给相对封闭的水生生态系统带来了毁灭性的影响；另外由于全球变暖，气候形态在比较短的时间内发生较大变化，使自然生态系统无法适应，从而可能改变生物群落的边界。

其他生物与人类的生存息息相关。地球上多种多样的植物、动物和微生物为人类提供了不可缺少的食物、纤维、木材、药物和工业原料。它们与其物理环境之间相互作用所形成的生态系统，调节着地球上的能量流动，保证了物质循环，从而影响着大气的构成，决定着土壤的性质，控制着水文状况，构成了人类生存和发展所依赖的生命支持系统。物种的灭绝和遗传多样性的丧失将使生物多样性不断减少，逐渐瓦解人类的生存基础。

从当前来看，人类从野生的和驯化的生物物种中，得到了几乎全部食物、许多药物和工业原料与产品，同时，生物资源也是娱乐和旅游业的重要支柱。

专家估计，从恐龙灭绝以来，当前地球上生物多样性损失的速度比历史上任何时候都快，现在鸟类和哺乳动物的灭绝速度或许是它们在未受干扰的自然界中的 100~1000 倍。从 600 年到 1950 年，已知的鸟类和哺乳动物的灭绝速度增加了 4 倍。自 1600 年以来，大约有 113 种鸟类和 83 种哺乳动物已经消失。20 世纪 90 年代初，联合国环境规划署首次评估生物多样性的一个结论是：在可以预见的未来，5%~10% 的动植物种群可能受到灭绝的威胁。国际上其他一些研究也表明，如果目前的灭绝趋势持续下去，在下一个 25 年间，地球上每 10 年有 5%~10% 的物种将要消失。

从生态系统的类型来看，最大规模的物种灭绝发生在热带雨林，其中包括许多人们尚未调查和命名的物种。热带森林占地球物种的 50% 以上，据科学家估计，按照每年砍伐 1700 万公顷的速度，在今后 30 年内，5%~10% 的热带森林物种可能面临灭绝，物种极其丰富的热带森林可能要毁在当代人手里。另外，世界范围内，同马来西亚面积差不多大小的温带雨林也消失了。整个北温带和北方地区，森林覆盖率并没有发生很大变化，但许多物种丰富的原始森林被次森林和人工林代替，许多物种濒临灭绝。总体来看，大陆上 66% 的陆生脊椎动物已成为濒危种和渐危种。海洋和淡水生态系统中的生物多样性也在不断丧失，其中受到冲击最严重的是处于相对封闭环境中的淡水生态系统。历史上同样受到灭绝威胁最大的是那些处于封闭环境岛屿上的物种，岛屿上大约有 74% 的鸟类和哺乳动物灭绝了，目前岛屿上的物种依然处于高度濒危状态。在未来的几十年中，物种灭绝情况大多数将发生在岛屿和热带森林系统。

（四）温室效应和全球气候变化

全球的地面平均温度约为 15℃。如果没有大气，根据地球获得的太阳热量和地球向宇宙空间放出的热量相等的原则，地面平均温度应为 -18 度。因此，这温差就是因为地球有大气造成的温室效应所致。

大气中起温室作用的气体主要有二氧化碳、甲烷、臭氧、一氧化二氮、氟里昂以及水汽等。正常大气中，按体积计算，大约每 100 万单位大气中有 280 单位的 CO_2。许多常规能源如煤、石油、天然气在使用（燃烧）过程中，主要生成物为 CO_2。随着基本能源的大量使用而产生大量 CO_2，而生态循环中化解 CO_2 的绿色植物链远远不能满足能源消费产生的 CO_2，使 CO_2 在大气中的含量不断增加。

大气的运动是全球性的，大气没有国界，因而大气污染所造成的危害是共同的。厚厚的大气圈好像地球的外衣，它保护和调节着地球的"体温"，使地球上大部分地区很少出现太热或太冷的气温。一般情况下，大气中进入一些有害物质，由于风吹、雨淋等作用，大气仍能保持清洁，这是大气自净作用的缘故。但当进入大气中的有害物质在数量上超过大气的自净能力时，就会对各方面造成污染，这就是大气污染。在大气人为污染源中，温室效应是由于空气污染而形成的全球性环境问题。

80 年代，全球由于温室效应而出现了空前的高温天气。1982 年冬，美国纽约出现 22 度的日最高气温，创百年纪录。希腊雅典在 1987 年夏天持续出现 46 度高温天气。在 1988 年初夏，芬兰北极城罗瓦涅气温高达 35.2 度，成为欧洲当时最热的城市。我国 1986~1990 年持续 5 年出现暖冬，1988 年武汉高温天气持续了 25 天。预计在 21 世纪 30 年代，全球气温平均将升高 1.5~3t，到 21 世纪末全球平均气温将增高 2~5℃，增幅是一万年来所从未有过的。温室效应破坏了地球热交换的平衡，使地球平均温度上升的幅度增加。据美国气象学会公报发表的资料，到 2050 年，大气中的二氧化碳将增加 1 倍，引起的温室效应能使地球平均温度增加 6℃ 左右，海面上升 20~140cm。

另外，全球变暖会影响整个水循环过程，使蒸发加大，从而改变区域降水量和降水分布格局，增加降水异常事件的发生，导致洪涝、干旱灾害的频率和强度增加，使地表径流发生变化。预测到 2050 年，高纬和东南亚地区径流将增加，中亚、地中海地区、南非、澳大利亚则呈现减少的趋势。

对我国而言，七大流域天然年径流量整体上呈减少趋势。长江及其以南地区年径流量变幅较少，淮河及其以北地区变幅较大，其中以辽河流域增幅最大，黄河上游次之，松花江最小。全球变暖使我国各流域年平均蒸发量增大，其中黄河及内陆河地区的蒸发量将可能增大 15% 左右。尽管由气候变化引起的缺水量小于人口增长及经济发展引起的缺水量，但在干旱年份因气候变化引起的缺水量将华北、西北等地区的缺水情况变得恶化起来，并对这些地区的社会经济发展产生严重影响。全球变暖对农业灌溉用水的影响远远大于对工业用水和生活用水的影响。预计 2010~2030 年西部地区缺水量约为 200 亿立方米。

全球变暖可能增强全球水文循环，使平均降水量增加，蒸发量也会增大，这可能意味着未来旱涝等灾害出现的频率会增加。由于蒸发量加大，河水流量趋于减少，可能会加重河流原有的污染程度，在枯水季节情况将更加严重。河水温度的上升也会促使河流里污染物沉积、废弃物分解，进而使水质下降。对年平均流量明显增加的河流，水质可能会有所好转。

许多通过昆虫、食物和水传播的传染病（如疟疾等）对气候变化非常敏感。全球变暖使疟疾和登革热的传播范围增加。气候变化通过各种渠道对人体产生直接影响，使人的精神、免疫力和疾病抵抗力受到影响。

此外，受温室效应影响，大部分热带、亚热带区和多数中纬度地区作物将可能普遍减产，受到传染性疾病影响的人口数量与热死亡人数将增加，大暴雨事件和海平面升高引起的洪涝灾害将危及许多低洼和沿海居住区，同时由于夏季高温而导致用于降温的能源消耗也将增加。

（五）核废料

核能这一新型、高效的能源已经开始受到人们的广泛关注。核能在生产过程中会产生具有放射性的核废料，这些核废料会严重影响人的身体健康并对环境造成污染。

目前全国正在运行的核电站有 435 座，一个标准核电站每年要产生约 200m³ 的低水平放射性废物和约 70m³ 的中水平放射性废物，另外还产生 10m³ 的强放射性废燃料（称作"乏燃料"）。"乏燃料"含有 97% 的铀和钚，放射性极强，但如果采取"后处理"技术从"乏燃料"中提取铀和钚，产生的高放射性废液在提取过程中经玻璃固化后可降至 2.5m³。

放射性废物的优化管理和安全处置是保证核能可持续发展的关键因素之一，也是保护人类赖以生存的环境的大问题。按废物处置要求，放射性废物可分为放射性水平极低的免管废物、适于近地表处置（在地下 5~10m 处处置）的长寿命中低水平放射性废物以及高水平放射性废物。

根据国际原子能机构提供的数据，全世界各地的中低放废物近地表处置场有 72 个正在运行，其中美国（主要分布在田纳西、新墨西哥、华盛顿和佐治亚等州）8 个，俄罗斯 14 个，乌克兰 5 个，印度 6 个，瑞典 5 个，捷克 3 个，南非 2 个，英国 2 个，法国 1 个，德国 1 个，日本 1 个。在各国建造的中低放废物近地表处置场中，早期多采用简单埋藏方式，现在多数采用工程屏障，以确保废物处置的安全性。例如，位于我国大亚湾核电站附近的华南处置场采用工程屏障，由多个混凝土封填，所有处置单元封盖后，上面再覆盖厚度为 5m 的多层防水材料，处置单元底部设置排水管网，以排除处置场运行期间处置单元内的积水，并在处置场关闭后，实施对处置场完整性的监督。

二、越界环境问题

环境污染问题往往涉及多个国家。也就是说，由于一个国家的排放等原因造成的污染，往往会涉及其他一些国家甚至全球。早在 19 世纪末 20 世纪初，一些相邻国家之间就曾因为越界污染发生过纠纷。例如美国和墨西哥之间的越界水污染问题，美国和加拿大之间的越界空气污染问题等。

以酸雨为例，由于二氧化硫和氮氧化物能在大气中传播，一个国家某地的排放无疑会对其他地区或其他国家造成酸雨沉降，因此，酸雨已成为一种国际性的或越境的污染物。在北美，美国中部和南部地区污染物的排放已经使美国东北部和加拿大东部大气中的酸性物质明显增加。欧洲中部地区和东欧的废气排放已对欧洲大陆北部地区及斯堪的纳维亚造成不利影响。

越界污染属于国际外部性问题，而且 A 国家不可能迫使 B 国家引入税收去限制在 B 国境内污染物的排放。因此，这就需要一种国际公约来解决越界污染问题。关于越界污染最有名的条约是 1996 年 3 月由 156 个国家批准通过的有关 CFC 产品的《蒙特利尔议定书》。议定书要求签署国对平流层臭氧遭受的破坏作出反应，将 5 种 CFC 产品限定在 1986 年的水平，并且在 2000 年之前，将所有 CFC 产品削减 50%。尽管如此，在越界污染尤其是越界空气污染方面还有很多难以确定的问题，如污染形成的机制、污染源的确认、污染损害的估算、污染行为和污染损害之间的因果关系等，越界污染问题的解决有待这些问题的解决。

三、各种能源消费的污染来源

任何能源在其生产、运输、转换、消费过程的一个或几个阶段都会对环境产生影响，下面简要说明这些影响是如何产生的。

（一）煤消费

在生产到消费的各个阶段，煤都会对环境产生影响。以燃煤而论，开采时要挖出相当多的废碎石，还有矸石。在我国，这些约占采煤量的 10%。矸石中的硫氧化物缓慢氧化发热，如果散热不良，就会自燃释放出二氧化碳、二氧化硫和其他有害物质。此外，煤矸石经过风化及大气降水的长期淋溶作用，形成硫酸或酸性水及各种有毒有害元素，渗入地下，导致土壤、地表水体及浅层地下水的污染，形成淋溶酸性水，浸出许多有害物质，如汞、铅、镉、氟、砷、酚、油质等，并随着降水经过地表流入水体污染水源。另外，为了防止矿井中"瓦斯"积累爆炸，就要通风排出大量甲烷及氨。开采一般需要抽水，每吨煤约 1.5 吨水，且矿井水多受到煤矸石及其他杂质的污染。

在煤的运输过程中，柴油机、蒸汽机、卡车等排放出 SO_2、NO_x、CO_2、CO 和碳水化合物在燃煤过程中会产生大量气体和固体废物，气体污染物包括 SO_2、NO_x、CO_2、CO、碳水化合物、多碳有机物等，其他污染物还有粉尘、放射性金属等，这些污染物会导致呼吸疾病、中毒和癌症发病率的增加。煤燃烧之后通过高烟囱将废气扩散，也会产生较大区域的甚至越境的环境污染。我国东南部的酸雨有一些就是中部地区燃煤产生的二氧化硫飘散过去而形成的。

表 7-1 煤炭生产与消费过程对环境的影响

影响因素	生产加工运输过程	消费过程
大气	排放温室气体 CH_4、CO_2、CO；煤炭的露天堆放、储运过程中，造成大气中 TSP 增加	产生大量的 SO_2、CO_2、NOx、CO、烟尘等污染大气和形成酸雨的主要原因，是温室气体的主要排放源
水	酸性矿产废水、煤矸石堆放会污染地表水和地下水；洗煤废水含硫较多，造成水体污染，水体 pH 值发生变化	酸雨、酸沉降、造成水体污染和湖泊酸化
土壤	矿井采空区地表塌陷；露天剥离表土，堆放占用大量土地，固体废弃物造成土壤环境污染	煤渣等堆放造成土地占用与土壤污染，释放低辐射污染
生态	破坏矿山生态环境，形成泥石流等	酸雨造成各种生态系统的破坏

（二）石油消费

石油的生产和消费也是一大环境污染源。采油，尤其是注水采油，会造成地面升降。所注水可能在地下受到污染，有时甚至有少量放射性物质聚集在采油管道的某些部位。储运中的燃爆与泄露可引起严重污染。1969 年美国 Santa Barbara 地区石油公司油井泄露的最初 100 天，有 73000 多桶石油渗入本地区生态系统，所造成的损失估计达 1640 万美元。

原油在燃烧之前一般先被提炼成多种石油产品，转换过程中会排放大量有机化学品和其他污染物，一般要制定并严格遵守和控制这些污染物排放的环境标准。这些石油产品使用时也会有污染物产生，比如作为汽车主要燃料的汽油在燃烧时会产生 CO_2、CO、NO_x、碳水化合物等污染气体，后两种成分进一步反应还会产生光化学烟雾。

（三）核电消费

在核原料的开采、运输，核电的生产，核废料的储存和处置过程中，会产生少量放射性物质。根据英国皇家环境保护委员会所作的研究证明，人体由于核电受到的辐射极小，远低于人体正常情况下受到的辐射量，人体骨髓受到的源于核电的辐射只占总辐射量的0.16%，远低于源于医疗 X 射线的辐射量（约占 21%），可见，核电是一种洁净能源。然而由于切尔诺贝利核电事故等的发生，公众对核电站有一种恐惧心理，各国也对核能在政治和经济上的影响有所顾虑，加上核电站一次性投资较大，因此核电的大力发展受到阻碍。

（四）水电消费

一般认为，在能源生产中，水电污染对环境的损害是最小的，实则不然。新的大坝建成后，形成的巨大水库可能引起地表活动，甚至可能诱发地震。此外，水库建设会造成河流淤积和下游水土流失，库区水位的提高造成大量野生动植物被淹没死亡，还会引起土壤盐渍化，影响当地气候，使生物多样性减少，水流速度减慢造成水草生长和寄生虫的繁殖，等等。

（五）各种能源对污染的贡献度

能源在生产、运输、加工、转换、应用各环节对环境造成的影响不同。煤在开采和运输过程中的 SO_2 排放量很小，而且排放基本来自开采和运输过程中的能源消费。从生产和运输过程看，煤和石油、天然气的 SO_2 排放区别不大。

煤和石油通过加工转换过程转换成其他燃料形式，SO_2 排放与具体转换方向相关。可否选择转换取决于转换效率和经济成本。需要指出的是，火力发电过程中排放出大量的 SO_2，生产 1MJ 的电能大约需要 3.27MJ 热量的燃料，SO_2 排放量为 2777mg，比开采和运输环节的排放量大得多。

我国 SO_2 排放主要出现在应用环节，主要原因是生产工艺落后，许多工厂没有安装脱硫装置，煤质差，含硫量高。我国火力发电厂 SO_2 排放量为 2777mg / MJ，是瑞士的 16 倍多（170mg / MJ）；低硫煤应用过程 SO_2 排放量也为瑞士的近 4 倍。

洗煤可以显著降低 SO_2 的排放。原煤使用过程中 SO_2 排放量为 1507mg / MJ，原煤洗后，动力煤 SO_2 排放量仅为 644mg / MJ，是原煤的 44%，大大降低了对环境的影响，提高了能源效率。工业型煤的加工和应用也可以降低 SO_2 排放，约为 1303mg / MJ，是原煤的 86%，比洗煤效果差一点。可见，推广洗煤和原煤加工技术对保护环境是非常有益的。

四、我国的能源环境问题与污染损失

从能源结构上可以看出，我国能源环境问题与世界主要国家的主要问题有一定差别，其根源在于使用石油与煤炭导致的污染存在的差别，以及技术落后造成的能源利用效率的低下。我国能源利用所导致的主要问题是：煤炭开采运输污染、燃煤造成的城市大气污染、农村过度消耗生物质能引起的生态破坏，以及日益严重的车辆尾气污染等。

（一）我国以煤为主的能源结构及其影响

我国能源工业发展较快，是世界第二大能源生产国和消费国（2005年一次能源生产总量达到20.6亿吨标准煤，占全球能源总产量的13.6%），是世界最大的煤炭生产者和消费者，是世界第二大电力生产者和消费者，是世界第二大石油消费者和世界第三大石油进口者。与当前世界能源消费以油气燃料为主的大部分国家的基本趋势和特征有所区别，我国是世界上以煤炭消费为主的少数国家之一。2005年，全国煤炭产量21.9亿吨，占世界总产量的37.4%。2005年我国的总能源消耗中，煤占68.7%，油占21.2%，天然气占2.8%，水电、核电和风电占7.3%；在一次能源生产总量和消费总量中，煤炭所占比重分别为76.3%和68.7%，而世界平均水平分别为27%和27.8%。煤炭高效、洁净利用的难度远比油、气燃料大得多。我国煤炭大多被直接燃烧使用，用于工业锅炉、窑炉、炊事和采暖的煤炭占47.3%，用于发电或热电联产的煤炭只有38.1%，而美国为89.5%。煤的燃烧使用造成严重的空气污染，据估计，我国排入大气中的85%的二氧化硫、70%的烟尘、85%的二氧化碳和60%的氮氧化物来自煤的燃烧。一些机构的估计值更高，联合国环境规划署（UNEP）的研究认为，由于我国对煤炭生产过于注重产量而忽略质量，许多商品煤与原煤的质量几乎一致，煤炭燃烧排放的二氧化硫占到排放总量的90%。

（二）各种排放物指标

1. 二氧化硫与酸雨。目前我国SO_2排放量是发达国家的8~9倍，列居世界第一。大片国土受到酸雨的影响，而且我国二氧化硫排放量呈现连年增加的趋势。1981年，我国二氧化硫排放总量为1371万吨，1990年增加到1502万吨，1997年猛增到2346万吨，其中工业来源的排放量为1852万吨，占78.9%；生活来源的排放量为494万吨，占21.1%；2000年，全国废气中二氧化硫排放总量1995万吨，其中工业来源的排放量1612万吨，生活来源的排放量383万吨；2001年，二氧化硫的排放量为1948万吨，其中工业二氧化硫排放量为1567万吨，占排放总量的80.4%。2005年，全国二氧化硫排放量为2549.3万吨，比上年增长13.1%，跃居世界第一位；在下达节能减排任务的2006年，全国二氧化硫排放量达2594.4万吨，比2005年增长了1.8%。

酸雨也是能源消费造成的严重的环境影响之一。研究表明，我国酸雨中的硫酸根与硝酸根之比大约为6.4：1，二氧化硫是造成酸雨的主要原因。

我国的酸雨危害愈来愈严重。1985年54个城市酸雨监测统计，pH年平均值分布范围为4.61—4.78，其中pH值低于5.6的城市为12个，占监测城市的22%；1990年降水pH年均值分布范围为3.88—7.49，pH值低于5.6的城市大约占监测城市的50%，此后降水pH值低于5.6的城市基本上占50%左右，酸雨出现频率增加；1995年降水pH值低于5.6的酸雨区面积占全国国土面积的1/4左右。

1997年我国降水年均pH值范围在3.74—7.79之间，其中降水年均pH值低于5.6的城市有44个，占统计城市的47.8%，酸雨侵蚀了我国近一半的国土。75%的南方城市降水年均 pH 值低于 5.6，其中长沙、遵义、杭州和宜宾的 pH 值低于 4.5。华中是全国酸雨污染最严重的区域，降水年均 pH 值低于 5.0，酸雨出现频率大于 70%。华南地区酸雨污染主要分布在珠江三角洲及广西的东部，降水年均 pH 值为 4.5~5.0，中心区域降水频率为 30%~90%。

自 1998 年国务院确立酸雨控制区和二氧化硫污染控制区（简称"两控区"）目标以来，酸雨区域分布范围基本稳定。2004 年降水年均 pH 值小于 5.6（酸雨）的城市主要分布在华中、西南、华东和华南地区，全国 527 个市（县）降水年均 pH 值范围为 3.05~8.20，出现酸雨的城市 298 个，占统计城市的 56.5%，降水年均 pH 值小于 5.6 的 218 个，占统计城市的 41.4%，酸雨频率大于 40% 的城市占统计城市的 30.1%。与 2003 年相比，出现酸雨的城市比例增加了 2.1%，降水年均 pH 值的城市比例上升了 4%，其中 pH 值小于 4.5 的城市比例增加了 2%，酸雨频率超过 80% 的城市比例上升了 1.6%，降水年均 pH 值低、酸雨频率高的城市比例均比 2003 年有所增加，表明酸雨污染较上年加重。

2. 烟尘。我国烟尘排放量居高不下，1981 年全国烟尘排放量为 1454 万吨，1984 年降到历史最低水平，约 1311 万吨，1987 年升为 1491 万吨，1991 年再次降为 1314 万吨，1995 年重新增加到 1478 万吨。由于统计方法的变化，1996 年后烟尘排放的统计值剧增，1997 年全国烟尘排放总量为 1873 万吨，其中工业烟尘的统计值剧增，1997 年全国烟尘排放总量为 1873 万吨，其中工业烟尘排放量 1565 万吨，生活烟尘排放量为 308 万吨，2001 年烟尘排放量为 1059 万吨，其中工业烟尘排放量 841 万吨，生活烟尘排放量 218 万吨。

3. 总是浮物。1985 年以来，全国空气中总是浮物年均浓度值不断下降，尽管如此，仍旧超过国家二级标准（200μg/m³）。1986 年空气中总是浮物年均浓度值为 575μg/m³，1990 年为 387/m³，1997 年我国总是浮物年均值为 291μg/m³。1997 年，空气中总是浮物年均浓度值超过国家二级标准的城市有 67 个，占统计城市总数的 72.0%，北方城市年均值为 381μg/m³，南方城市年均值为 200μg/m³，远远超过世界卫生组织规定的 60~90μg/m³。参加全球大气监测的北京、沈阳、上海、西安、广州 5 个城市的总是浮物指标均属世界上污染最严重的 10 多个城市之列。

4. 二氧化碳。20 世纪 50 年代以来，我国二氧化碳排放量持续增长。1950 年我国二氧化碳排放量为 210M5 碳，仅占全球排放总量的 1.3%；1980 年上升到 406Mt- 碳，占全球排放总量的 7.7%；1990 年达到 660Mt- 碳，占 10%；1995 年上升为 820Mt- 碳，占 13.6%，仅次于美国，成为世界第二大 CO_2 的排放国，一直持续至今。

我国二氧化碳的排放量基数较小，但增长速度非常快。70 年代后，随着人口剧增，经济飞速增长以及由此带来的能源需求量的剧增，二氧化碳排放量已经超过日本及诸多其他发达国家。1950—1990 年，我国二氧化碳排放量年均增长率高达 5.91%，印度为 5.89%，而美国为 1.62%，德国为 1.59%，英国仅为 0.32%。从绝对值来看，美国二氧化碳排放量远远超过其他国家，1990 年美国二氧化碳排放量为 1346Mt- 碳，是我国的两倍多，占世界总排放量的 22%。

研究表明，我国二氧化碳排放量中约 90% 产生于能源消费过程。然而目前我国人均能耗只占发达国家的 10%，世界平均水平的 1/4。随着我国经济的发展和人们生活质量的提高，能源需求量迅速增加，如果仍保持目前的能源政策和能源结构，二氧化碳排放的增量将是巨大的。我国已成为最大的 SO_2 排放国，照此发展下去，CO_2 排放量也将在 2020 年前后超过美国而跃居世界第一。

我国已于 1992 年签署了《气候变化框架公约》。作为发展中国家，尽管目前还没有减排二氧化碳的义务，但巨大的二氧化碳排放量及其迅猛增长使未来我国的经济发展承受巨大压力。

（三）环境污染造成的损失

由能源消费带来的环境污染造成了巨大的经济损失。人暴露于污染的大气中，健康将受到损害，这种危害很大程度来源于能源消费的污染排放物，即是浮颗粒物和二氧化硫。我国呼吸道疾病发病率很高，疾病负担是发展中国家平均水平的两倍多。由于大量燃煤，北方城市的浮颗粒和二氧化硫排放量很大，大气污染和人体健康的"剂量—效应"关系明显。据测算，北京市 1989 年二氧化硫浓度和总是浮颗粒物浓度每增加 1 倍，总人口死亡率分别增加 11% 和 4%，沈阳市 1992 年二氧化硫浓度和总是浮颗粒物浓度每增加 $100\mu g / m^3$，总死亡率分别增加 2.4% 和 1.7%。1995 年，以大气中二氧化硫和是浮颗粒造成的危害进行估算，如果我国城市大气环境能达到国家二级标准，每年可避免约 178000 例的早亡，城市空气污染超标致病造成的工作损失达 450 万人/年。此外，主要由高硫煤燃烧造成的酸雨，对我国森林和农业作物造成直接影响，损害了脆弱的生态环境，腐蚀了建筑物和设备，造成土壤酸化，其经济损失和环境影响都是极为巨大的。

能源消费的环境影响不仅反映在物质损失上，也反映在对经济、社会带来的价值损失上。应该看到，经济活动一方面是人与人、人与环境的物质交换，另一方面也是一种价值交换。在讨论能源消费的环境影响时，以实物量作为评价标准的同时，也不能忽视与物质变化相伴随的价值的变化。价值量的形成是以实物量为基础的，但价值变化绝不是物质变化的简单反应，它既受到社会、制度、政策的影响，又把物质变换的影响反射到社会、制度、行为政策等各个方面中。通过为环境污染赋予经济价值，有助于更清楚地认识到能源消费的环境影响与经济的关系，从而为政策制定提供依据。

五、环境价值评估

环境影响的价值评估，即环境影响的成本—效益评价，是指应用成本—效益评价，根据环境经济学的分析原理和方法，对环境影响的可量化部分进行的定量分析。分析方法主要采用成本—效益分析模型，如联合国环境开发署提倡的"扩大成本—效益分析检验模型 7 对环境价值评估的各种方法可归为两种类型：第一类是客观评价法，包括直接货币法，如"成本节约（或成本影响）法"，以直接调查为基准，如"可能情况支付法"，"可能情

由于意愿调查法仅仅提供询问而没有观察人们的实际行为，它最大的问题是调查是否准确模拟了现实世界。在实际调查中由于给被调查者提供的信息不充分，或给出的报价初始值过高或过低，会导致调查结果与实际结果而偏差。另外，如果被调查者认为他们的报价将被如数收缴上去，那么他们会低估他们的 WTP；如果他们以为高的报价会引起重视而又不必自己支付时，他们就会高估 WTP。

六、环境价值评估存在的问题

虽然在理论上可以给出上述一些环境价值评价方法，但在实践中，环境影响的价值转化仍然是一项难度很大的技术。

1. 环境污染损失的价值量度困难。人们都了解酸雨会减少农作物的产量，会腐蚀建筑物，了解二氧化硫排放会影响人类身体健康，但是，这种损害的价值量度是多少，这种价值—剂量反应关系应该怎样，却很难有准确答案。

2. 在市场经济中，价格是受市场供求影响而变化的。它不应仅仅是一个固定的量值，而应是一种环境供求关系的反映，但问题在于环境是一种公共物品，它不能通过私人市场进行交换，这就使得环境的价值评价更为困难。

3. 在发展中国家，人们的物质、文化水平、收入水平极不平衡，市场也还不完善，环境意识比较低，在这种状况下，无论是意愿调查法还是其他方法，对环境污染的损失评估和环境定价都存在许多问题。

4. 环境污染损失定价在未来市场、不确定性，以及最佳市场贴现率的确定等方面都缺乏完全的信息。

尽管对环境污染损失的价值进行定量有许多难度，但许多机构和学者在这方面已经做出了大量的有益工作，这些研究主要集中在能源消费对大气污染、水污染的估算方面。由前面的内容可知，能源消费带来的污染损失主要体现在大气污染方面，特别是大气中的二氧化硫、烟尘、二氧化碳的污染损失，以及酸雨污染损失方面。因此，这些学者对大气污染的损失估算基本上反映了能源消费的污染损失。

第二节　能源与可持续发展

一、可持续发展的概念

近几十年来，随着资源供给的紧张和环境污染的日趋严重，可持续发展的概念在世界范围内由环境保护的层面提高到了经济发展乃至整个人类发展的层面上。

可持续发展是 20 世纪 80 年代提出来的概念，许多环境经济学家对这个概念作出了解释,普遍接受的解释由世界环境与发展委员会于 1987 年在《我们共同的未来》报告中提出：可持续发展是指既满足现代人的需求又以不损害后代人满足其需求的能力。

二、我国能源可持续发展的挑战

在过去的 20 多年里,我国满足了不断增长的能源需求,将能源利用效率提高了近 3 倍。但是，随着人口持续增长，城市化进程逐步推进，现代化和经济发展对人力和物力资源的需求不断增加，而减少贫困和满足人民基本生活需要依然是中国需要优先考虑的紧迫任务。如何使经济保持健康、良性循环发展仍是一个重大课题，并且能源问题是其中的一个主要方面。

我国需要继续关注由能源供应和利用引起的环境和健康问题，包括严重的室内和城市空气污染，持续增加的酸化，正在发展的气候变化和所有其他正在加大的环境挑战。我国是联合国气候变化框架公约的缔约国，具有和其他所有缔约方一样的减缓气候变化的普遍义务，虽然责任有所不同。

要着重考虑能源供应安全问题，特别是要考虑交通运输增长所导致的液体燃料短缺问题。国内北煤南运及从西向东进行的石油、天然气和电力的输送活动日益活跃，将来还会进一步增加电力、液体燃料和天然气管网建设，并限制大量进口能源。

三、我国能源消费结构和效率

长期以来，我国一次能源消费结构一直以煤为主，偏离了世界能源消费结构的主流。2001 年我国一次能源消费构成为：煤炭 65.28%、石油 24.27%、天然气 2.7%、水电 7.27% 和核电 0.48%；同期世界一次能源消费构成为：煤炭 21%、石油 40%、天然气 23%、水电 5%、核电 10%、其他 1%，石油的份量最大。2005 年，我国一次能源消耗中，煤 68.7%，油 21.2%，天然气 2.8%，水电、核电和风电 7.3%。其中煤炭在一次能源生产总量和消费总量中的比重分别为 76.3% 和 68.7%，而同期世界平均水平分别为 27% 和 27.8%。2006 年全球能源消费结构中，石油平均占 35.8%（比 2005 年 36.4% 下降 0.6%）、天然气平均占 23.7%（比 2005 年 23.5% 上升 0.2%），煤炭平均占 28.4%（比 2005 年 27.8% 上升 0.6%），核能平均占 5.8%，水力平均占 6.3%。世界主要能源消费国的能源消费结构中，石油一般占 38% 左右，天然气一般占 23% 左右。2006 年，我国的能源消费结构中，煤炭 69.70%、石油 21.10%、天然气 3.0%、水电 5.0%、核电 0.7%。我国这种以煤为主的能源消费结构与美国等发达国家在 20 世纪初到 50 年代的能源消费结构相同。二战后，世界能源消费结构开始转变，由以煤炭为主转向以石油为主，并且现在正朝着高效、清洁、低碳或无碳的天然气、核能、太阳能、风能方向发展。如此下去，在 100 年以后，一些经济发达国家的经济将建立在连续、再生、永续利用、高效和清洁的能源系统上，有可能不会因消费化石能源而必须应对供应安全、环境污染等一系列问题，从而实现完全的可持续发展。

对于我国这种能源消费结构的成因，普林斯顿环保研究所的罗伯特·威廉姆斯指出，"中国煤的蕴藏量非常丰富，而石油和天然气资源相对匮乏，且中国政府不愿意过度依赖于能源进口"。相对于石油来说，煤的利用会造成更为严重的环境污染，而且利用率低，因此，同世界能源消费结构相比，我国属于"低质型"能源消费结构。这种能源消费结构是客观上造成我国能源经济利用效率低、污染严重、产品能源成本高、市场竞争能力差的根本原因。

能源的使用效率通常用能源强度，即产生单位 GDP 所消耗的能源来表示。能源强度是衡量一个国家如何使用能源的重要指标。考虑到物价因素，将每年 GDP 扣除物价因素以后折算出来的单位 GDP 能耗设定为不变价能源强度。能源强度越高，说明能源的使用效率越低。影响能源强度的因素主要有两个：一是生产一定产品或提供一定服务时的能源效率；二是产品和服务的结构或产业结构。

我国的能源强度在 1995 年到 2002 年是缓慢递减的，而 2002 年到 2004 年，这一指标开始缓慢回升。与主要发达国家相比，我国的能源强度不仅非常高（为美国的 5 倍，日本的 14 倍，德国的 10 倍），这说明我国的能源使用效率还非常低。

与一些主要发达国家相比，我国能源消费总量大、人均消费水平低，以煤为主的能源消费结构，以及高能耗、低能效的情况，都体现了目前我国的经济发展需要消耗更多的能源，而且在经济发展过程中有不少能源被白白浪费，影响着我国能源的可持续发展。

四、可持续发展的能源战略

我国能源的可持续发展面临三大问题即：以煤为主的能源消费结构、石油和天然气供给贫乏以及能源消费带来的环境污染问题，因此我国可持续发展的能源战略应包括应对以上三个问题的措施。

以煤为主的能源消费结构主要受能源供给结构的制约。在只有依靠进口才能满足石油充分供给的情况下，要改善目前的能源消费结构所带来的劣势，首先应该提高能源开发和使用的技术，加大天然气、水能、风能、太阳能和地热能等能源的开发和利用。风能、太阳能和生物质能在我国基本还没有得到很好的利用，一些障碍特别是在经济和体制上的障碍只有通过政府干预才能被扫除。其次，还要继续重视所有部门的节能和能源效率的提高，从而减少能源服务的成本，满足其他可持续发展目标的要求。

石油进口是能源可持续发展的重要战略之一。我国石油资源不足，且石油产品需求在不断增长，因此石油净进口的现状在短期内将很难改变，应建立一定的石油战略储备来应对国际市场石油供给的突然短缺、中断、价格暴涨等不安全状况。同时，应该尽力寻求商业上可行的石油及其产品的替代品。目前国际上以氢为原料的燃料电池汽车的研究发展将开启以氢为主要运输能源的大门。在这样的前景中，石油的进口或许能最终减少。

第三节　循环经济

随着人类对自身社会活动与自然之间关系的认识越来越深刻，从而产生了一些新的经济理念，技术的进步更使得这种理念变得越来越易于实施，譬如循环经济。

一、循环经济的基本概念

（一）循环经济的由来

20 世纪 60 年代，环境保护主义兴起，并由此产生了循环经济的思想萌芽。当时人类活动对环境的破坏已达到相当严重的程度，一批环保先驱呼吁人们给予环境问题更多的关注。美国著名经济学家鲍尔丁受当时发射宇宙飞船的启发，分析了地球经济的发展，他认为，宇宙飞船是一个孤立无援、与世隔绝的独立系统，靠不断消耗其自身资源存在，最终它将因资源耗尽而毁灭，唯一使之延长寿命的方法就是实现宇宙飞船内的资源循环，如分解呼出的二氧化碳为氧气，分解出尚存营养成分的排泄物为营养物再利用，尽可能少地排出废物等。当然，宇宙飞船最终仍会因资源耗尽而毁灭，但是其寿命被大大延长了。同理，地球经济系统如同一艘宇宙飞船，尽管地球资源系统要大得多，地球寿命也长得多，但只有实现对资源循环利用的循环经济，地球才能够得以长存。

鲍尔丁提出，如果人类不合理地开发资源、破坏环境，将会使地球走向毁灭。1972年罗马俱乐部发布了著名的研究报告《增长的极限》，首次向世界发出了正式警告："如果让世界人口、工业化、污染、粮食生产和资源消耗等现有趋势继续下去，这个星球上的增长极限将会在不远的将来发生。"该报告被认为是第一次系统考察了经济增长中人口、自然资源、生态环境和科学技术进步之间的关系。从此以后，生态环境作为制约经济增长的因素受到全世界的广泛关注，世界各国开始重视污染物产生后的治理及其危害的减少。

进入 20 世纪 80 年代，人口膨胀、资源过度消耗、污染不断加重、南北贫富差距拉大，自然灾害频繁发生，以及粮食供应短缺等问题接踵而至，并对人类社会造成日益严重的影响。人们开始注意到，必须重新审视我们对生活在其中的自然世界的态度，并逐步采用资源化的方式处理经济活动中产生的废物。尤其是从比尔·麦克基本提出全球变暖的"反馈循环圈"这一观点以来，人们不仅开始意识到资源并非取之不尽，而且认识到环境容量的有限性，尤其是对一些全球环境问题所表现出的"反馈循环圈"问题有了进一步的认识。但是，对于污染物的产生是否合理，是否应从生产和消费的源头着手，减少资源消耗、提高资源利用率、减少污染物的产生等问题，多数国家仍然缺乏深刻的思想认识和具体有效的政策举措，甚至存在截然不同的观念。总的来说，20 世纪 70 到 80 年代环境保护运动主要关注的是经济活动造成的生态后果，而经济运行机制本身始终落在其研究视野之外。

自 20 世纪 90 年代，尤其是 1992 年巴西里约热内卢"全球峰会"以来，可持续发展理念已被广泛接受。源头预防和全过程管理控制从真正意义上取代末端治理而成为防止环境破坏和控制、改善环境质量的现代途径，成为国家环境与发展政策的真正主流。零敲碎打的废物回收利用和减量化的做法开始整合成一套系统的、以避免废物产生为特征的循环经济战略。

循环经济要求以友好的方式利用自然资源和环境容量，实现经济活动的生态化转向。自从 20 世纪 90 年代提出可持续发展战略以来，发达国家把发展循环经济、建立循环型社会看作是实施可持续发展战略的重要途径和实现方式。只有以更系统、全面、生态化的视角来考虑环境与发展问题，按照物质和能量在自然界与人类社会之间的转换和流动的基本规律来认识资源的利用和废物的产生问题，才能不断解决问题，实现经济增长、环境保护和社会发展的相互协调。经济生态化是解决上述问题的必由之路，因为这"不是一条仅能在若干年内、在若干地方支持人类进步的道路，而是一直到遥远未来都能支持全球人类进步的道路"，而发展循环经济则是实现可持续发展不可或缺的重要桥梁。

综上所述，循环经济的产生过程就是人类对经济发展和环境保护问题认识的发展过程，经历了从"排放废物"到"净化废物"再到"利用废物"三个阶段。

（二）循环经济的概念

循环经济是对物质闭环流动型经济（Closing Materials Cycle）的简称，它以物质能量梯次和闭路循环使用为特征，运用生态学规律来指导社会经济活动。因此，其本质上是一种生态经济。循环经济在遵循生态规律的基础上利用自然资源和环境容量，实现经济活动的生态化转向，是实施可持续发展战略的必然选择和重要保证。

发展循环经济就是要合理利用自然资源和环境容量，充分考虑自然界的承载能力和净化能力，模拟自然生态系统中"生产者—消费者—分解者"的循环路径和食物链网，将经济活动组织成为"资源—产品—消费—再生资源"的封闭式流程。循环经济倡导一种建立在物质不断循环利用基础上的经济发展模式，使得整个经济系统以及生产和消费的过程基本上不产生或者只产生很少的废弃物。

由此可见，一个理想的循环经济系统应当包括四类行为者：资源开采者、处理者（制造商）、消费者和废物处理者。循环经济实际上有三重意义的循环，并且最为重要的是在三重循环之间实现良性循环。

第一重循环是企业层的循环。一个企业投入原料、制造产品、排除废物和废弃物再利用的企业生产循环。

第二重循环是社会经济层的循环。即生产者通过资本和技术把资源和劳动变成产品，由消费者进行消费，再由生产者进行分解后又成为原料的产业生态循环系统。

第三重循环是在社会经济、科学技术与自然生态这三大系统中构成的物质流、能量流、信息流、技术流、资本流和人才流的大循环。

（三）循环经济与农业经济、工业经济的异同

与工业经济从劳力、土地和资本的系统分析问题相比较，循环经济从人、自然资源和科学技术的更大系统来分析经济问题。因此，循环经济与农业经济和工业经济在经济理论、目标体系、价值观和对经济要素的认识方面都有很大的不同。

（四）循环经济的原则

循环经济的原则有减量化（Reduce）、再利用（Reuse）、再循环（Recycle），简称3R原则。

1. 减量化原则。减量化原则属于输入端控制原则，旨在用较少的原料和能源的投入来达到预定的生产目的和消费目的，在经济活动的源头就注重节约资源和减少污染。在生产中，减量化原则要求制造商通过优化设计制造工艺等方法来减少产品的物质使用量，最终节约资源，减少污染物的排放。在消费中，减量化原则提倡人们选择包装物较少的物品，购买耐用的、可循环使用的物品，而不是一次性物品，以减少垃圾的产生，减少对物品的过度需求，反对消费至上主义。

2. 再利用原则。再利用原则属于过程性控制原则，目的是通过延长产品的服务寿命，来减少资源的使用量和污染物的排放量。

在生产中，再利用原则要求制造商提供的商品便于更换零部件，提倡拆解、修理和组装旧的或破损的物品。制造商可以用标准尺寸进行设计以实现部分优化替代，防止因产品某元件的损坏而导致整个产品的报废。

在消费中，再利用原则要求人们对消费品进行修理而不是频繁更换。提倡二手货市场化，即人们可以将合用的或可维修的物品返回市场体系供给别人使用或捐献自己不再需要的物品。

3. 再循环原则。再循环原则是输出端控制原则，是指将废弃物资源化，使废弃物转化为再生原材料，重新生产出原产品或次级产品。如果不能被作为原材料重复使用，就应该对其进行热回收，旨在通过把废弃物转变为资源来减少资源的使用量和污染物的排放量。这样做能够减轻垃圾填埋场和焚烧场的压力，而且可以节约新资源的使用。

综合运用3R原则是资源利用的最优方式，这三个原则在循环经济中的重要性并不是并列的，其优先顺序是。减量化—再利用—再循环。循环经济3R原则的排列顺序，实际上反映了20世纪下半叶以来人们在环境与发展问题上思想进步的三个历程：首先，以环境破坏为代价追求经济增长的理念终于被抛弃，人们的思想从排放废物进化到了净化废物；随后，由于环境污染的实质是资源浪费，因此要求进一步从净化废物升华到利用废物；最后，人们认识到利用废物仍然只是一种辅助性手段，环境与发展的协调的最高目标应该是实现从利用废物到减少废物的质的飞跃。

二、能源与循环经济

2004年以来，我国发生了持续的煤荒、油荒、电荒，这种现象反映了能源建设在我

国国民经济建设中的紧迫性。我国是能源消费大国，国内能源供不应求，但相关统计数据显示，我国极为有限的能源并没有得到有效利用，能源浪费现象普遍存在。有关资料表明：我国综合能源利用效率约为33%，比发达国家低10个百分点，单位产值能耗是世界平均水平的两倍多，主要产品单位能耗平均比国外先进水平高40%，能源消费强度大大高于发达国家及世界平均水平，约为美国的3倍、OECD国家平均值的3.8倍、日本的7.2倍，工业能源效率远远低于发达国家。调查表明，2005年我国8个主要高耗能行业的单位产品能耗平均比世界先进水平高47%。这说明我国在技术水平、管理水平和经济结构方面还比较粗放，存在着巨大的节能潜力。而与此相对应的是，我国的能源储备状况不容乐观，而且因为人口众多，人均能源占有率低于世界平均水平。2004年我国石油、天然气、煤炭的人均占有量分别为世界人均水平的7%、6%和60%。显而易见，一方面是经济高速发展对能源的高度需求，另一方面是能源浪费严重和令人忧心的能源储备，如何解决好二者之间的矛盾，这是在未来发展过程中无法回避的问题。不节约能源、提高能效，单纯依靠加大能源建设力度的办法无法从根本上解决我国的能源问题。因此，制定与实施能源发展战略，必须要把提高能源的开发和利用效率摆在首位，这就对发展循环经济提出了要求。

循环经济是囊括了各种经济因素的庞大的经济系统，其核心是能源循环经济。深层次地研究循环经济，应该首先从资源结构、资源作用、资源在经济发展，尤其在跨越式发展中的地位和作用等方面来分析。将能源循环经济作为跨越式发展的战略选择，依据主要有四个方面：（1）从当前的国际能源形势考虑，能源安全是国家安全的重要环节；（2）从我国的能源形势考虑，能源短缺不断地影响着我国的经济增长；（3）从我国西部能源省、区跨越式发展考虑，能源开发是西部大开发的重要依托，对于贵州、云南、陕西、内蒙古、新疆等能源大省（区），能源开发利用更是重要的经济支柱；（4）从资源利用效率来看，我国仍然处于能源利用效率低、增长粗放的阶段，能源消费强度远远高于发达国家及世界平均水平。

我国处于工业化和城镇化加速发展阶段，资源和环境形势十分严峻。为抓住重要战略机遇期，实现全面建设小康社会的战略目标，必须大力发展循环经济，按照"减量化、再利用、再循环"原则，采取各种有效措施，以尽可能少的资源消耗和尽可能小的环境代价，取得最大的经济产出和最少的废物排放，从而实现经济、环境和社会效益相统一，建设资源节约型和环境友好型社会。

三、国外循环经济发展经验

（一）德国

1. 政策体系

德国政府制定了许多经济政策来刺激居民和生产商的行为，促进垃圾的能源消减和回收利用活动的进行，为垃圾处理提供资金，积极引导全社会参与到垃圾处理的活动中。

（1）废物收费政策。垃圾处理费的征收有两类，一类是向城市居民收费，另一类是向生产商收费。对于居民收费来说，德国的各个城市的垃圾收费方法不尽相同，有的是按户收费，以垃圾处理税或固定费率的方式收取；有的是按垃圾排放量来收取。目前，大多数城市都采用按户征收垃圾处理费的方式，部分城市开始试用计量收费制，按废物的类型和数量收取不同费用。产品费的征收更加充分地反映了"污染者付费"的原则，要求生产商对其生产产品的全部生命周期负责。产品费的征收对于约束生产商使用过多的原材料，促进生产技术的创新，以及筹集垃圾处理资金都有较大的帮助。

德国采取垃圾收费政策强制居民和生产商增加了对废弃物的回收和处理投入，为垃圾的治理积累了资金，推动了垃圾的减量化和资源化。德国环保局统计，垃圾收费政策实施后，家庭庭院垃圾堆肥增多，厨余垃圾减少了 65%；包装企业每年仅包装废弃物回收所交的费用已高达 2.5 亿至 3 亿美元。

（2）生态税政策。为了更好地贯彻循环经济法，德国于 1998 年在波恩制订了"绿色规划"，在国内工业经济界和金融投资中将生态税引入产品税制改革。生态税是对那些使用了对环境有害的材料和消耗了不可再生资源的产品而征收的一个税种。生态税的引入有利于政府从宏观上把握市场导向，通过经济措施来引导生产者的行为，促使生产商采用先进的工艺和技术，进而达到改进消费模式和调整产业结构的目的。

（3）押金抵押返还政策。德国政府颁布了《饮料容器事实强制押金制度》的法令，该法令规定在西德境内任何人购买饮料时都必须多付 0.5 马克，作为容器的押金，以保证容器使用后退还商店以循环利用，这是欧洲第一个有关包装回收的法令。在《包装条例》中也规定，如果液体饮料的容器是不可回收利用的，那么购买者必须为每个容器至少多付 0.25 欧元的押金，当容器容量超过 1.5 升时，至少需要多付 0.5 欧元。只有容器按照《包装条例》的要求返还时，押金才能退回。

（4）废物处理产业化。德国政府较早认识到垃圾处理是全民事业，由于其投资巨大，不能完全依靠政府来解决垃圾问题，必须广泛吸引私人资本参与才能迅速发展，从而推动垃圾处理的市场化和产业化。

2. 经验分析

（1）生产者责任扩大。生产者责任扩大 EPR（Extended Producer Responsibility）是指生产者对于产品的责任扩展到产品生命周期的最后阶段，即产品使用结束之后。这种思考方法最初形成在德国，然后传播至整个欧洲。生产者不仅要对产品性能负责，而且要承担产品从生产到废弃过程中对环境影响的全部责任。因此生产者必须考虑包括原材料的选择、生产过程的确定、产品使用过程以及废弃等各个环节对环境的影响。

这一生产者责任环节的延长，使得生产者必须在发生源抑制废弃物的产生，因而使生产者有动力设计对环境负荷压力比较小的产品，其结果是在生产阶段就促进了循环利用，提高了资源的效率。EPR 政策的特征可以概括为：一是产品在回收资金方面的责任部分或全部由地方自治体向上游生产者转移；二是使企业在设计产品的时候具有考虑环境的动力。

（2）注重实施的可行性。德国人把可行性论证和投入产出分析作为成功与否的核心，他们希望这一封闭物质循环系统不仅可以减少对环境的影响，还希望其有助于降低工业流程和宏观经济的成本。德国工商界可以不断地从减少废弃物和提高企业内部再循环比例中而获得巨大的潜在利益，这也正是驱使工商企业积极主动地参与废弃物管理的根本动因所在。

（二）日本

1.政策体系

多年来，日本政府一直积极支持循环利用项目，制定了各种资金投入和税金制度来支持循环经济的发展。其中，返还制度还起到了十分重要的激励作用，日本环保产业的发展也得益于该政策的实施。

（1）预算政策。主要指创造型的技术研究开发补助金制度。对中小企业从事的有关环境技术开发项目给予补贴，补助费占其研发费用的1/2左右；对废弃物资源化的工艺设备生产者给予相当于生产、实验费的1/2的补助；对率先引进能源合理利用设备的予以补贴，其补贴率为1/3，补贴金额的最高上限为2亿日元；实施推进循环型社会结构技术实用化的各项优惠补助政策。对民间生产企业采用的高效使用技术给予2/3的补贴，补贴金额最高上限为1亿日元。

（2）税收政策。政府对废塑料制热类再生处理设备，在使用年度内除了普通退税外，还按取得价格的14%进行特别退税；对废纸脱墨处理装置、处理玻璃碎片用的夹杂物提出装置、铝再生制造设备、空瓶洗净处理装置等，除实行特别退税外，还可获得3年的固定资产税归还；对公害防治设施可减免固定资产税，根据设施的差异，减免税率分别为原税金的40%~70%；对各类环保设施，加大设备折旧率，在其原有折旧率的基础上再增加14%~20%的特别折旧率。

（3）融资政策。从事"3R"研究开发、设备投资、工艺改进等活动的各个民间企业，根据不同情况分别享受政策贷款利率。日本政策开发银行的政策利率分为三级，各级利率分别为1.85%、1.80%、1.75%，融资比例为40%，中小企业金融公库利率为45%，企业设置资源回收系统，由非减利性的金融机构提供中长期优惠利率贷款。对实施循环经济的企业，给予各种税收优惠。

2.经验分析

日本是发展循环经济最早的国家之一。发展循环经济，既要依靠政府的主导作用，又要靠企业的积极配合，还要靠公众的广泛参与。通过政府、企业及国民的共同努力，日本的循环经济取得了良好效果。

（1）健全的法律、政策系统。①制定相关法律。循环经济作为一场变革传统生产方式、生活方式的社会经济活动，需要一个明确的导向系统和一个可靠的支撑系统。法律因其自身固有的规范性和强制性的特点，可以对循环经济进行观念表达、价值判断和行为规范。

日本自 20 世纪 90 年代开始，制订了一系列有关循环经济的法律法规。这些相关法律的制订和实施，使日本发展循环经济有法可依、有章可循。②实施产业倾斜政策。20 世纪 90 年代，随着各国对环境问题的关注以及环境因素在国际贸易中影响的增强，为发展循环型社会，提高产业素质及产品的国际竞争力，日本政府也对采取环保措施的企业实施了产业倾斜政策。第一，在预算方面，为支持中小企业环保技术的开发，政府补助率最高可达技术开发费用的 50%。对于将循环经济 3R 技术实用化、技术开发期在两年以内的新产业，政府补助率最高可达费用的 2/3。对于引进节能设备的企业也给予一定的资金补助。第二，在融资方面，只要满足一定的条件，日本政策投资银行、冲绳振兴开发金融公库、中小企业金融公库、国民生活金融公库，对引进 3R 技术设备的企业提供低利融资。第三，在税制方面，只要满足一定条件，对引进再循环设备的企业增加特别折旧、减少固定资产税和所得税。

（2）全社会共同参与。①中央政府参与。《循环型社会形成促进基本法》中规定，政府要在实施有关形成循环型社会的政策时采取必要的财政措施。例如，在 2001 年日本各府省的预算中，为了促进循环型社会的形成，经费预算额达到了 4214.35 亿日元。②地方政府参与。为了促进国民在生活中节能，在全国召开国民节能运动推进会议等，开展有效的国民运动；同时展开针对形成可持续发展的循环型经济社会和环境调和型生活方式的社会调查。在社会教育中提供对环境问题的各种学习机会和实践活动机会，对以社会教育设施等为中心实施地区社会教育活动综合事业的市、镇、村提供必需的经费补助，鼓励地方公共团体和企业的环境保护活动，对中小企业提供废弃物再循环和关于环境经营系统的信息和技术指导等。③科学研究参与。以 2001 年 3 月内阁会议上通过的第 2 期科学技术基本计划为基础，2001 年 9 月综合科学技术会议上又通过了"分领域促进战略"，把零垃圾型、资源循环型技术研究作为环境领域今后该 5 年内应该重点努力研究的领域之一。另外中央环境审议会还针对"进行综合性、战略性环境研究、促进环境技术开发的策略"进行了审议，强调重点研究解决废弃物最终处理场不断减少的问题和以减缓温室气体效应为目标的基础环境问题等，同时提出，为了今后建立循环型经济体系，要促进新的再循环技术及有利于防止全球气候变暖的地球环境技术的研究开发。日本有关研究机构和大学，围绕着循环经济的主题进行了大量具体的研究工作和技术开发。④民众参与。日本非常重视民众参与的力量，利用媒体宣传等各种手段增强公众对实现零排放或低排放的意识。日本民众将垃圾分类后遗弃，这些分类后的垃圾再由专门部门回收并循环利用。居民自觉对生活垃圾分类既节省了垃圾分类人员，又使垃圾得到充分的循环利用，既节省资源能源又避免了环境污染。

（3）预防在先的环保理念。经验表明，对环境问题的事中或事后治理往往导致更大的成本付出和某些可能无法挽回的损失，最明智的方法就是对潜在的环境问题实施事前预防。在理论上理解这一点不难，但是在实践中这一原则往往由于各种原因被忽视或搁置。虽然日本关于循环型社会的构想中有些超现实的成分，但是这种未雨绸缪的务实精神值得我们借鉴。

四、国际经验对我国发展循环经济的启示

近年来，随着我国经济高速增长，所经历的环境问题与日本战后经济复兴时期有很多相似之处。总体来看，我国正处于由以大气污染、水污染为主的产业环境公害防治时期向以汽车尾气、垃圾排放为主的生活污染物防治时期转变的阶段。在一些大城市，后者的表现已经相当明显。发达国家的环境治理历程，特别是循环型经济社会体系的建立过程，对于今后我国的环境保护和可持续发展战略的实施，无疑都具有重要的参考意义。

（一）与发达国家的发展历程相比，我国发展循环经济面临的主要问题

1. 经济增长质量不高，绿色经济观念缺乏。自改革开放以来，我国环保意识有所提高，但整体而言，我国经济发展仍然停留在以消耗自然资源和牺牲环境质量为代价来发展经济的传统模式上。传统的国民经济账户表中未加入反映自然资源和成本环境的信息，只使用传统的 CDP 指标衡量经济发展水平。

2. 法规不完善，执法不严格。改革开放以来，我国初步构建了环境保护法体系，但国家和地方尚未出台促进循环经济发展的法律法规，现行经济发展政策和会计规范未将环境资源纳入核算范围。在利益驱动下，"上有政策，下有对策"，保护环境与恶化环境的现象并存。

3. 认证意识不强，认证能力薄弱。ISO14000 环境管理体系是世界各国企业遵循的重要管理体系标准，国内获得该认证的企业大部分是三资企业，国内通过认证的上市公司主要集中在家电行业，更多的企业仍游离于 ISO14000 认证之外。取得认证不仅要支付大故的检验、测试、评估等费用，还要支付不菲的认证申请费和标志使用年费，这使一些企业望而却步。

4. 循环经济的基础研究工作不足。任何技术体系的建立都要经过长期的基础性研究。目前我国为建立循环经济的技术体系而进行的基础研究工作还很不够，在这种情况下，很难在短时间内建立起我国循环经济的技术体系。即使已经有了相应的循环经济技术指标，但是没有相应的检验评判能力，也还是一个问题。过去我国对一般产品在环境方面没有严格的技术要求，故而没有进行这方面检测的实验设备的准备，今后需要投入大量资金加强其检测技术设备和相应的检测技术人员队伍建设。

（一）发展循环经济的相关措施

循环经济是兼顾经济和环境效益的双赢经济，它给全球带来全新的环境理念和经济效益，我们可以借鉴发达国家的成功经验，对循环经济的发展给予有力支持。发展我国的循环经济，需要从教育层次、科研层次、经济管理层次、法律层次和技术层次等方面着手，通过宣传教育、加强管理、建立法规制度、实行经济激励机制、开发相关技术等措施来推动。

1. 宣传教育引导。在循环经济理论与实践比较成功的国家，政府、企业和公众普遍认

为循环经济能形成一种更有效益、更爱惜资源、对环境压力更小的生产方式。我国公众也应确立相应的资源观、环境观和发展观，通过环境保护宣传和绿色消费教育，引导公众积极参与绿色消费活动，使循环经济观念深入人心。

（1）提倡绿色生活方式。引导公众改变传统的大量消耗资源、能源而不关注环境的生活习惯和生活方式，建立绿色消费观，提倡绿色生活方式，鼓励消费那些不污染环境、不损害人体健康的产品，使循环经济理念融入每一个人的生活中。加大宣传力度，鼓励公众参与，提高全社会对绿色经济、循环经济的关注。

（2）政府主管部门要加强领导，不断推广发展循环经济的经验。大力淘汰生产工艺落后、资源浪费和污染严重的各类后进企业。各行各业的设计单位要根据循环经济的指导思想设计本行业的绿色生产工艺及其组装模式，经试点后逐步推广，努力做到资源消耗少、生产污染少、产品质量高，使其废气物料实现"减量化、无害化、资源化"。新闻媒体要大力宣传在实践循环经济中的先进典型。

2. 绿色技术支撑。循环经济是通过对经济系统进行物流和能流分析，运用生命周期理论进行评估，旨在大幅度降低生产和消费过程的资源、能源消耗及污染物的产生和排放。在这一意义下，"绿色技术"体系包括用于消除污染物的环境工程技术，包括用以进行废弃物再利用的资源化技术，更包括生产过程无废少废、生产绿色产品的清洁生产技术。

建立绿色技术体系的关键是积极采用无害或少害的新工艺、新技术，大力降低原材料和能源的消耗，实现少投入、高产出、低污染，尽可能把污染物消除在生产过程中。同时，要把清洁生产的着眼点从目前的单个企业延伸到产业集群区，依靠技术进步和技术创新，使循环经济技术与管理相结合，转化成现实的生产力。

3. 政策措施支持。通过政策引导循环经济发展。投资和消费是带动循环经济发展的火车头。在投资政策和项目选择上，应该向产业结构调整和升级的方向倾斜。通过环境友好意识的宣传教育，引导公众消费绿色产品，以需求来推动循环经济的发展。各级政府应起到表率作用，通过绿色采购计划拉动循环经济的需求。根据不同行业的特点，制定生产部门资源节约利用和再生利用的规划，出台配套的经济技术政策，引导和推动工业企业循环利用资源，对环保产业、绿色经济给予支持。

探索建立绿色国民经济核算体系。建立循环经济需要改革现行的经济核算体系，从企业到国家建立一套绿色的经济核算制度，包括企业绿色会计制度、政府和企业绿色审计制度、绿色国民经济核算体系等。核算体系改革的核心是改变传统的单一国内生产总值（GDP）统计方法，因为这种统计方法没有扣除资源消耗和环境污染的损失，是一种不真实、非绿色的统计核算。目前一些国家已尝试了新的绿色国民经济核算方法。核算结果可供各级政府领导部门使用，让他们看到传统国内生产总值和绿色国内生产总值之间的巨大差异，促使他们抛弃传统的经济发展模式，选择循环和清洁的生产道路。

4. 法规制度保障。发展循环经济涉及社会、经济、环境各个方面，需要建立有效的行政管理体制和机制，制定必要的"循环经济法规"，做到有法可依、有章可循。全国人大已颁布实施的《清洁生产促进法》和《可再生能源法》是推行循环经济在法律方面的一个良好开端。

5.发展模式的转变。尽快转变经济发展模式，推进绿色生产活动促进企业实施清洁生产，由末端治理转向全过程控制，通过提高企业管理水平和技术创新，节约资源、能源，减少污染物排放，提高产品的质量，降低对环境和人体的负面影响程度。大力发展有利于保护和恢复自然生态，改善和提高生态环境的产业，以绿色生态产业代替污染严重的产业，从而实现产业结构的调整，建立起我国的循环经济体系。

6.与国际接轨。组织力量研究发达国家的循环经济制度和运作方式，以及在绿色贸易方面所采取的战略和措施，从他国的经验中，找出我国可以借鉴的内容，为我国实施循环经济发展战略提供有益的思路。把绿色贸易思想融入我国的贸易制度之中，并把它作为开展国际国内贸易的一个基本思想和原则，这样既可以推动我国产品的绿色化，有利于冲破国外的绿色贸易壁垒，还有利于促进我国的经济适应全球一体化的浪潮，与国际贸易制度接轨。

第八章　国际能源贸易与能源金融

　　由于能源分布受地域影响，同时能源在空间上分布不均匀，因而国际能源贸易的蓬勃发展成为必然。能源贸易由最初固定价格的长期供货合同，逐步发展为现货贸易，随着能源贸易规模的进一步扩大，能源价格决定因素日益复杂，能源价格波动变得越来越剧烈和频繁，为规避价格风险，现货价格与期货价格挂钩，期货价格在能源价格发展中的作用和地位逐步得到加强，能源期货市场得到迅速发展。能源产业发展的另一显著特点是，能源与金融的日益融合，二者的融合为能源产业的发展注入了新的活力。能源金融的发展，一方面使得能源价格风险管理越发显得重要；另一方面也为能源价格风险管理提供了更加有效的管理工具。

第一节　国际能源贸易

一、国际能源贸易的特征

（一）从能源种类来看

1. 世界石油贸易

（1）世界主要石油出口国的出口贸易特征

　　在世界石油贸易中，关于石油的交易主要交易品种是原油，原油贸易占石油贸易的70%以上。自20世纪60年代世界石油中心由墨西哥湾转向中东以来，在国际市场上石油出口主要来源于中东，而且BP（2011）数据显示，2010年全球原油出口贸易为18.76亿吨，中东为8.29亿吨，占当年全球原油贸易的44.2%，其次是前苏联地区，占17%，西非占11.8%，这三大地区占比超过70%。总体而言，由于受到资源禀赋的制约，因而世界石油出口贸易格局相对比较稳定。

　　在2008年，整个世界发生了一件大事，由于次贷危机引发的金融危机全面爆发，并迅速蔓延到整个世界。石油市场与金融市场有着密切关系，伴随着金融市场的轰然倒塌，石油市场也受到巨大冲击，WTI（West Texas Intermediate，美国西得克萨斯轻质油）原油1月合同从2008年7月3日收盘最高价145.29美元/桶掉头向下，一路狂跌，2009年2月即跌去70%多。受油价下跌影响，前苏联地区2009年增产3000万吨弥补石油收入的减少，OPEC则减产保价，从近几年的出口行为来看，OPES更像是一个油价稳定器的角色。

（2）世界主要石油进口国的进口贸易特征

原油进口主要集中在美国、欧洲、日本、中国和印度，2010年这五大国家的地区原油进口量占世界总进口量的80%，美国和欧洲占总进口量的近50%。欧盟近年来大力发展可再生能源，原油进口量呈稳步下降态势，2008年占全球进口总量的28%，2009年下降到27%，2010年进一步降到了25%。2009年由于受金融危机影响，美国、欧洲、日本石油进口均较2008年有所下降，降幅最大的是日本，由上年的2.03亿吨降到2009年的1.77亿吨，下降了13%，但2010年，除欧洲地区外，美国和日本进口量又有所回升。作为新兴经济体的中国和印度伴随着经济的高速增长，石油进口也呈现出强劲增长势头，2008年中国与印度原油进口占全球原油进口贸易份额分别为9.1%和6.5%，2010年分别增长到12.5%和8.6%，年均增幅均超过10%，中国2009年、2010年分别以14%和15%的速度递增。

中国主要原油进口来源地为中东、西非、前苏联地区以及亚太地区，近两年加强了与前苏联地区的石油贸易，减少了对中东地区的依赖，2010年从中东进口石油18亿吨，占总进口量的40%，较2008年下降了约2个百分点，从前苏联地区进口3300万吨，占进口量的11%。从西非进口4370万吨，占总进口量的15%，从印度尼西亚等亚太国家进口2880万吨，约占10%（表8-1）。进口来源地更加合理化，今后若干年中国的石油需求将仍增长强劲，新增石油需求主要都将通过国际石油贸易来满足，开拓新的、安全的进口贸易渠道仍将是一项艰巨的任务。

表8-1 2008—2010年中国原油进口来源构成（%）

年份	中东	西非	前苏联地区	其他亚太地区	中南美洲	其他
2008	42.24	17.95	10.3	9.82	7.58	12.11
2009	40.76	16.45	10.52	10.84	6.99	14.44
2010	40.22	14.85	11.32	9.77	8.18	15.66

2. 全球天然气贸易特点

（1）世界主要天然气出口国的出口贸易特征

与石油贸易相比，全球天然气贸易量小得多，但由于近年来石油价格在高位剧烈波动，天然气贸易呈显著增加的趋势。2010年全球天然气贸易为9.75千亿立方米，较2009年增长13.5%，2009年较2008年增长7.7%。天然气贸易国际化程度不高，但区域性特点非常显著，无论进口还是出口贸易集中度较石油都小得多。世界主要的天然气出口国为俄罗斯、挪威、卡塔尔和加拿大，它们的出口贸易占全球天然气贸易的一半左右，其中2010年俄罗斯天然气出口占全球总量的20.5%（BP，2011）。

（2）世界主要天然气进口国的进口贸易特征

天然气进口主要集中在美国、德国、日本和意大利等国，2010年四国天然气进口贸易量占全球贸易量的37.6%，美国最多，占比为10.8%。从来源看，美国主要集中在加拿大，占其进口贸易量的88%；德国主要集中在俄罗斯、挪威、荷兰，三大来源占其总进口贸易量的 95.7%；意大利主要集中在北非的阿尔及利亚、利比亚、俄罗斯以及欧洲的荷兰、挪威和亚洲的卡塔尔，其中阿尔及利亚占比 36.6%，俄罗斯占比 18.8%；日本主要集中在亚太地区的印度尼西亚、马来西亚、卡塔尔和澳大利亚以及俄罗斯，五大来源占其进口贸易量的 77%。

中国 2008 年进口天然气为 44.4 亿立方米，2009 年增加到 76.3 亿立方米，增幅超过70%，2010 年进口量进一步增加到 163.5 亿立方米，较上年增幅超过了 100%。中国天然气进口来源主要为澳大利亚、土库曼斯坦、印度尼西亚、马来西亚和卡塔尔，其中 2010年从澳大利亚进口 52.1 亿立方米，占比 31.88%；从土库曼斯坦进口 35.5 亿立方米，占比21.71%。过去十年中国天然气消费量年均增长约 16%，与此同时，中国的天然气产量也呈快速增长的趋势，但增速低于消费，受制于资源禀赋和开发利用水平，未来中国会越来越依赖国际天然气市场，为此中国应尽早着手，开拓周边贸易资源。

3，全球煤炭贸易特点

（1）世界主要煤炭出口国的出口贸易特征

与天然气贸易类似，煤炭贸易的国际化程度也不高，区域性特色比较显著，目前国际主要有两大煤炭贸易圈：大西洋贸易圈和太平洋贸易圈。太平洋贸易圈是世界煤炭贸易最活跃的地区，该地区主要煤炭出口国为澳大利亚、俄罗斯、印度尼西亚，其中澳大利亚是全球最大的出口国，其出口量约占全球贸易的 30%；大西洋贸易圈主要煤炭出口国为哥伦比亚和南非。

（2）世界主要煤炭进口国的进口贸易特征

2003 年前中国一度是除澳大利亚外的全球第二大煤炭出口国，此后由于强劲的国内需求，净出口量逐年减少，并于 2009 年转变为净进口国。2009 年中国累计进口煤炭 1.26亿吨，比上年增长 211.9%，出口 2240 万吨，下降 50.7%，全年净进口 1.03 亿吨；2010 年我国出口煤炭 1903 万吨，比 2009 年下降 15%，进口煤炭 1.65 亿吨，比上年增长 30.9%，净进口 1.46 亿吨，比上年增长 40.9%。目前，印度尼西亚是我国最大的煤炭进口贸易国，澳大利亚、越南、蒙古和俄罗斯紧随其后，上述五国进口煤炭占我国全部进口量的 84%。

日本、韩国和中国台湾由于资源短缺，一直是最主要的煤炭进口国及地区。中国和印度近年来煤炭进口需求不断增加，随着人们对煤炭资源战略重要性认识不断加深、跨国企业重组对国际煤炭市场格局的影响，主要煤炭进口国都加紧了海外煤炭资源的开发，未来国际煤炭市场的进口贸易竞争将趋于激烈，中国应从能源安全战略高度出发，尽早布局，争取主动。

（二）从能源性质来看

1. 从垄断性转向竞争性

能源贸易从垄断性向竞争性转变。由于发达国家率先进入工业文明时代，因而工业比较发达，对能源的需求也相对于发展中国家较高，特别是美、日、欧为首的发达国家，因而在能源市场上，呈现出以美、日、欧为主导的能源进口垄断。在统计数据，我们发现，欧佩克对于石油的消耗是数量巨大的，基本上形成了一种垄断的趋势，无论是在石油消耗上还是在石油储备上，放眼整个世界，大约有 69% 的已知石油储备也掌握在 OPEC 国家。而发达国家对于能源的垄断绝非仅仅只限于石油行业。除了石油之外，对于煤炭的垄断力量也是相当可观的。加拿大、澳大利亚、南非等对煤炭出口的垄断是全世界看在眼里又无可奈何的。而 20 世纪 70 年代以前，以美国、荷兰、英国为首的七个国家，也就是被世人称作的"七姐妹"，这七大集团对于整个世界石油市场的主宰作用是不容小觑的；而从 1973 年以后，随着世界商业中心的转移，欧洲资本主义崛起，欧佩克开始登上了世界石油主宰的舞台，而主要的垄断手段就是"限产保价"，通过这个战略来控制石油牌价，从而达到垄断进而集聚巨额财富的目的。但垄断只能带来短期的巨额财富，而不是一个长久之策。随着世界经济贸易格局一体化的发展，石油市场也发生了很大变化，整个石油市场的规模相对于 20 世纪有了很大变化，石油的需求市场也随之大大扩展，而石油的出口地区和进口地区也逐步增加，供应地区呈现多元化的趋势，市场格局发生了变化，整个石油产业也开始从垄断转向竞争。在整个亚洲地区，尤其是东亚和东南亚地区由于其得天独厚的先天自然地理位置使得经济发展非常迅速，高速增长的经济，整个消费市场的活跃，这都使得能源需求不断增加，而自身拥有的能源远远满足不了这样的需求，因而进口行业就显得炙手可热，能源进口量大幅攀升。而一些非欧佩克国家和地区，最显著的例子是俄罗斯、中亚、北海等，这些地区拥有丰富的石油资源，因而很好地适应了整个世界能源发展潮流，成为很好的主要石油出口国，整个世界对石油的需求增长也带来了这些国家和地区石油出口量的增长，这在一定程度上是对欧佩克出口垄断的打击，国际石油市场也即从垄断体制逐步重构为竞争体制，"全球燃气、电力供应体系也正经历类似于世界石油市场体制的演进过程，都为市场竞争体制的形成提供了条件"。

2. 兼具政治性和经济性

国际能源贸易兼具政治性与经济性。能源贸易具有市场的私人营利性，但能源问题不仅是经济问题，而且是重要的政治和安全问题。因此，能源贸易不只是纯粹的贸易，大多数国家都把能源战略当成国家安全战略的重要组成部分。

3. 能源特定性决定了能源贸易的一些特性

能源由于其本身具有一定的特殊性质，就决定了其运输方式只能是固定的，如石油。煤炭的运输不能依靠空中运输。正是由于这样的特殊性，从而给能源贸易造成了诸多不便，同时由于能源的运输量较大，因而只有一些巨头公司才能承担起这个责任，这很容易造成以一些大型能源公司（有时是私营企业）为首的垄断，正是能源贸易自由化的重要障碍。

4. 能源与环境联系密切

使用能源为人类造福不少，但同时对环境的影响也是十分巨大的。近年来频频出现的生态环境问题，与能源的扩大使用有着密不可分的联系。首先，抛开对外界的影响不说，光是能源使用对能源自身就有非常大的影响，矿物能源通常都是不可再生能源，如煤炭、石油，它们的形成需要经历上亿年，而能源的消耗使得整个世界能源储备一点点减少，最终被挖空也是极有可能的，这不利于人类的延续发展。其次，能源的使用对外界的影响显然是越来越明显的，大气的污染、水资源的污染以及整个生态环境的恶化，这无一不与能源的使用息息相关。在2008年，欧盟委员会关于这个问题做了严肃的重视，成立了一系列法案，决定将国际航空业纳入欧盟的碳排放交易体系（EUETS）中。欧盟关于过境飞机征收碳排放税的做法虽然有利于环境保护，但可能在全球引发贸易战，国际能源贸易必然会受此影响。

二、国际能源贸易与经济发展

能源贸易对整个世界经济的发展均有影响，不仅对于能源出口国有重要影响，同时对能源进口国也有不容忽视的影响。能源贸易是国家对外贸易的有机组成部分。面对全球能源短缺危机和在可持续发展方面遇到的问题，能源的输入与流出活动将关系到国家的能源安全乃至经济安全。

现代经济学理论认为，进口会导致进口国家财富的不断流失和减少。但能源是一种特殊产品，它作为一种产出物，计入国民经济账户；同时还作为一种基本生产要素，是其他产品和劳务得以形成的基础和动力源泉。一般认为，能源产品的进口对一国经济来说也是一种"注入"，有助于国民收入的增加。

能源贸易对经济增长的影响机制如图8-1所示。

首先，国内生产的能源一部分用于国内消费，另一部分用于出口。用于国内消费的能源一部分用于能源行业的再生产，即能源行业的自耗能；另一部分用于国民经济其他部门生产和服务需求。用于出口的能源，根据现代经济学观点，进口是一种"流出"行为，那么出口便是一种"注入"行为，这对于出口国家而言是有利的，财富不断增长，国民收入不断增加。若考虑乘数的作用，国民收入会成倍增加。由于一定时期内，国内生产的能源产品总量是一定的，因而用于出口与用于国内消费两部分之间具有此消彼长的关系。

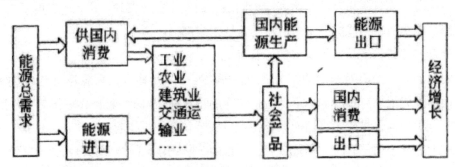

图8-1　能源贸易对经济增长的影响机制

其次，国内总的能源需求量一部分来源于国内，一部分来源于进口，二者之间存在着此消彼长的关系。根据前述分析可知，能源进口通过满足各部门必要的投入要素需求，增加了这些部门产品的增加值，从而增加了国民收入。

最后，能源进口和出口对国民经济都有促进作用，但相比较而言，能源进口的作用更大。原因在于，能源是一种基本生产要素，处于产业链前端，属于初级产品，附加值不大，而进口则通过产业链，大大增加了中间产品和最终产品的附加值，乘数效应明显，对经济增长的拉动作用大大增强。

第二节　能源金融化与能源期货市场

一、能源金融化

在整个世界经济发展过程中，能源产业和金融产业都占有重要的份额，对于社会经济的发展具有十分重要的作用。作为动力的能源能够推动着整个经济向前发展。而金融的出现更是影响着整个世界经济的变革，社会经济生活的各个领域都能与金融扯上关系。能源产业与别的产业不同，最大的不同之处在于，它是一种密集型产业，其发展需要巨额的资金作为支撑。这就与金融行业产生了关系，需要金融机构的大力支撑。当然，并不是所有的金融机构都能够担当这样的重任，只有大型的金融机构才有担当这个重任的资本和条件，以便在能源产业进行融资时能够提供持续的、大规模的资金。而金融行业放贷不是随随便便的，也会找有一定偿还能力，实力比较雄厚，有一定信用基础的产业，能源产业正好符合这样的要求。因而，就出现了能源和金融的合作。近些年来，随着世界能源进出口贸易的发展，能源金融化的趋势更加明显。而能源由于其本身的特性（主要是需求性），因而越来越受到金融市场投资者的青睐，这也衍生出了"能源期货"，能源期货的价格也正是整个能源市场为能源定价的主要依据。因而可以说，能源与金融两者是相互依存的，一方的变化势必会影响另一方也发生变化。

目前看来，整个国际上俨然已经形成了能源金融一体化的格局。这个变化不仅在能源市场上有所表现，还在金融市场上也有所表现。而最为现实的一个例子就是，在能源企业中，越来越多的能源企业愿意将部分闲散资金投入到金融市场中，而对于金融企业来说，越来越多的金融企业愿意操手接管一些关于能源企业的投资的业务，在这个合作过程中，双方共同获利。能源与金融虽然结合了，但从学术上讲，并没有一个准确的定义来定位能源金融这个词的含义。显然，之所以学术界迟迟不能轻易给能源金融做一个定论，是因为能源金融概念的边界和内涵涉及较广，而且随着世界经济的发展，还不断发生着变化。用系统学的观点来看，本书认为，能源金融既包含了能源系统的一些方面，又包含了金融系统的一些方面，是二者结合后产生的新的金融系统。

任何企业的融资都要受其信用评价影响。在能源行业，这一点尤其重要，因为能源行业给人的感觉就是一个高风险行业。所以对于能源机构而言，知道那些信用评级机构如标准普尔((Standard & Poor's)和穆迪(Moody's)公司等是怎样进行信用评级是至关重要的。他们也应知道某一评级机构或第三方机构在评估他们时哪些要素是关键要素。

在能源部门，公司评级机构通常会审查：

企业战略。

能源市场参与情况和能源业务的多元化情况。

公司竞争优势。

风险管理操作。

能源市场与业务风险的管理和监管。

风险承受能力：公司是如何管理其价格风险（市场风险）的。

能源公司衍生工具组合投资的估值方法。

信用风险政策。

企业和风险管理控制系统。

影响向能源市场供给的因素，包括营运成本、财务风险和绩效。

一项有利可图的能源交易业务的关键是其风险管理操作。大多数商业信用调查机构在进行风险管理评估时，评估重点集中在交易业务的管理监督能力、风险承受能力、信用风险政策以及在适当的地方控制风险管理步骤的系统和报告结构。这些评估能够帮助评级机构决定一家能源交易商能否在能源市场取得成功。这就意味着，有效地执行含有衍生工具在内的合适的价格风险管理策略能够帮助一家能源机构获得评级机构的良好印象。"

一些评级机构（如标准普尔）将风险控制系统作为被评估对象获得投资级别信用品质的绝对必要条件。对标准普尔而言高于BBB，或者对穆迪而言高于Baa的级别就是典型的被认为是投资的级别（见表8-2）。

表8-2 信用评级比较

穆迪	标准普耳	违约概率	
Aaa	AAA	0.001	偿付能力极强
Aa1, Aa2, Aa3	AA+, AA, AA-	0.01	财务支付能力非常强，与AAA级只有微小差异
A1	A+	0.02	还款承诺能力很强
A2, A3	A, A-	0.04	易受经济变化的负面影响
Baa1	BBB÷	0.15	能服行其财务承诺
Baa2	BB&	0.3	适当，但可能被负面经济状况所弱化
Baa3	BBB-	0.6	
低于投资级别域投机级别			
Ba1	BB+	0.90	最不脆弱的投机级别
Ba2	BB	1.25	非常适度地保护利息和本金的支付
Ba3	BB-	1.6	非常适度地保护利息和本金的支付
B1, B2, B3	B+, B, B-	5.00	超行财务承诺的能力很弱

Ca, a	CC, C	14.00	易违约
Ca, C	CC, C	17.00	易违约
D	D	100.00	违约，实际违约或即将违约

假如存在显著的能源价格风险，并且预计交易者会去投机，那么能源部门的总体风险就会很高。这就意味着，能源部门平均信用质量评估等级按标准普尔规则来算会是在 BB 类中的较低级别。

高信用品质的能源交易商通常有较高的信用评级，因为他们不仅向人们供应实物能源，而且这些公司还常常拥有下列中的一部分或全部：

领先的国内或国际市场地位［如壳牌（Shell）或英国石油（BP）］。

业务的多元化和（或）上、下游领域的一体化，以此来减少时务利润侵性（Eaxon 公司多年来一直认为没有必要进行套期保值，因为该公司既有上游的原油领域产业，在下游也有自己的炼油厂和加油站）。

作为低成本的工业能源给料的供应商的优势（石油、天然气、电力、石化）。

专业运用和出售金融衍生工具，以及大量的现货流动性。

评级机构会密切关注被评估对象的风险管理操作，因为很多人将其视为一笔成功的能源交易业务的革石。评级机构希望用到下列事项的有效监控：

公司文易业务的完善监管。

市场风险。

信用风险政策。

用来控制和监控公司现货和衍生品交易及结算过程的系统。

评级机构也会为衍生工具的使用寻找两个清晰的管理控制结构。他们也希望看到一套已制定好的政策，以此来确定下列报告在每一个工作日开始就能做出并发到高级管理层。

一份"日头寸报告"包括：

盯市（mark-to-market）。

对手的信用风险（Credt exposure）。

风险价值（VAN）报告。

发生的任何意外事件的详细报告（如政策违例、交易限制违约等）。

拥有强大的高级管理层也会被评级机构关注（这通常在有关账户的信息披露或公司官方访谈时被要求）。

从理想的角度来说，信用评级机构想看到董事会很有兴趣去积极监督交易操作。这可从下列情况中得到解释：某一组织的大宗能源交易要得到董事会的批准，董事会附属委员会要对该组织交易风险管理政策的内外部审计负责。

二、能源市场上期权的种类

能源期货市场上最普遍的期权如 IPE/NYMEX 等都是美式期权，但是在场外交易市场（OTC）上，最多见的却是亚洲期权（路径依赖期权）。区分一个期权是美式期权、欧式期权或亚洲期权非常重要，因为我们要通过不同模型对它们进行估价。布莱克—斯科尔斯模型并不适用亚洲期权，因为亚洲期权是基于整月的平均价格，一组对数正态分布的算术平均分布具有分析上不易处理的性质。

（一）美式期权

看涨期权（上限期权）价值的下限为零，价位的上限取决于标的能源期货或互换市场价格和期权的敲定价格（执行价格）两者之间的较大者。期权的价值不可能为负值。

看跌期权（下限期权）价值的下限为零，价值的上限取决于标的能源期货或互换市场价格和期权的敲定价格（执行价格）两者之间的较高者。期权的价值不可能为负值。

看跌期权（下限期权）的最大价值为期权的敲定价格。因为标的期货／互换的价值不可能为负，所以看跌期权（下限期权）的最大收益位于期权的敲定价格（执行价格）和零之间。

到期期限——当一个看涨期权（上限期权）具有较大时间价值／较长有效期时，它的价值不小于相应的期限较短的美式看涨期权。例如，一个在 12 月到期的两平看涨期权（上限期权）和一个在来年 1 月份到期的两平看涨期权（上限期权），后者的期权价值就大于前者，这是由于后者多了一个月的时间价位。

美式看涨期权（上限期权）的售价不能小于相应的欧式看涨期权（上限期权），基本上前者成本更高。这是因为美式期权持有者有权在期权有效期内的任何时间执行期权。而欧式期权就没有如此大的灵活性，该类期权只能在特定的日期执行，一般都是在期权的到期日。

（二）欧式期权

看涨期权（上限期权）换市场价格和期权的敲定价格负值。

看跌期权（下限期权）换市场价格和期权的敲定价格价值的下限为零，价值的上限取决于标的能源期货或互（执行价格）两者之间的较大者。期权的价值不可能为价值的下限为零，价值的上限取决于标的能源期货或互（执行价格）两者之间的较高者。期权的价值不可能为负值。

看跌期权（下限期权）换市场价格和期权的敲定价格负值。

看跌期权（下限期权）值不可能为负，好以看跌期权和零之间。价值的下限为零。价值的上限取决于看的能源期货或互（执行价格）两者之间的较高者。期权的价值不可能为价值的上限为期权的敲定价格。因为标的期货／互换的价（下限期权）的最大收益位于期权的敲定价格（执行价格）。

（三）亚洲期权

在场外市场交易的能源期权绝大部分是由亚洲期权构成的：亚式的上限期权、下限期权和零成本的双限期权。亚洲期权是一种路径依赖期权，有时候也被认为是一种回顾期权，即期权持有者有权按期权有效期内标的能源市场的平均价格来执行期权。亚洲期权比一般的欧式期权便宜，这是因为平均价格的波动率要小于一个时点上的波动率，而欧式期权中涉及的正是一个时点上的波动率。在能源市场上，我们经常会接触到类似互换那样涉及长期平均价格的金融衍生品，亚洲期权就是其中一种，该类期权一般包含整个月的平均价格（大约 20 天）。

三、能源期货的经济影响

能源期货和期权合约及市场给市场参与者和公众带来了很多利益，其中最重要的利益之一就是形成了一个高度可见的、有效的价格发现机制。期权合约在近似完全竞争的条件下进行交易，有大量的买方和卖方对同质产品进行交易。交易所制定的规则防止了操纵，保证公正、公开和诚信的交易。此外，还有高效的、几乎无成本的信息系统，除了财务责任之外，进入这个市场没有其他障碍。在这样的条件下产生的价格可以被认为是"适当的"价格，因为它代表了成千上万的独立的市场参与者所作决策的一致结果。

在能源期货市场产生之前。没有可见的、广泛报出的基准价格。所报的价格经常受到调整和折价的影响，这使它们在决策时毫无用处。欧佩克的标价经常受到政治因素以及供求因素的影响。不同的大型石油公司经常以区别很大的价格向他们的客户出售产品。此外，一个市场报出的能源现货价格通常不能代表其他地区的价格。

期货价格不受到标价和现货市场价格问题的影响。期货价格在集中的市场确定，代表了在某个地点（合约交割地）交易的标准化产量和品质的石油产品。不同品质产品的现货价格通过基准价格加上或减去适当的品质差价计算出来。类似的，不同地点的现货价格也可以用这种基准价格加上或减去运费差价计算出来。即使对于那些不参与现货市场的人来说，这种客观的基准价格信息也很有用。每日的期货价格在世界范围内可以通过报纸和电子媒体迅速获得。

现货价格和期货价格之间的关系向那些现货市场参与者进行买入、卖出和储存产品的决策发出了有用的信号。例如，倒挂市场向存货持有者发出一个这样的信号，立即卖出产品可以获得更多的利润，从而避免存货成本。当产品卖出时，希望在未来拥有产品的公司将同时买入期货合约来锁定产品的价格。通过这样做，有可能以更便宜的价格获得产品，并且无须支付储存成本。如果期货价格高于现货价格，就会存在储存商品并在期货市场上对存货进行套期保值的动机。在这种情况下，期货市场将会支付部分或全部的储存成本。因此，期货市场提供的信号发挥了跨时间配置产品的功能，可以平稳现货市场供求的季节性变动。

期货市场规避价格风险的能力平稳了商务流动，也方便了市场参与者制订计划。因为公司可以提前锁定石油产品的买入价格和卖出价格，所以市场会更少地受到冲击和短缺的影响，这降低了市场参与者经营的风险。因此，它们可以接受较低的毛利，这些利益可以以较低的能源价格和降低能源短缺可能性的形式传递给消费的公众。

由于期货市场使公司能够提供各种新风险管理工具，因而增强了场外（OTC）交易市场。衍生品、远期、互换以及专业化的期权都是场外交易市场的产品。然而，正是期货市场允许公司卖出场外交易产品来对他们的价格风险进行套期保值。

期货和期权市场也提供了一种投资公众从能源价格的变动中获益的机制。期货合约以足够小的单位来表示，因而小交易者使用它们是很节省的。在没有能源期货市场以前，公众唯一可用的工具就是投资于能源相关公司的股票。

四、能源行业的结构性变化

20世纪70年代，由于欧佩克改变做法，向小型炼油商提供优惠的价格，导致了能源短缺，联邦政府对此做出应对，实施了价格控制。这个石油和天然气的双层定价体制支撑了许多小型炼油厂，否则它们根本无法在市场中生存。此外，这个两层定价体制使消费大众在能源成本上额外花费了好几百万美元。

对石油价格解除控制导致石油行业的合并趋势。小型炼油厂由于不再受到价格控制的保护，因而无法竞争，正在被更大的、更有效率的公司吞并，甚至大型石油公司也正在缓慢地收购或兼并规模相似的竞争者。这些变化在世界范围内发生，甚至外国生产商也在购买下游的生产能力，这使他们能够在世界范围内销售石油炼制产品。在这个趋势中最值得注意的是沙特阿拉伯人、委内瑞拉人和墨西哥人，他们正在加速渗入最终产品市场，并通过购买炼油厂或通过在向炼油商供应原油的交易中讨价还价来增加在下游业务方面的老练程度。

另一个重要趋势是标价定价体制的终止。石油行业曾一度依赖于僵化的标价定价体制。在这个定价体制下，大约75%的原油按照标价进行交易，只有大约25%的原油在现货市场交易。一般来说，只有边际原油才在现货市场交易。渐渐地，原油以现货市场价格进行交易，标价也在定期改变以反映现货价格。从本质上说，是石油市场驱动了石油价格，而不是欧佩克和大石油公司。

随着标价定价体制的消失，石油价格对供求变动的反应更为迅速，波动更为频繁。由于期货市场是现货市场价格高度可见的、广泛和即时可得的代表，因而期货和期权市场在决定现货市场价格方面起着重要作用。因此，期货市场为能源市场提供了一个价格发现机制。

在20世纪80年代对天然气价格解除控制，在20世纪90年代对电力价格解除控制，结果导致了相似的合并趋势和规模经济，从而对天然气和电力公司造成影响，期货市场上更为可见的天然气和电力价格刺激了现货市场的发展。

高度可见的价格发现机制对减少能源贸易公司的数量做出了贡献。在能源期货市场产生之前，能源贸易公司通过记录不同市场的标价提供中间商服务，并时刻准备以有利的价格进行买卖。商品的使用者由于缺乏寻找最低价格的专业技能，因而从贸易公司获得商品并支付本来不应该出现较高价格，这些较高的价格被传递给了公众。随着期货价格的出现，每个人都知道原油、取暖油、汽油、天然气、丙烷和电力的价格。因此，能源贸易公司获利的机会急剧减少，有时会迫使他们退出市场，最终导致了较低的价格并传递给消费大众。

在能源期货市场发展以前，小型经纪人和小型石油公司依赖于主要的供应商获得产品，并按照标价来确定产品价格。现在，这些小型公司在面对他们的供应商时处于一个较好的讨价还价的地位，因为他们能够知道产品的当前市场价格。

五、能源金融市场发展面临的问题

（一）能源金融市场化程度低，能源金融产品单一

能源与金融的联合是近些年才出现的，可以归入新兴事物行列，新事物的出现必然是不成熟的，停留在一个初级阶段，这也正说明这个新模式还比较稚嫩，不能担当起完全满足能源经济发展的重任。具体的表现就是，在目前已有的金融机构中，无论是大型金融机构还是小型金融机构，它们所能提供的能源业务都比较少，项目比较单一，同时，在能源金融产品的开发创新上更显得不足。发达国家尚且如此，发展中国家在这方面更可以用"落后"二字形容。

（二）融资渠道少，资金缺口大

融资渠道主要是针对能源企业而言的，由于我国能源市场与金融市场两者的发展都不成熟，因而能源市场与金融市场的结合也不怎么成熟。能源企业的融资方式比较单一，融资渠道主要只有传统的几种，也就是自筹资金和银行贷款。这种单一的融资方式同时也造成了能源行业巨大的资金缺口。

（三）能源企业风险交易能力低

能源安全被好多国家划分为国家安全战略的重要组成部分，也就是说能源危机会直接影响一个国家的安全。我国能源市场的发展起步较晚，同时由于我国特殊的国情，我国能源企业的交易充满各种各样的风险。同时这又造成我国能源市场不能很好地与国际能源市场接轨，更不能很好地与国际金融市场接轨。

六、能源金融化发展趋势

世界上出现的第一家能源交易所是在威尔士的卡迪夫，出现了一家煤炭交易所，这发生在 1886 年，它参照并运用了当时金融交易的管理模式来管理煤炭交易。但能源与金融

在真正意义上的融合，并获得前所未有的发展是在 20 世纪 70 年代石油危机后。随着能源金融化的进一步发展，能源金融一体化在能源与金融市场实践中有了更多的表现，具体反映在以下几方面。

（一）金融支持在能源工业发展方面发挥了重要作用

能源行业资金需求量巨大，勘探开发活动中不确定性因素很多，导致资金投资风险很高。投资能源行业也面临着很高风险，但同时如果投资成功那么回报也是相当可观的情况。在进行能源融资时，规模是巨大的，而且方式比较灵活，限制比较少。一般来说，最常见的也是人们使用的频率高的融资方式是通过证券市场以及银行借贷进行融资，而这两种传统的融资方式已经远远不能满足能源市场这个新兴市场。而改变这种现状的一个重要做法就是通过政府或金融机构来建立能源产业基金，这也是近些年来国际上许多能源企业融资的做法。就拿欧洲举例来说，欧洲一些小的发达国家都逐步建立起石油基金，如挪威，北美一些国家也是如此，如墨西哥，以及欧洲的一些国家，如阿塞拜疆。石油产业基金的建立，不仅能够使国内的资源勘探技术得到应用并加以改进，同时还能增加世界石油市场运转过程中的主动性，支持企业参与国际石油风险市场运作，以及为推动能源结构转型和能源的可持续发展建立各类能源基金。

（二）大型金融机构日益成为能源领域举足轻重的投资者

能源行业的投资存在着巨大的风险，这让没有一定实力的投资者望而却步，同时又具有巨大的收益性，这又驱赶着成千上万的投资者纷纷涌入。金融机构审时度势，逐渐成为众多投资者之中的佼佼者，越来越多的金融投资机构除了发展本机构的业务外，将很大一部分精力投入到能源市场上来。这不仅包括能源产权市场，同时还包括能源期货市场。由于能源资源本身的稀缺性，以及一些战争、突发事件等带来的巨大影响，月折旧可以让能源投资者获得一定溢价。而能源实物资源较少，优良资源已经被瓜分殆尽，这就让投资者更多转向一些能源虚拟市场的投资，如石油天然气期货。然而，追逐资本是资本主义的本性，无论是能源事物资产还是能源虚拟金融都是这些金融机构投资的一部分，其间必定不会安置与此让其本身升值，而要在不同市场上进行流转，这样才能够获得更多的收益。

（三）能源效率市场是新出现的能源金融模式

20 世纪 70 年代中期，市场上开始举起一种新的节能机制，这是以前从未有过的。这种名为"合同能源管理"的新机制从出现以来，发展形势十分迅猛，而这种发展机制下的一个新的类种——"节能服务公司"发展的脚步也十分迅速。特别是在北美地区，这种新兴方式更被作为一种产业，呈现出一种产业化的优势。实质上也是如此，合同能源管理机制的实质正是与整个世界发展需求所一致的，它通过减少能源费用来支付节能项目的全部费用，而由于其与以往能源投资不同的特性，也因此受到越来越多的能源金融投资者的青睐。节能服务公司（ESCO）正是在这种机制和追捧下应运而生的。与传统的节能投资风险承担方法不同的是，传统中，节能投资风险是由实施节能投资的企业承担的，而合同能源管理机制下，风险是由投资企业与愿意进行节能改造的用户共同承担的。当然，共同承担需要签订相关的节能服务合同，而这样做的好处就是，能够使双方共同减少损失。这种风险共担、盈利共享的运营模式有助于推动节能项目的开展。

第三节　能源期货市场的价格风险管理功能

一、能源价格风险概念

（一）风险

根据美国学者海尼斯（Haynes）在 1895 年发表的《风险——一项经济因素》（Risk as an Economic Factor）以及罗伯特·梅尔（Robert L.Mehr）在 1986 年所著的《保险原理》（Fundamentals of Insurance）两本著作对风险概念的阐述，风险一般是指未来结果的不确定性或波动性，在金融领域表现为未来收益、资产或价值的波动性或不确定性，学术界对风险的定义虽然说法不一，而大同小异。具体而言，可以将风险的特点概括为：

（1）风险属于未来事件，但是未来事件的结果会随着时间、环境等客观条件的变化而变化，即具有客观的不确定性。

（2）在浩瀚的宇宙中，人只是一种渺小的生物，人的主观能动性是极其有限的，因而，人类的预测能力是非常有限的。因此，对于风险的预测，也会出现程度与结果的差异，即主观上的不确定性。

（3）风险具有双重性，包括风险收益和风险损失两个方面。

（二）价格风险

能源的价格风险这个问题是与企业其他管理项目不同的一个项目，是在以上关于风险的概念和分类中衍生出来的。下文对其进行着重论述。

价格风险是指纽约商品交易所的价格变动。一家公司可能已经对很多客户承诺了取暖油的销售价格，但在公司购买到取暖油或者确定油料价格之前，存在油价上涨的风险。在不采取避险措施的情况下，油价的波动会让销售商辗转难眠。

所谓能源价格风险，是指因能源价格的波动给能源生产者或消费者等各方带来的收益上的不确定性。能源价格风险大小直接影响能源生产与消费的各种选择，因此，有效的度量能源价格风险，并在此基础上，进行有效控制和管理，对能源市场参与各方均具有重要意义。

二、能源价格风险的度量

（一）在险值

度量价格风险最主要也是最常用的工具是在险值（Value at Risk，VaR）。最初出现VaR是在 20 世纪 80 年代末，而最初出现则是由于交易商对金融资产风险测量的需要。实际上，VaR 只是一种用于测定金融风险并加以管理的工具。在传统的对风险管理的过程中，由于受到生产力水平的制约以及各种社会条件的限制，因而对于风险的预测与管理主要以老管理者的经验和直觉，而 VaR 的出现改变了这种落后的方法，使得管理者对于风险的预测和衡量变得更加科学。在险值法的基础理论是概率论和数理统计理论，这正是其与传统风险管理更加科学进步的地方。因而，这种技术很快被整个国际上一些相关行业采用。

通常通过计算会产生一个 VaR 值，这个值在本次计算中是固定的。具体而言，这个值涉及三个重要因素：第一个是持有期；第二个是置信水平；第三个则是基础货币。什么叫作持有期呢？这里我们通俗一点来解释，假如这场交易会产生两个风险，那么这个风险的结束到下个风险的开始中间这一段时间就被称作为持有期，也就是说持有期是一个时间范围概念。那么讨论完持有期，我们就来解释一下置信水平。有了风险必定会有一定的承担者，而这个主体对风险的偏好程度就被称置信水平，通常置信水平有一个范围，一般在 90%~99.9% 之间。在险值（VaR）通常会以一个国家的货币作为基准。因此，VaR 这种方法相对于其他预测风险的方法更具有优越性。

1. 历史模拟法

历史模拟法一个重要要素就是历史数据。通过对这些历史损耗数据以及收益数据进行计算分析得出新的数据排列，按照从小到达的顺序进行排列，从而可以一目了然看到相对应的分位点，从而计算出 VaR。

如果投资组合之后，发现历史数据并不充足或者根本没有数据时，那么就要进行简单改进。而改进必然要对症下药，搞清问题的所在。这就首先要对基础金融工具进行分析检测，然后考虑其他的风险因素，通过分析这些相关因素的数据，从而间接得到所需要的数据。

2. Monte Carlo 方法

这种方法与历史模拟法有着很大的不同，历史模拟法只需要对历史数据进行整理，进而分析就可以得到一定的结果，而 Monte Carlo 方法则没有这个优势，估计风险值不能利用已有的数据，而是要搞清风险的分布区域，从而来估计分布的参数，然后利用相应的"随机数发生器"来得出大量的符合历史分布的可能数据，进而来确定组合的可能掘益。

在关于能源价格风险的计算中，J.P.Morgan 集团做出了重要的贡献。可以说，它为后来人们估算能源价格风险提供了许多有益的借鉴。从 1994 年开始该集团致力于在互联网上公布的名为风险度量的方法和数据，采取的计算方法就是人们经常使用的 VQR 的方法。

历史模拟法的优点是显而易见的。首先，概念简单，操作方便，便于解释；其次，在分析收益的分布时没有假定性，这就意味着，无论是在形式上还是参数的选择上，都不对其造成影响，因而也就没必要将其纳入探讨范围；最后，历史模拟法作为一种非参数方法，使得我们不必估计波动性、相关性等参数，那么也就避免了参数估计的风险，即所谓"模型风险"。这是历史模拟法明显优于方差协方差方法和 Monte Carlo 方法的地方。Mahoney 发现，历史模拟法能够在所有置信水平下（可以高达99%）得到 VaR 的无偏估计，而方差协方差方法在置信水平高于95%时就开始低估 VaR 了。

历史模拟法在应用中也有一些问题。一个是需要的数据量比较多，这一点在有些金融工具中是比较困难的，对一些经常调整的投资组合尤其困难。另一个缺点是估计的结果完全依赖历史数据集合的选取，隐含的假设就是：有的信息能够充分描绘未来的风险水平。另外一个需要考虑的问题就是，如何来正确选择历史数据区间长度（T）。这个问题在计算 VaR 的过程中是一个不容忽视的问题。在进行问题处理时，一方面我们希望得到很多的充足的数据，认为数据越多越好，越能够正确反映所关心的历史分布的尾部。但另一方面，数据多了也会产生一定的新问题，时间的快速流逝使得一切事物变性增大，整个系统本身也不例外，会随着时间的变化发生一定的波动。而我们在进行计算时往往希望得到一些及时的新的数据，而不是一些陈旧的数据，因为离预测那天越近的数据中会包含一些更加有价值的接近预算的信息，而这样得到的结果也就更为可信。所以，这是一对矛盾，我们在选择数据的长度上，是一个两难选择。

基于上述对历史模拟法的认识，一种改进的思路是：不直接采用收益分布的历史数据，而是采用预测误差的历史数据。这里采用 ARMA 模型预测未来收益，所以，把这种 ARMA 模型和历史模拟法相结合的方法叫作带有预测的历史模拟法（HSAF）。

HSAF 的计算过程包括以下四步：

（1）计算样本收益率的绝对值；

（2）建立 ARMA 模型；

（3）计算样本内的预测值和预测误差；

（4）计算 VaR（预测值＋误差对应的分位数）。

下面利用 HSAF 计算 Brent 原油的价格风险，设置信水平为 c=99%，对应于不同的历史数据长度 T，我们分别应用 HSAF 方法对未来的 VaR 进行预测，对同样的时间区间（1992年1月至2001年12月）预测的结果见表8-3。

表8-3　HAMF 不同时间长度的 VaR 预测效果

T/ 天	最大值 /%	最小值 /%	平均值 /%	实际收益率超过 VaR 的比例 /%
100	13.74	4.51	7.34	1.96
300	11.45	5.92	7.85	1.70
500	10.48	6.78	7.74	1.31
1000	9.92	z6.24	7.32	1.44

在表8-3中观察实际收益率超过 VaR 的比例，我们可以看到，当历史数据长度取为

500 天时，实际收益率超出预测的 VaR 的比例与预设的 99% 的置信水平最为吻合。所以，我们在以后的预测中选择 T=500 天。那么，对 2002 年 1 月至 2003 年 6 月的预测结果如图 8-2 所示，实际的收益率波动超出预测的正负 VaR 的比例为 0.54%，说明在 99.46% 的天数，实际的收益率波动不会超过预测的 VaR。

第九章　新能源的开发利用与经济发展

随着环境问题在世界范围内的日益严重，新能源的开发和利用日益得到了世界各国重视。针对我国能源消耗总量大、单位能耗高、污染严重的现状，我国政府非常重视新能源和可再生能源的开发和应用，大力发展循环经济与低碳经济，以促进我国经济发展的转型升级。

第一节　我国能源利用状况

（一）我国能源现状

1949 年新中国成立时，全国一次能源的生产总量仅为 2374 万吨标准煤，居世界第 10 位。经过新中国成立初期的经济恢复，到 1953 年，一次能源的生产总量和消费总量分别发展为 5200 万吨标准煤和 5400 万吨标准煤，与新中国成立初期相比翻了一番。

自改革开放以来，中国的能源工业在数量上和质量上都有了巨大的发展和进步。1998 年中国一次能源的生产总量和消费总量分别达到 12.4 亿吨标准煤和 13.6 亿吨标准煤，均居世界第三位。2000 年中国一次能源的产量构成如下：原煤 99800 万吨，占 67.2%；原油 16300 万吨，占 21.4%；天然气 277.3 亿立方米，占 3.4%；水电 2224 亿千瓦时，占 8%。综上所述，在进入 21 世纪之际，中国已经拥有世界第三位的能源系统，成为世界能源大国。

（二）中国能源利用中存在的问题

1. 我国的人均能耗低

我国能源消费总量巨大，超过俄罗斯，仅次于美国，居世界第二位。但由于人口过多，人均能耗水平却很低。从世界范围来看，经济越发达，能源消费量越大。21 世纪中叶，中国国民经济将要达到中等发达国家水平，人均能源消费量还将有很大的提高。

2. 我国的人均能源资源少是一大挑战

我国具有辽阔的国土面积，丰富的物种资源，自然资源总量在世界上的排名居前七位，标准煤总量约有 4 万亿，位居世界的前三位，而石油的资源总量为 930 亿吨；天然气为 38 万亿立方米；水力上可开发的装机容量有 3.78 亿千瓦，位于世界首位。但我国是一个人口大国，这么多资源总量被我国十几亿人口一平均，人均资源占有量却很少，这是我国社会可持续发展的一个重要的制约因素，是我国社会发展能源面临的一个重大挑战。

3. 以煤为主的能源结构亟待调整

以煤为主的能源结构，必然会带来一些问题，需要采取有力措施加以调整。

（1）大量燃煤对环境有非常不利的影响。我国的燃煤量占世界总量的 27%，是世界上以煤炭为主的能源消费大国，而煤炭燃烧时排出的热量要远远高于天然气和石油，这加快了温室效应，不利于环境的改善。

（2）大量用煤导致能源效率低下。中国能源效率比国际先进水平低 10 个百分点，主要耗能产品单位能耗比发达国家高 12%~55%，这一现象与以煤为主的能源结构有密切关系。一般来说，以煤为主的能源结构的能源效率比以油气为主的能源结构的能源效率低 8 至 10 个百分点。

（3）交通运输压力巨大。中国煤炭生产基地远离消费中心，形成了西煤东运、北煤南运、煤炭出关的强大煤流，不仅运量大，运距还长。大量使用煤炭给中国的交通运输带来的压力十分巨大。

（4）将能源供应安全问题提到议事日程上来。中国未来能源供应安全问题，主要是石油和天然气的可靠供应问题。

第二节　大力发展循环经济与低碳经济

社会经济迅速发展的同时，出现了一系列严峻的生态问题，如资源枯竭、环境污染和生态失衡等，这些都制约着我国的社会经济的发展。为了实现经济的可持续发展，必须要改变以往的经济增长模式，发展循环经济和低碳经济。

一、循环经济

（一）循环经济的产生与发展

循环经济思想以 1966 年美国经济学家 K. 鲍尔丁提出的"宇宙飞船理论"为萌芽标志。他指出，当前人类的经济发展模式是"资源—产品—污染排放"的单向流动线性模式，这种模式在资源有限及环境承受力有限的前提下，必然会引发资源危机，地球就像茫茫宇宙中一艘孤立无援的宇宙飞船一样，最终会因为资源耗竭而走向灭亡，而解决的唯一方法就是对现有资源尽可能地进行循环使用。虽然鲍尔丁没有明确指出循环经济这一词，但是通过他的思想可以明确看出这一概念。他的思想启发人们在 20 世纪 60 年代末开始对资源与环境的国际经济进行关注和研究。

20 世纪 60 至 70 年代，世界各国主要关注环境污染、环境保护、环境治理等问题，但只是关注人类经济活动造成的环境后果和生态影响，以及产生污染后的末端治理方式，并没有从经济运行机制和传统的经济流程的缺陷上揭示产生环境污染及生态破坏的本质，没有从经济和生产的源头上寻找问题的症结所在。因此，"边生产、边污染、边治理"和"先生产、后污染、再治理"成了那个时代的主要特征。

1972 年，D.L. 米都斯发表了罗马俱乐部的第一份题为《增长的极限》的研究报告，报告认为，由于世界人口增长、粮食生产、工业发展、资源消耗和环境污染的指数增长，地球的支撑能力将会达到极限，避免因超越地球资源极限而导致世界崩溃的最好方式是限制增长，即"零增长"。《增长的极限》发表之后，在国际上引起了强烈反响。虽然该报告的结论存在明显缺陷，但是，报告反映出的资源环境与经济发展之间存在的不可回避的矛盾，引起了世界各国的广泛关注和重视，对唤起人类自身的觉醒和对前途的忧患意识有着十分重要的意义。

1983 年 3 月，联合国成立了以布伦特兰夫人任主席的世界环境与发展委员会，经过 3 年多研究，该委员会于 1987 年向联合国提交了《我们共同的未来》报告。该报告分"共同的问题""共同的挑战""共同的努力"三部分，在分析了人类面临的一系列经济、社会、环境问题后，提出了可持续发展的概念，并对可持续发展的内容进行了较为深入的讨论。

1992 年 6 月，183 个国家和地区的代表团和 70 个国际组织的代表出席了在巴西里约热内卢召开的联合国环境与发展大会（UNCED），会议通过了《里约环境与发展宣言》（又名《地球宪章》）和《21 世纪议程》两个纲领性文件：一致认为工业革命以来所沿用的那种以"大量消耗资源"和"经济粗放型"为特征的传统发展模式，虽然满足了人类的短期需求，但是牺牲了人类长远发展的利益，没有带来全球普遍和共同的发展，是不可持续的，也是必须要摒弃的。同时，《21 世纪议程》否定了"高生产、高消耗、高污染"的传统工业模式和"先污染、后治理"的传统环保道路，主张实施人与人以及人与自然之间和谐的可持续发展战略。以这次大会为标志，人类对环境与发展的认识提高到了一个崭新的阶段，是人类迈向新的文明时代的关键性的一步。

总的来看，循环经济从萌芽到快速发展，标志着人类对赖以生存的地球环境的尊重，以及对环境和资源保护意识的大大增强，这都将促进循环经济的飞速发展。

（二）循环经济的基本理念和科学内涵

1. 循环经济的基本理念

循环经济的现实意义在于转变经济增长方式，因此，循环经济理论是一种关于增长与发展的理论。资源节约和环境友好是发展循环经济最核心、最重要的两个基本理念，而可持续发展理论是资源节约和环境友好的最佳诠释。

可持续发展主要以人类的长期发展为立足点，其主要包括以下三个方面。

第一，可持续发展对经济增长持鼓励态度。它既在经济增长数量上有所追求，又注重质量上的提高。可持续发展需要保持一定的经济增长速度为基础，只有经济有所发展，人们的物质生存质量才能得到不断提高和发展。

第二，可持续发展以资源的永续利用和建设良好的生态环境为标志。经济和社会需要发展，但是这种发展不能以超过资源和环境的承载力为代价。可持续发展着重点在这种承载力之内，从根本上对环境问题有所解决和突破，由此也可以看出大力发展绿色能源的重要性和紧迫性。

第三，可持续发展以社会的全面进步为发展目标。可持续发展以社会经济发展为基础，以生态环境的保护为发展条件，以社会的进步为发展的最终目的。总的看来，可持续发展是以人为本的生态环境—经济—社会三者为一体的复合系统的健康、稳定、持续的发展。

可持续发展应遵从公平性、持续性和共同性三个基本原则。大力发展循环经济的理论依据主要体现在这三个原则中。对于公平性原则，可以理解为：大力发展循环经济不仅是重视当代人、本国人公平获取资源、公平享有生态系统、改善和提高生存环境的权利，同样也是强调后代人有获取同等可持续发展的权利。对于持续性原则，可以理解为：大力发展循环经济是生态持续性的有力保证，是经济持续性的必要条件，是社会可持续性的必备手段。对于共同性原则，可以理解为：大力发展绿色能源不仅是人口、资源、环境的相互协调，还是各区域间、各区域内的相互协调。

2. 循环经济的科学内涵

循环经济是指按照清洁生产要求及减量化、再利用、资源化原则，对物质资源及其废弃物实行综合利用的经济过程。

准确理解循环经济这一概念，关键在于把握四个基本要求：一是循环经济必须符合生态经济的要求，即必须按照清洁生产的要求运行；二是循环经济必须遵循"3R"原则，即在指导思想上，循环经济方式必须与以往单纯地对废物进行回收利用方式相区别；三是循环经济要求对物质资源及其废弃物必须实行综合利用，而不能只是部分利用或单方面的利用；四是循环经济要重在经济而不是重在循环。

在循环经济中，要充分考虑经济效益问题，因而人们必须把它理解为一个经济过程。作为一种经济运行方式，循环经济和传统的经济运行方式相比，就是要求把经济活动在不妨碍甚至提高经济效益的前提下，组成一个"资源—产品—再生资源"的反馈式流程，因而在本质上是一种生态经济和再生产的经济过程，是用经济学、生态学规律指导人类社会所产生的一种经济活动。

需要着重指出的是：循环经济所指的"物质资源"或"资源"，不仅是自然资源，而且包括再生资源，所指的"能源"，不仅是指一般的能源，如煤、石油、天然气等化石能源，而且包括太阳能、风能、潮汐能、地热能、生物质能等绿色能源。它注重推进资源、能源节约、资源综合利用和推行清洁生产，以便把经济活动对自然环境的影响降低到尽可能小的程度。

（三）循环经济的"3R"原则

"3R"原则，即减量化（Reducing）原则、再利用原则、资源化原则。

1. 减量化原则

减量化即在用料、消耗和排放等方面进行减量。它主要包括三个方面：一是减少输入端的资源用量，二是减少过程中的物质用量，三是减少输出端的废物排放量。输入端是指减少用于进入生产消费过程中的物质总量，从而达到节约资源的目的。过程中的物质减量是减少生产过程、消费过程中对物质消耗的用量，尽可能地提高对物质资源的利用效率，来达到减量的目的。减少输出端的废物排放量是指减少各种废物的产生量，尤其是要减少那些不利于环境发展的有毒污染物的排放。也就是说，从源头减少进入生产和消费过程的物质量直至全过程，都要最大限度地节约资源、使用资源、减少排放。偷工减料显然不是循环经济意义上的减量化。

2. 再利用原则

再利用原则主要是指增加对产品的利用次数，使产品的使用时间延长。再利用原则是过程性的方法，这个原则要求产品和包装容器能以原始的形式被多次利用，使产品和包装物等资源尽可能地被多次使用，延长其使用时间，避免被早早地废弃。需要说明的是，循环经济中的再利用原则和废品回收利用两者是不一样的。废品回收利用是我国计划经济下的产物，当时由于物资比较匮乏，为了缓解物资供应短缺而采取的办法，废品利用的作用只是在微观经济领域，对整个社会和环境的改善和影响几乎没有。循环经济则是将可持续发展理论作为自身的思想基础，以科学发展观作为指导，在循环经济中，要求所有的物质和能源能够得到合理和长久的运用，尽可能地减少对大自然的影响和作用，使得废弃物在生产和消费过程中尽量减少甚至不产生废弃物，从而从根本上解决环境和发展两者之间的矛盾和冲突。由此可以看出，循环经济和简单的废物回收是完全不同的两者。

3. 资源化原则

资源化是指将废弃物重新变成资源投入生产过程，资源化原则主要是针对输出端的物品的重新利用。资源化原则要求产品和包装物等物品在完成自己的功能后可以以再生资源的方式重新投入到使用当中，能够被多次和反复循环使用，也就是说将资源进 PI 炉，重新投入到生产环节，而不是进行一次性的消费。从这个角度来看，在循环经济中，是没有"废弃物"产生的，所谓"废弃物"或者垃圾只是"被放错位置的资源"。需要说明的是，循环经济也不等同于简单的废物循环，从深层次来看，它不仅要求要节省资源，还要求在节省资源的同时满足人们的消费需要，更满足人们对日益增长的生态、生活、健康、环境等的需要，从而最终实现人与自然持续和谐发展。从这个意义来说，循环经济不仅能对生产模式产生了影响性的改变，也对人们的消费模式和生存观念有重要的影响作用。

（四）循环经济发展的特征

1. 观念先行性

发展循环经济首先就需要人类改变以往的发展观念。只有人类有意识对以往的生存模式和发展模式进行反思，认识到其中的局限性，对循环经济的本质和内涵有一个深入透彻的理解，对人类以往的生存和发展中遇到的资源困境有一个深入的认识，对发展循环经济对人类的生存与发展的重要意义有一个切实的领会，才能从自身改变行为方式，以一个主动积极的心态来自觉实践循环经济。而如果人们对传统的观念没有一个彻底的改变的话，是很难在行为上有所改变的，在人们的日常生活、技术创新等各项活动中也就仍然有传统模式的痕迹，这就使得循环经济不能得到突破性的发展。

2. 物质循环性

循环经济的发展是在一定的条件支持下，如观念、技术、制度、物质等，将地球系统在内的各种各样的资源按"资源—产品—再生资源"的流程组织起来，使地球上的资源在人类社会的经济、社会、生态等系统内部实现循环利用，在这个过程中同时将废弃物达到最小量限度，进而实现人与自然的可持续发展。

3. 技术先导性

发展循环经济需要以科学技术进步为先决条件。发展循环经济，其资源的开采，产品的生产、废弃物的预防和控制、资源的再生等，其各个环节都需要以先进的技术条件来支持，如果没有先进的科学技术，就没有办法来发展循环经济。因此，人们需要大力发展科学技术，推进技术创新，对发展循环经济需要用到的科学技术进行着重研究，要用高新技术来解决循环经济发展过程中遇到的技术难题，进而推动循环经济的发展。在发展循环经济的过程中，着重需要构建由清洁生产技术、替代技术、减量化技术、再利用技术、资源化技术、无害化技术、系统化技术、环境检测技术等共同构成的技术体系，从而为发展循环经济提供一个强有力的技术支撑。

4. 效益综合性

循环经济不仅仅是经济发展的问题，其追求的效益也不仅仅是经济效益。循环经济追求生态系统、经济系统和社会系统的和谐统一，因此其追求的是生态效益、经济效益和社会效益的综合与统一。生态效益、经济效益和社会效益之间的关系是辩证统一的，它们互为条件、相互影响、互利共赢。

5. 主体多元性

循环经济是人类探索的一种新的生存和发展模式，需要每个人及由个人组成的组织参与进来，其主体具有多元性。具体来说，包括政府、企业、高等院校与科研机构、公民等。而且，循环经济在发展的不同阶段，需要有不同的主体参与其中，因为各个主体的作用不同，其主体地位也各不相同。

（五）循环经济的运行模式

1."小循环"模式——企业和家庭

当理论上把小循环界定在企业的清洁生产方面时，这容易使家庭成员或工作单位的职工认为，循环经济是企业的事情，与己无关。家庭也是社会中的基本单元，也是循环经济发展的基础力量。应当将家庭的清洁生活也纳入循环模式。应当让每个公民、家庭、单位尽快行动起来，从一点一滴做起，从力所能及的小事做起，从当下做起，为增强可持续发展能力做出贡献。

（1）企业——清洁生产与清洁工作

通常意义上，企业内部的清洁生产就是小循环，这是实现循环经济的基本形式。清洁生产不只是说把卫生搞干净了，不但是指生产场所清洁，而且包括生产过程对自然环境没有污染，生产由来的产品也应是清洁产品和绿色产品。清洁生产主要是通过将企业内部各个工艺间的物料循环，使物料得到充分的利用，使上一道工艺的废料变成下一道工艺的原料，如此循环，做到污染物的"零排放"目标。清洁生产的实施工具主要包括清洁生产审计、环境管理体系、产品生态设计、环境标志、环境管理会计等，其中，以清洁生产审计为前提和核心。

清洁工作是指在工作范围内，在工作的各个环节及过程当中尽最大可能地将物资循环利用，减少废弃物的产生，从而使投入工作中的物资得到最大限度的利用，从而形成节约物资，循环利用的工作方式。

（2）家庭——清洁生活

清洁生活是指在家庭生活的范围内，将投入家庭生活中的物质资源最大循环地利用起来，减少家庭废弃物的产生，在源头上减量化，实现物质资源的循环利用、充分完全利用，进而形成人们节约使用物资、循环利用物资的生活方式。

2. "中循环"模式——企业之间

生态工业园区作为循环经济实践的重要形态，是继经济技术开发区、高新技术开发区之后的第三代园区。生态工业园区是发展循环经济的重要载体，它具有高科技、高产业链、集约性、共生性等特点，而不仅仅只是企业群的简单集合。在生态工业园区中，一个企业产生的废物或者副产品转变成为了另一个企业的原料。也就是说，在生态工业园区内，各家企业之间是紧密相连的，各企业之间可以通过交换废物、能量、信息等，形成一个各具特色、互赢互利的生态产业网络。在这个生态网络中，物质能量可以得到最大化地利用，排放的废弃物是最少的。与小循环相比较来看，"中循环"可以看作是企业之间的循环经济。

3. "大循环"模式——社会领域

"大循环"模式主要体现在社会层面，它是指在整个社会中，实现城市和农村、工业和农业等之间的物质循环。主要是以污染预防为出发点，通过废旧物资的再生利用，实现可持续消费。在满足人类基本生活需求的同时，以实现物质间的循环流动为基本特点，将社会、环境的可持续发展当作循环经济的最终发展目标，将各种资源和能源高效利用起来，降低污染物的排放，提高产生和服务的利用率，最终实现整个大循环。

（六）循环经济中的基本规律

1. 生态经济规律

循环经济必须建立在生态经济的基础之上，没有生态经济作基础的循环经济，是没有生命力的。

作为循环经济运行基础的生态经济，是一种尊重生态规律和经济规律的经济。这种生态规律究其核心，是生态系统中物质循环动态平衡的规律。基于以生态系统为基础的经济运行，包括生产、分配、交换、消费的各个环节，是由生产力与生产关系在生产力发展到一定水平上所形成的全开放系统。这种经济运行只有毫不间断地与生态环境进行物质和能量交换，才能存在和发展。从这个意义上说，经济规律究其核心是生产力发展的规律，而生产力发展的源泉，就是生态系统能够不断地提供优质、大量的物质资料，因而生态系统和经济系统构成一个矛盾统一体。由于在经济运行过程中生态经济规律的存在，因而在生态循环经济的过程中，就要求人们必须把人类经济社会发展与其依托的生态环境作为一个统一体，把经济系统与生态系统的多种组成要素联系起来进行综合考察与实施，从而通过经济、社会与生态发展之间的全面协调，达到生态经济和循环经济共同的、最优化的目标。

2. 两种资源并存和统一规律

循环经济所指的"资源"包括自然资源和再生资源，"能源"包括传统意义上的一般能源和绿色能源。这些能源，从循环经济理论的角度说，可以看作是"第一次资源"或"第一资源"。

在循环经济运行中，仅仅有"第一资源"的作用和利用是远远不够的。循环经济的一个特色，就在于它不仅重视对"第一资源"的充分利用，也同样重视对"第二资源"的充分利用。它是两种资源并存和统一的经济方式。

所谓"第二资源"，是指在传统经济运行中被作为废弃物、被作为垃圾来处理的资源。从生态环境角度看，垃圾固然是一种污染源，但从资源的角度看，它却是地球上唯一在增长着的资源（或称为潜在的资源）。有关部门分析，当前中国城市已发展到660座之多，其中已有200座城市陷入垃圾包围之中，所产生的垃圾量达114亿吨，可以使100万人口的城市路面覆盖1米厚。虽然是垃圾，但如果将其全部利用，则可以产生相当于1340万吨石油的能量。有人曾做过这样的计算，中国城市每年因垃圾造成的损失250亿元~300亿元，而城市垃圾本可创造2500亿元的财富。所以在发展循环经济的过程中，科学地处理、利用垃圾，向垃圾要资源、要效益不但极为重要，而且显得极为迫切，这是就未来经济社会维持可持续发展的"第二资源"。

3. 经济效益约束规律

经济学基本理论作了"经济人"的假设，这种"假设"揭示了人的本性是贪婪的。亚当·斯密把"看不见的手"看作经济学的一条基本规律，人本性中的这种自利性，推动着人类社会的经济发展。

价值规律是市场经济运行中起基础作用的基本规律。所谓价值规律，是指商品价值量由社会必要劳动时间决定的规律。它包含着两个方面的内容：一是商品生产的规律，即反映生产商品同耗费劳动量之间的内在联系。通常情况下，生产商品耗费的社会必要劳动时间越多，则商品的价值量越大。反之，商品的价值量就越小。二是商品交换的规律，即反映商品生产者之间等量劳动相交换的本质联系。商品交换要以它们包含的价值为基础。按照价值规律的要求，在正常的和理性的条件下，商品的价格无论怎样变动，从长期看，其价格都不会低于或高于社会必要劳动时间决定的价值量。虽然短时期内其他因素的干扰可能造成市场价格高于或低于商品价值量的情况，但不会改变价值规律的作用形式。

当然，人们重视自身的经济利益，并不意味着可以毫无顾忌、为所欲为。在现实经济社会生活中，人们还必须在一定的条件约束之下追求自身利益的最大化。也就是说，人们在追求自身利益最大化时，必须受当时社会的经济、政治、法律、文化、道德、伦理、传统等因素的约束，即尊重经济效益约束规律的作用。循环经济对经济社会的要求，就是一种经济效益约束规律的表现形式。

4. 权责对称规律

循环经济方式必须建立在可持续发展的基础之上。对于个别企业来说，由于受企业技术、人才等因素的影响，采用循环经济方式会导致其生产费用的上升，因而个别企业从自身利益出发，会作出非可持续发展的决策。如果社会对其非可持续发展方式予以放任，则必然造成社会效益的损害，即产生负外部性效应。如果在这一导向下，其他企业也采用非可持续发展方式生产，则随着社会生产的进行，社会经济效益不是在提高，而是在减少。为此，社会必须对企业在生产过程中所形成的负外部性的各种问题制定清晰而合理的规章制度，并在经济生活中通过社会监督和上层建筑部门的作用，使各微观经济主体走上可持续发展之路。由此可见，权责对称规律也是循环经济中不可忽视的重要规律。

（七）循环经济的发展路径

1. 加强组织领导，加强国家对循环经济的统筹工作

一是强化宏观调控，强制淘汰高耗能的落后工艺、技术和设备。

二是加强规划指导，制订全国发展循环经济总体规划及重点省市、重点领域的循环经济专项规划。

三是研究建立以资源产出率为核心、反映循环经济发展成效的评价指标体系及统计制度，开展循环经济的评价统计工作。

2. 加强教育宣传，提高公众对循环经济的认识

一是通过教育、培训、宣传，推行环境友好产品标志和循环利用产品标志等方式，提高社会对循环经济的认同程度。

二是普及循环经济知识，利用学校进行循环经济教育，在学前教育、中小学的基础教育和大学生的学历教育中都加入循环经济知识的内容。

三是引导公众积极参与绿色消费活动，鼓励公众购买循环经济产品，反对奢侈浪费、随便丢弃，鼓励耐久产品的反复使用，减少一次性产品的使用。提高对循环经济发展的思想认识，走出对我国经济发展的误区，使我国公众确立顺应循环经济发展的资源观、环境观和发展观。

四是充分发挥政府的领导作用和决策推动作用，将实践经验大力推广到各个层面的循

环经济实践中。另外，可以通过新闻媒体大力宣传在实践循环经济中的先进典型。

五是鼓励各种民间组织参与循环经济的发展，建立循环技术服务中心、清洁生产中心等专业组织开展循环经济技术咨询和技术服务。

3.完善政策体系，建立循环经济相关制度

通过政策引导循环经济发展，并且建立责任扩大制度、经济政策和激励制度来推动循环经济的发展。

（1）完善各类政策

投资和消费是带动循环经济发展的主要驱动力。在投资政策和项目选择上，应注重产业结构调整和升级。对直接推动循环经济的重点领域，根据不同行业的特点，贯彻"3R"原则，并出台相关政策。

第一，深化自然资源及水、电、气等价格形成机制的改革，建立能够反映市场供求状况、资源稀缺程度和环境治理成本的价格形成机制。完善自然资源价格形成机制，调整资源型产品与最终产品的比价关系，通过提高资源使用成本来促使企业节约使用和循环利用资源；调整水、热、电、气等的价格，积极制定和完善居民生活用水用电的阶梯式价格制度，对国家淘汰类和限制类项目及高耗能企业实行差别化电价，鼓励企业和居民节约用水、用电。

第二，调整和完善税收政策。一方面，调整现行税制中不利于发展循环经济的税种，包括调整资源税和增值税。提高初始资源税，从而提高初始资源成本价格，增强企业使用再生资源的动力；对循环利用资源的企业、综合回收废弃物进行生产的企业，应在增值税上给予减免，以此鼓励企业自觉采纳循环生产模式。另一方面，开征新的税种，如开征环境污染税，实施环境关税，实行鼓励性税收。

第三，完善投融资政策。通过优惠政策，鼓励民间资金进入循环经济领域，尤其是静脉产业领域；政府财政提供"种子"基金，补贴循环经济项目，建立循环经济基金，探索循环经济基金发展模式。

第四，综合运用财政政策。制定循环经济财政补贴政策、循环经济产品政府优先采购政策；对循环经济基础设施建设、公共技术研发等实施财政直接投资政策；对国家和地区重点生态保护地区研究制定生态补偿政策，加大财政转移支付的力度。设立循环经济发展专项资金，出台再制造产业发展的鼓励政策以及鼓励"零排放"的政策。

（2）责任扩大制度

一是生产者责任扩大制度。所谓生产者责任扩大制度是指生产者对于产品的责任不仅是在产品的设计生产阶段，还要扩展到产品生命周期的最后阶段，即产品的使用结束之后。该制度要求生产者不仅对产品的性能负责，而且对产品从生产到废弃对环境产生的影响负全部责任。因此生产者必须在生产源头就考虑如何抑制废弃物的产生，考虑包括原材料的选择、生产过程和工艺的确定、产品使用过程以及废弃等各个环节对环境的影响，设计出"环境友好"的绿色产品。

二是消费者责任扩大制度。消费者责任扩大制度是指消费者对消费品的责任不仅是在对其购买时和使用过程中，还应扩大到对消费品的使用完成后。消费者的责任不仅限于消费者在购买和使用消费品时实现绿色购买和绿色消费，即消费那些不会产生环境污染或对环境污染小且对人体无害的物品，消费过程中提倡高效利用物品，并避免污染环境。除此之外，为了加快循环经济在我国全社会范围内的发展实践，应该将消费者的责任扩大，要求消费者在对消费品使用完结后，对非必要丢弃的废弃物，如生活垃圾，应遵从废物再利用原则，并从利于废物回收的角度出发，尽可能地将废弃物进行分类丢弃。需要特别指出的是，对于如废弃电池等对环境会产生严重污染的生活废弃物，应交付相关部门进行回收，而不可直接丢弃。对于可不用丢弃的废弃物，如家庭用旧或损坏的家用电器，以及一些闲置的物品，可交付回收公司进行回收或送到二手市场进行循环使用。

4. 开发绿色技术，实现"3R"化

从某种意义上来说，循环经济是通过对经济系统进行物质流、能量流和信息流的分析，运用协同学原理，找到物质流、能量流和信息流之间的协同关系，并运用生态理论进行评估，最终实现"3R"化。为了实现这个目的，必须要以先进适用的科学技术作为循环经济的支撑和推动力，特别是开发以生态循环技术和环境无害化技术为主要方向的"绿色技术"势在必行。

建立"绿色技术"体系的关键是积极采用无害和少害的新工艺、新技术，大力降低原材料和能源的消耗，尽可能把污染物消除在生产过程中，实现资源和能源的低投入和高利用、污染物的低排放甚至零排放。由此看来，"绿色技术"应该包括使生产过程无废少废和生产绿色产品的清洁生产技术、用以进行废弃物再利用的资源化技术以及用于消除污染物的环境工程技术等。

二、低碳经济

（一）低碳经济的提出

地球变暖威胁的严重性，让人们重新审视自己的生活方式，提出低碳经济和低碳生活方式，需要从高消费的生活走向简朴生活。2010年国务院政府工作报告指出："积极应对气候变化，大力开发低碳技术，推广高效节能技术，积极发展新能源和可再生能源……"转变观念发展低碳经济、低碳产业和低碳生产，低碳化成为一种生活方式。

（二）低碳经济的内涵

"低碳"概念是由英国率先提出来的，指排到大气层中的碳基只有很少，接近于或等于零。低碳经济是通过采用太阳能、风能、核能、地热能等绿色能源，实现经济发展的低能耗、低污染、低排放，追求高效利用能源，开发清洁能源、绿色能源，是经济可持续发展的一种新模式，是生态经济可持续发展的新阶段。

（三）我国实现低碳经济的重要意义

1.发展低碳经济是科学发展的必然要求

发展低碳经济不仅是我国经济社会可持续发展的内在需要，还可以产生新的经济增长点。在发展经济上，不能再单凭高能源消耗，不顾环境的发展了。如果还像以往将 GDP 作为我国社会的发展目标，虽然会使经济有所发展，但是会导致生存环境的恶化，这不是我们想看到的，这违背发展的本意，也不符合科学发展观的本质要求。发展低碳经济要求改变经济发展方式，降低资源能量和环境付出的代价来增加 GDP，通过改进工艺和生产流程的方式，使资源的利用效率得到提高，从而更好地发展我国的社会经济，让人民生活质量得到提升。

2.发展低碳经济有利于我国调整产业结构

我国的产业结构以工业为主，服务业比较低，工业主要是高碳产业，这就使得污染比较严重。当前我国正处于城市化发展阶段，需要大规模的基础建设，这就需要消耗大量的钢材、水泥、电力等。这些高碳产业在 21 世纪，是我国未来经济增长所必须要依靠的产业，国内巨大的市场需求没有办法能靠国际市场来满足，也就是说这些产业有其自身的发展合理性。但是不能因此大力发展重工业，长此以往，我国的资源储备不仅不够，我国的生态环境也不允许这样。在发展这些产业的时候，要将吨钢生产消耗的标准煤降下来，而不是抛弃以钢铁和水泥为代表的传统产业，要提高能源的利用率。通过发展低碳经济，推进我国的产业结构升级。

3.发展低碳经济有助于促进我国社会经济实现跨越式发展

改革开放之后，我国高新技术和知识产权发展不够，因此要实行"以市场换技术"政策，这就使得我国汽车等技术含量高的产品市场被国外的公司占据大多数。我国自己的产业需要自主开发技术，这已成为共识。我国"973 计划""863 计划"等科技支撑计划已将低碳能源技术、二氧化碳收集储存技术研发等技术纳入其中。由于在这方面，发达国家的技术也没有多少积累，而我国在节能减排技术开发和创新上也有了一定的积累，与发达国家的先进水平的差距并不大。最近几年，我国在这方面的技术有了快速增长，因此应当加大对这方面的投入，促进低碳经济的发展，进而推动我国在这一领域内实现跨越式发展。

（四）低碳经济的实现路径

1.制定低碳经济政策，充分发挥政府的作用

随着我国经济的发展，经济政策在发展中发挥着极其重要的作用。低碳经济财税政策体系包括两部分：一是对市场主体的节能减排行为起激励作用的财政支出政策体系，具体地说，财政支出包含政府预算拨款、财政补贴、政府采购；二是对市场主体的耗能排放行为起约束作用的税收政策体系，财政收入政策包含碳税类、税收直接减免、节能设备投资抵税和加速折旧等限制性税收政策。

政府在低碳发展的过程中起到主导、引导、强力推动的作用，政府发展策略从政绩优

先、GDP 优先向生态环境优先转变，政府在引导推动的过程中积极制定了减缓气候变暖的一系列政策法规，如《节能中长期规划》《可再生能源中长期发展规划》《核电中长期发展规划》等一系列约束性目标，法律法规的完善节能减排、低碳发展上升到法律法规的高度，为低碳发展营造良好环境，起到了保驾护航的作用。

2. 进行低碳技术开发与创新

开发低碳技术的自主研发和创新，促进高能效、低排放、低污染技术的技术研发和推广应用，在重点和关键领域率先进行突破，建立起有利于推进低碳经济发展的技术体系。

3. 强化企业对低碳消费的推动作用

企业是低碳消费方式的重要推动者，顺应低碳消费发展趋势，为市场提供更多的低碳产品，既是企业的经济行为，又是企业应当承担的社会责任。企业有必要承担起节能减排的责任，积极投入技术、资金、人力等要素，通过技术进步、管理创新，促进能源结构多元化，促进产业结构升级，减少能耗、减少污染、减少碳排放，最终实现生产过程的低碳化。

4. 加强对消费者的引导，转变消费观念

消费观念、理念在一定程度上决定了消费方式，因此，加强民众低碳消费引导，转变消费理念，促进低碳消费。政府有关部门要承担起低碳宣传、教育的责任，利用网络、学校教育、媒体等手段对不同群体、采用不同的方式进行低碳宣传教育，培养全民低碳消费意识，促使低碳消费成为全社会主流意识；其次，政府率先做出表率，引导低碳消费，政府的公众消费方式对社会影响作用较大，且政府行为对社会、公众具有导向作用。政府可以在公务用品采购中尽量使用低碳消费品，建筑低碳办公大楼，在日常公务中使用节能办公设备等，从行动上做出低碳消费的表率。

5. 建立低碳经济发展的技术支撑体系

低碳技术决定着一个国家的核心竞争力，决定着国家的国际地位，许多国家发展低碳经济，重视技术研发、使用和推广。发展低碳经济要重视技术，由于我国生物质能、太阳能、地热、风能等新能源资源丰富，尤其要重视新能源技术发展。

6. 加强宣传教育培养低碳发展意识

采取多种渠道，加大宣传教育力度，扩大宣传教育的覆盖面，树立低碳发展理念，营造促进低碳经济发展的氛围。通过讲座、培训等方式加强政府部门的低碳发展的教育，因地制宜地开展有关低碳经济发展的知识竞赛，树立政府低碳发展意识，加强政府对低碳发展的重视度，并将低碳发展纳入政府政绩考核中；通过学校教育、课本教育，树立学生的低碳生活理念，从日常的生活中节约能源，并通过对学生低碳教育进一步影响家长，促进家长的低碳生活、低碳资源、低碳旅游、低碳消费等；通过教育，引导企业进行低碳生产，促进企业引进先进的设备、技术、人才等进行低碳生产，节能减排。通过政府、学校、企业、居民等全方位的参与，促进全社会的低碳发展。

7. 建立评估机制，检验低碳经济发展成效

建立低碳经济评估机制，首先政府或者科研机构要建立一套可行的评估体系，通过对

经济发展水平、低碳技术水平、低碳社会水平等多方面进行综合评价，评估低碳经济的发展的水平和质量；在评价经济发展时，要注重系统性、可操作性、目标性、科学性、可比性等原则。通过评估机制，提高政府对低碳发展的重视，提高政府发展低碳经济的责任心，通过评估机制提高政府管理的科学性，及时纠正发展中存在的问题，及时调整战略方针，有效支撑低碳经济发展。

第十章　控制与规划能源管理策略

第一节　简介

能源管理战略主要包括六个部分：历史数据分析；能源供应合同检查；能源审计和会计；关键绩效指标评估；基于可行性研究的工程分析、投资建议和电厂控制；人员培训和信息。必须考虑以下几个因素。

（1）能源成本对营业额和附加值的影响。

（2）过程中使用的热能和电能以及作为一次能源的热能和电能的百分比。

（3）确定和量化从发电厂流向用户的热能和电能流。

（4）选择对整个现场、设施工厂和每条生产线有效的关键性能指标。

（5）工艺和设施工厂的热回收和集中控制的可能性。

（6）工艺和服务所用能源在总消耗中的相对比率。

根据能源与其他生产要素相比的重要性，能源战略可以在不同层次上实施。当然，在开始任何节能计划之前，都要考虑现场能源消耗的绝对成本。

能源战略应与废物战略协调一致，因为它们相互依存。

第二节　能源管理方法的不同步骤

图 10-1 显示了建议的能源管理基本方法。建立一个能源管理计划就必须了解现场、工厂及建筑的组织和功能。

如果以前没有处理过能源管理问题，则必须覆盖图 10-1 所示的所有部分。在相反的情况下，程序的每个部分都可以单独开发。

能源分析和审计包括六个主要部分，总结在图 10-1 中，具体如下。

1. 如果在此期间没有发生重大变化。则至少分析过去 3 年的历史数据。有关单位能源成本、数据可以按月组织。

（1）如果采用费率小时电价，则增加不同费率小时的电能消耗（kW·h）和功率消耗（kW·h）以及相关成本。当存在不同的合同时，可以使用多个表来报告引用单个合同的数据。与功率因数相关的成本也可以报告。

（2）天然气消耗量（单位：m³ 或 kW·h）和相关成本。

（3）油耗（单位：kg）和相关成本。

（4）汽油消耗量（单位：L）和相关成本。

（5）液化石油气消耗量（单位：L）和相关成本。

（6）煤炭消耗量（单位：kg）和相关成本。

（7）其他可燃物和相关费用。

（8）供暖（蒸汽、热水）和相关费用（如为区域供暖或其他）。

（9）公用设施和现场井的用水量（单位：mD）及相关成本。

（10）按主要类别分组生产（在本例中：生产 z、y），用 Z 或件数或其他重要单位表示。还必须使用统一的单位来衡量总产量；否则，可以将工作时间视为总产量或进入建筑物的居住者或人数的指标。

（11）按主要类别分类的废物产生量（单位 t 或 m³)。

（12）使用国际单位制。

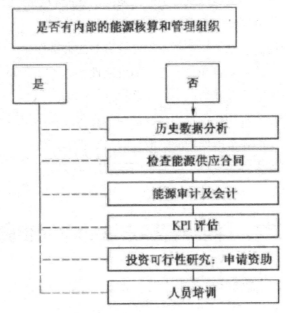

图 10-1 建议的能源管理基本方法（程序可以在不同的级别启动）

2. 检查能源供应合同。这是在分析与公用事业公司合同的基础上进行的初步检查，目的是在过程和服务运营模式没有任何重大变化的情况下降低成本。根据当地电价必须仔细调查合同对需求曲线（15min 或 30min 综合平均值的千瓦负荷曲线、高峰和非高峰时段的千瓦时能耗以及负荷系数）的适用性，以获得最便宜的可用费率。

当完全了解工厂的能源情况时，可以进行更详细的分析。

3. 能源审计和核算。

（1）从输入到输出的现场能源和质量流程图的构建。工艺和设备的能量流图必须相互关联才能进行一致性的初步检验。

（2）详细说明步骤 1 中收集的数据及其相互关系，以便推断场地能量评估的重要参数。a. 不同形式能量的百分比分布。b. 能源消耗和相关成本的年度变化。c. 不同类型生产的年度变化。

（3）场地建模：电模型、热模型、水模型。

模型采用的方法是：

a. 安装功率或每小时额定消耗量的用户列表（电工艺用户、热用户、水电用户等）。

b. 百分比负载系数取决于参考期内的运行模式。此参数乘以装机功率可获得消耗功率，因此系统（电机、配电线路等）的效率包含在百分比负载系数中。

c. 消耗功率等于安装功率乘以百分比负载系数。

d. 每天工作时间、每年工作日和每年工作时间。

e. 年能源消耗量，即消耗功率乘以每年工作时间。如果有测量数据，可以用这些数字代替估计值。

f. 识别最终用户的代码。通常四个代码足以表明用户类别（工艺或设施、生产区域、产品、成本中心）或其归属于现场周围的锅炉厂、变电站和其他设施厂。

g. 电力、热力和总能耗中不同生产类别的份额，具体程度取决于可用数据及其阐述方式。

（4）关键绩效指标评估。工艺和设施设备能耗的关键绩效指标必须根据测量结果进行计算，它们可以作为评价节能的基准。

（5）投资可行性研究。详细说明投资成本、节省（节省能源和运营成本加上或减去额外成本）和利用偿还参数进行的初步经济分析以及每项投资评估的情况。必须仔细调查对过程和设施工厂集中控制的投资。

（6）人员培训。这是能源管理的一个重要方面，必须通过所有人员在不同层次上加以发展。

必须对模型进行交叉检查，以验证同一最终用户不同水和能源消耗模式（电、热等）的一致性，这样就可以检测出由于标准变化而产生的异常。

模型精化的结果也可用于将能源消耗分解为不同的生产类别。

在化工、石化和其他能源密集型工厂的许多地方系统地进行的能量流测量，也可以在中等能源密集型制造业和建筑物中实施，方法是准确选择要测量的主要流量，以减少仪表和相关维护成本的投资。此外，这些测量结果可用于提高能源模型的有效性以及不同类别生产或服务之间共享能源消耗的精度。

从能源角度强调不同用户和设施的相对重要性的建模，是任何能源核算（无论是离线还是在线）以及任何集中能源管理和电厂控制系统的初步阶段。

第三节 节能投资初步技术经济评价及核算方式

一、节能投资初步技术经济评价

旨在降低能源成本和消耗的主要投资必须按照前面步骤的结果提交技术和经济分析，这是能量分析的主要步骤之一。对于大多数在该站点工作的人来说，这通常是更有意义的阶段，可以采用各种评估方法。节能投资往往涉及许多其他因素，如降低维护成本和减少空气污染，其发生率不易评估，但往往会提高投资回报。通常将其列为能源分析报告的第一部分，以强调这些项目的重要性。

必须与生产技术人员仔细检查对工艺设备的投资，因为他们可能需要在质量和数量上对工艺进行重大更改。除化工、石化和其他能源密集型行业外，仅从能源角度很难证明对工艺设备进行投资是合理的，因此，能源因素本身往往足以说明对设施的投资。设备自动化、生产改进和淘汰设备的更换往往是此类决策的关键因素。另外，工厂和建筑设施的节能投资达成协议更容易，因为它们既不影响过程，也不直接涉及整体战略。然而，这些设施可以证明是非常有用的，同时满足生产需要。

二、能源核算的离线和在线程序

通过检查能源会计，定期检查能源消耗趋势，以验证数据的一致性，并检测与标准值和公司目标（整个过程、单线和设施工厂）的差异。

该程序可以委托给公司，也可以通过在线程序委托给独立的组织或离线程序。

通常，这些程序包括：

（1）定期（每日、每周、每月）详细说明能源消耗和生产数据，以更新重要的消耗参数。

（2）与员工会面，对消费趋势进行批判性评估，并检查公司政策的效率和发展情况。

（3）财务总监的报告，提供能源的最新情况和对观察到的异常情况的评论。这些报告可以多样化，以适应其预期的公司职能。

能源会计确保了持续的高水平的能源意识，并允许操作异常被迅速发现。

会计程序的深度和详细程度取决于公司能源使用的规模和复杂性以及决定数据收集的主要动机。基本上，仅按不同类别的生产来划分能源成本或实现能源使用的最大效率。

数据收集可以离线或在线进行，这取决于过程和设施工厂集中控制的可用性。能否实现更好的操作和维护是拥有集中控制设备的主要因素，此外，它还可以方便地用于会计程序。

三、可行性研究和融资

工厂投资建议应从可行性研究开始，对建议的解决方案进行技术和经济评估，同时考虑公司目前和未来的需求。

对于项目执行，有必要选择最佳的融资渠道，并遵守所有官方步骤，同时考虑能源和环境法规。

在许多工厂和建筑中，典型的节能措施集中在从水、热气体流或冷却设备冷凝中回收热量。集中设备控制投资，特别是在设施中，需要对具体的能量参数、测量方法和控制算法进行初步研究。为此，必须知道整个现场和单个工艺线的能量流，因此需要采用组合策略。

可行性研究必须包括非能源额外成本，特别是在更换工艺和设施工厂以及计算机控制系统方面。通常只有这些积累的贡献才能证明投资是合理的。

四、人员培训

人员培训是能源管理不容忽视的方面，因为节能政策需要有积极响应的工作人员。

培训是公司各级职能部门、工厂运营商、生产计划和会计运营商的基础，这些运营商往往得不到足够的信息，或者在经济能源政策背景下看不到自己的角色和任务。

五、成功的能源管理计划

能源管理计划的成功取决于许多活动，这些活动必须由能源管理人员推动，并由现场所有工作人员接受和开展。

首先要对整个现场的工艺和设施设备及其操作和维护有透彻的了解，列出所有非常有用的节能机会，无论是在工厂运行或改造，还是在新装置中。能源管理人员应了解生产和环境保护是如何相互关联的，并在提交最终报告之前，与其他部门（生产、维护、工程、财务）检查这些调查的结果。

必须明确指出优点和缺点，并始终包括经济评价。

在促进对工厂的任何投资之前，必须定期对与生产有关的能源流动进行核算，这样结果将易于检查，能源战略的成功将得到更好的评价。

必须在整个网站上公布能源战略和结果的信息，以激励人们保持已经达到的效率水平，并在未来加以改进。

六、过程和设施工厂的集中控制

为了有效进行集中控制，需要对工艺和设施工厂进行密切的分析。需要进行能源审计，以提供整个现场能源使用的必要信息，并确定需要测量和控制的关键运行参数。

计算机系统的使用加强了过程和设施的控制，主要影响四个重要功能：操作、维护、计划和管理。当能源管理加入这些功能时，处理场地生活各个方面的整体方法增加了节约能源的机会。此外，控制系统可以扩展到站点边界以外，以便集成最终用户客户、燃料和可再生能源的分布式发电、配电和输电网络以及公用事业发电厂。这种通常被称为智能电网的全球化方法使应用达到了最佳技术性能。

这里省略了对不同控制系统及其体系结构的详细分析。应查阅系统制造商关于信息科学和技术文件的专门书籍和论文，以确保所选系统是最新的，是最适合用户需要的。

一个集中的节能控制系统，要观察其架构和可用的硬件和软件，可以从工厂、过程和设施收集数据。对这些数据进行分析和阐述，以激活用户定义的操作策略，并以最低能耗保持最佳操作效果。

传感器扮演着重要的角色，通常是安装成本的主要部分。为了避免安装大量这样的设备，通过能源审计选择测量和控制的关键参数尤为重要。

一般来说，标准软件程序执行以下主要功能。

（1）它通过扫描不同数量（温度、电能、压力、蒸汽流量、天然气流量、水流量、排气流量、居住人数等）的单个采集频率，从传感器获取数据。后续处理将读数转换为工程值（K 或 ℃、kW、t 等）。通常可以检查读数和仪表功能的最大限值和最小限值。控制系统检测设备（如阀门、开关等）的开 / 关状态以及警报。如果能源计划有要求，可以定期计算其他量，如效率、性能系数等。根据操作类型，随后详细说明的数据通常被保存 24h 或更长时间。

（2）它根据已经存在的标准策略或用户在特定情况下引入的策略来选择操作模式，并给出激活机器的输出信号。策略可以分为操作策略和优化策略。操作策略通常用于将异常情况恢复到正确的操作极限或根据预定的最佳标准运行装置。优化策略通常更为复杂，导致变量相互作用，使得整个工厂（总工厂、单个生产线、单个设施等）始终以最大效率工作。

（3）它向操作员提供过去数据、当前数据、每月年度数据、维护报告和其他特殊需求报告的定期和按需信息。操作员和系统之间的通信必须尽可能简单，以便充分利用控制系统，由于难以与操作员交互，控制系统通常使用不足。

主要设施控制策略涉及锅炉厂、空气压缩机厂、泵和风机、冷却厂、暖通空调和照明，如前几章所述。由于种类繁多，需要对各种部门有专门的了解，因此无法说明程序。

计算机应用于现场能源管理的一个例子需要大量有关过程和设施设备以及所选硬件和软件的细节和数据。

市场上有多种软件和硬件可供选择，这使得许多级别的控制成为可能。

第四节　能源转换与管理教育

了解能源在生活、家庭、工业、交通和服务各方面的作用是能源管理教育的首要目标。这一概念可以很容易地在教育系统的任何级别引入，但必须为每种情况设计一种适当的表达方式。能量和质量平衡是能量转换和管理的基本原则，可以解决许多实际问题。即使在小学也可以用简单的术语解释，并且可以作为理解大多数现象的有用指南。

当然，在接下来的几年里，同样的原理会得到更好的理解，届时会遇到物理、化学、数学、热力学等具体课程，能量转换的不同方面也会通过工作中的实践来阐明。

通识教育必须强调能源转换的广泛方面；技术学校和大学必须提供对组成部分和系统的详细分析，最后提供一个连接所有要素的总体概述。

一、大学的作用

根据每个国家的传统大学的目标是形成一个专门的或基础更广泛的组织。在这种情况下，所有发生能量转换的系统都是课程的主题。例如电学和热学，包括传热和流体力学在内的热力学，以及随后关于机器和设备的专业课程。其他课程，不是特别与能源相关的。如电力电子、信息科学和工业自动化，通常是为了完成学生的课程。大学必须协调这些课程，让学生全面了解各种概念，并为将来的工作做好准备。

对一个问题的技术层面的清晰和完整理解是评估所有其他因素的基础，包括经济和人力因素，这些因素将构成工业决策的标准，此外还要考虑技术因素。能量和质量平衡可以被认为是广泛理解任何现象的基础，如果理解得透彻，这一概念就成为解决能源管理中可能遇到的任何问题的基本手段。

二、人员培训

毕业生和其他技术人员的持续培训和激励是任何能源管理项目成功的关键。培训意味着向所有级别的人提供与能源有关的信息，以帮助他们进行日常工作和规划。激励意味着通过经济和人力激励促使人们非常关注节能这一高度优先事项。根据每位员工的背景和工作人员的职位，可以在不同级别组织不同的能源管理课程。然而，作为首要目标，所有员工都必须知道他们为什么工作，他们的贡献体现在哪里，以及项目的主要成果是什么。介绍和讨论能源管理项目和能源会计程序结果的会议也可以构成人员培训计划的一部分。

三、能源转换与管理作为跨部门学科的认识

虽然与能源有关的主题经常作为不同文化领域的一部分来处理，但能源管理涉及生活

中的许多技术和经济方面，因此值得将其作为一门独立的学科来研究。从基本概念到电厂设计参数，要结合详细学习的几个主题，突出了系统安排学习计划的必要性，其中包括许多传统课程，但要特别注意能量转换概念。这意味着通过强调这一共同的基础，并让学生集中注意力，来改变每门课程的主题。如有必要，个别课程可通过重组课程来相互整合，以提供特定的能源转换和管理课程。

第五节　能源管理活动

广义上的能源管理是指对能源生产过程的管理和消费过程的管理；狭义上的能源管理是指对能源消费过程的计划、组织、控制和监督等一系列工作。进行能源管理，要经历准备阶段、分析和计划阶段以及执行和控制阶段，最后还要形成一份上报最高管理机构的报告。

一、管理节能机会

ISO50001 要求将节能机会确定为初步能源审查的一部分，但与 EN16001 不同的是，它并没有将此类机会描述为始终出现的机会。本书建议遵循 EN160001 模式，并将节能机会登记簿作为实时文档进行维护。关于每个条目应该包含什么内容，没有硬性规定，但这里有一些建议。

（1）描述性标题。

（2）机会属于哪个能量方面？

（3）它是如何产生的？如果作为工作人员的建议，来自谁？

（4）谁负责解决？

（5）现状：这只是一个想法吗？它是否经过成本计算和评估？它是否已成为一个项目，如果是，该项目已达到什么阶段？

（6）价值（以年度现金或净现值计算）。

（7）下一步由谁负责，何时负责？

（8）如果得到解决，结果包括目标成本和收益报告。

由于两个简单的原因，已经解决的机会应该保留在登记册上。第一，能源经理需要能够证明自己的存在是正当的，而拥有一个现成的成就库是很重要的。第二，组织需要保留有效和无效的知识。

二、选择和介绍顾问

如果对自己的能源审计没有信心，或者没有时间这样做，可以考虑请一位顾问来帮忙和提供建议。外部专家应具有以下优势。

（1）类似装置的广泛经验。

（2）更高的技术知识。

（3）公正的观点。

能源管理顾问可以在能源审计以外的其他方面提供帮助。他们可以设计和开展态度和意识研究、激励活动和培训课程。

如果需要外界帮助，首要问题就是知道在哪里可以找到它。除了来自类似企业联系人的口碑推荐之外，还可以考虑询问贸易机构或行业研究协会，此类组织通常使用一名或多名能源顾问。然而，考虑到特定行业的知识并不总是必不可少的（许多机会是通用的，例如空间供暖、照明或压缩空气），另一个途径是能源研究所（EI）或能源服务和技术协会（ESTA）等组织。在这两种情况下，成员都是有选择的，保证了质量和独立性。此外，EI还为顾问制定了明确的行为准则。有些人将同时成为这两个组织的成员。

应该检查正在考虑的任何顾问的资历。询问最近的相关推荐人，但只有当他们在所在行业工作真的很重要时，才应该把其作为一个标准。要求专业赔偿保险的证明，并找出顾问所属的专业资格机构，以及会员资格是否需要遵守行为准则。例如，EI的行为准则规定，咨询顾问不得提供超出其职权范围的建议，必须尊重保密性，并且必须在一开始就声明任何商业利益。商业联系未必不好，但必须是公开的。

谨慎的做法是请顾问签署保密协议，如果其是所在行业的专家，就更应该这样做。顾问们不可避免地会看到敏感信息，对能源数据的分析可能会揭示出企业的运营情况。

三、为资本项目辩护

ISO50001试图让组织的最高管理层有义务为节能计划提供必要的资源。尽管他们可能会投票支持基本的可持续性活动，但他们不太可能支持节能项目提案，无论商业案例的力度如何。因为能源项目具有技术性，而且涉及不熟悉的领域，所以它们会被认为是有风险的。它们也不是业务关键型的，而是属于可自由支配的投资类别，这类投资总是会被那些支持环境合规或营销（保持或扩大市场份额）的项目所压倒。与能源项目相比，营销活动的成本和风险可能要高得多，但这并不重要，因为成功的营销活动有巨大的好处。

那么，在如此困难的情况下，成功的要素是什么？首先要认识到，为一个项目立项并不是一次性的活动，而是更好地将其视为一个持续不断的过程的一部分。提高声誉是关键。一个好的开始方法是找到一个项目，可以完全确定地执行，以最少的资源获得良好的回报。在这方面，以人为基础的倡议，如提高认识和培训I，通常是很好的，而且是无论如何都需要开始的事情之一。使用企业监视和目标计划来确认第一个项目实现的节约。了解相关的立法和法规以及世界能源形势、气候变化、排放交易等信息，对能源价格的未来提出看法。

在评估项目的成本效益时要非常谨慎。一个失败的项目会很快损害来之不易的声誉。使用适当的评估工具，如折现现金流技术，采用保守假设，并特别注意风险。风险不仅包括价格风险（项目成本高于预期），而且包括无法产生预期储蓄的风险。也可能有一些偶然的风险，如服务中断或对质量的不利影响和间接风险。

四、评估实现的节约

一个简单但广泛适用的模型是消费 E 与驱动因素 P 之间的直线关系，即

$$E=c+mP$$

为了简单明了，本节将专门介绍直线模型，本书将直线称为"性能特性"，也可以使用其他更复杂的模型。

现在需要明确说明，用于超支计算的性能特征被设置在一个积极但可实现的级别。这是因为我们想根据过去最好的表现来评估每一个消费流。因此，随着时间的推移，这些目标绩效特征必须不断向下修正，以确保它们继续代表最佳绩效。

为了评估是否已经实现了节约，我们需要回答这样一个问题："在没有节能措施的情况，我用的比之前少多少？"回答这一问题的最简单方法是，首先，不是使用目标性能特性，而是使用在采取措施之前应用的特性来计算预期消耗量。我们将其指定为历史基线性能特征。假设一个用于运行的过程的特征是每周 1000kw-h 加上每单位生产 30kW-h。假设上周的产量是 100 台，能耗是 3500kW·h。那一周节省了多少能源？

基于历史基线的预期消耗量为 1000+（30X100）=4000kW-h，因此，该周的节约量为 4000-3500=500kW·h。

通常需要计算一段时间内的总储蓄，一般是 52 周。我们只需要考虑到这样一个事实，即有 52 个固定消费［方程式（18.1）中的 Cl 一般来说，在 Z 周内，将预期消费的方程式写成

$$E=tc+mP$$

式中 c——截距；

m——历史基线特征的斜率。

下面用另一个例子来说明这一点，这个例子基于与前面相同的假设过程。假设做一个为期 13 周的评估，整个时期的总产量为 1100 台，能耗为 42500kW-h。代入公式（18.2）中，得到（13X1000）+（30×1100）=46000kW-h 的预期消耗，因此总节约为 46000-42500=3500kW·h。

有时，能源经理希望在项目实施后不久预测项目将带来的未来节约。只要新的目标性能特性必然合理，我们可以使用类似 $E=tc+mP$ 方程式的公式来估计 / 周内任何时期的新预期消费。如果新性能特性的截距为 c，且斜率为 n（原加 m），则一年内的结余 S（t=52）将由 $S=52\times（c-k）+P\times（m-n）$ 给出，其中 P 表示该年的预算总产量。

行能计量和验证的国际标准是国际性能计量和验证协议（IPMVP）第 1 卷，其将设置框架并定义流程中使用的术语。

ISO50001 中有关于能源性能指标（EnPI）的参考，它建议可以是单位产出 kW-h 或每度日 kW-h 的简单比率。当然，这种简单的能量强度测量方法是大多数读者对这个术语的解释。但由于以下原因，EnPI 不能安全地用于评估储蓄。

（1）每当有固定的消费要素（即几乎在所有情况下）时，EnPI 将随着驱动因素和能源效率的变化而变化，如果不进行复杂的修正，就不可能将两者分开。高产量时期使能源密集型过程的 EnPI 变平，而寒冷天气使供暖系统的 EnPI 变平，反之亦然。

（2）它们只是比率。EnPI 从一个日期到另一个日期的变化，并不能表示节省的绝对能源量。

（3）如果不止一个因素影响消费，甚至根本无法计算 EnPI。

因此，不要试图使用 EnPIS 进行积极的能量管理。

五、合理规划

从零开始一个能源管理计划（甚至，在这方面，采取现有的计划并使之达到有效的标准）是一个令人望而生畏的目标，在最后一节，本书加以概述，并提出一个战略，应该适合大多数类型的组织。

首先要考虑的是所需的能力。在英国，能源在政府政策和声明中被归类为环境问题，其结果是，在许多大型组织中，能源管理的任务交给了环境管理苦。在其他情况下，可能是会计（如果被视为成本问题）或管理者所在的省。事实上，所需的能力集合是工程学和社会心理学的混合体。由于这样的组合是罕见的，最好的建议是组建一个小型的特别小组，从现有技能的混合中获益。

按照 ISO50001 标准运行能源管理系统应该会带来很多好处。它包括有义务制定一项正式的能源管理政策，随之而来的是最高管理层必须签署一项要求，以提供必要的资源。尝试先驱者 EN16001 的试点实施的英国组织报告了各种有益的效果。罗伯特·怀斯曼乳业公司的马克·卡西迪说，这有助于他们把问题放在更紧密、更清晰的焦点上。这样做的好处有两个：第一，它要求中层管理人员承担责任；第二，责任变得共享和系统化，而不仅仅依赖一个人。20 世纪 80 年代和 20 世纪 90 年代早期，有许多常成功的能源管理方案是由热心的个人推动的。但他们的收获是短暂的。相比之下，正式的能源管理系统在人员变动时会带来连续性。轴承和润滑系统制造集团 SKF 的布莱恩·摩根（Brian Morgan）表示赞同，他谈到了将权力、责任和活动形式化的系统。伦敦金融城公司（Ctyof London）的保罗·肯尼迪（Paul Kennedy）发现，该标准让人们确信，他们走上了正确的道路。他赞扬了更大程度的严格性，并认为遵守标准可以提高该主题在其组织内的知名度。

首先，如果已经有了一个通过 ISO14001 认证的环境管理体系，那么遵守 ISO50001

的增量工作相对较少（但还是值得的），认证机构应该准备好一起审核和认证这两个管理体系，从而降低成本。其次，这往往被忽视了外部认证不是强制性的。在本标准的条款范围内，组织完全可以声明自己是合格的，只要工作经过适当的审核，这条路线将在没有认证费用的情况下获得最大的利益份额。审计可以是内部的（在这种情况下，审计应该由不亲自参与，也可以是外部的。例如在类似的组织中，审计可以包括由对方进行的同行审查。如果想要获得额外的可信度，自我声明的管理体系可以在以后接受认可机构的外部认证。

参考文献

[1] 赋能现代能源经济高质量发展 [J]. 中国工业和信息化，2022(12):12-13.

[2] 杨晓迪 . 绿色转型中能源正义的法律保障 [D]. 贵州大学，2022.

[3] 学用相长 开启现代能源经济高质量发展引擎 [J]. 实践（思想理论版），2021（ 10):39-40.

[4] 魏一鸣，焦建玲，廖华 .《能源经济学》[J]. 国企管理，2021(18):18.

[5] 杨天财 . 一带一路倡议与中国现代能源经济体系构建 [J]. 中国外资，2021(16):6-7.

[6] 皇甫奋宇，赵启新，姚尚衡，李雨佳，郭静，李化强，王伯钊，苏展 . 内蒙古构建现代能源经济多元化发展问题研究 [J]. 低碳世界，2021，11(07):194-195.

[7] 王杰 . 对"十四五"时期内蒙古现代能源经济发展路径的思考 [J]. 北方经济，2021（ 02):17-19.

[8] 吴露露，程利霞 . 新发展格局下加快内蒙古能源绿色低碳发展思考 [J]. 北方经济，2021(02):22-24.

[9] 加快内蒙古现代能源经济绿色发展 [J]. 北方经济，2021(02):16.

[10] 中国人民银行鄂尔多斯市中心支行课题组，杨娥，李龙 . 关于探索建设鄂尔多斯现代能源经济金融服务先行区的调查与思考 [J]. 北方金融，2020(11):79-83.

[11] 李鑫 . 以人大之"问"助推自治区能源经济高质量发展——自治区人大常委会就现代能源经济发展情况进行专题询问 [J]. 内蒙古人大，2020(07):10-12.

[12] 唐亚敏 . 基于 CGE 模型的中国现代能源经济发展政策模拟分析 [D]. 河南财经政法大学，2020.

[13] 农春仕 . 高质量发展背景下现代能源经济发展：理论本质与实现路径 [J]. 现代经济探讨，2019(11):50-55.

[14] 王依军 . 大力发展电力事业，支撑内蒙古现代能源经济建设 [J]. 北方经济，2019（ 10):51-54.

[15] 赵云平，司咏梅 . 加快推进氢能源产业发展 探索内蒙古现代能源经济的多元化路径 [J]. 北方经济，2019(08):13-16.

[16] 王震 . "一带一路"倡议与中国现代能源经济体系构建 [J].China Oil & Gas，2019，26(02):15-17+70-71.

[17] 史万钧 . 做好现代能源经济文章 加快资源型城市转型发展 [J]. 实践（党的教育版），2019(04):12-13.

[18] 梁锐. 打造现代能源经济 重新实现扬眉吐气 [J]. 内蒙古人大，2019(03):28-29.

[19] 张永军. 创新思维方式 谋划好现代能源经济这篇文章 [J]. 实践（思想理论版），2019(01):40-42.

[20] 霍沫霖. 因地制宜发展城市现代能源经济 [J]. 中国电力企业管理，2018(34):59-61.

[21] 郑新业. 中国现代能源经济体系建设路径探析 [J]. 小康，2018(12):26-27.

[22] 赵云平. 发展现代能源经济 促进能源化蛹成蝶 [J]. 北方经济，2018(04):27-30.

[23] 舒朝普. 建立高效能源经济体系 : 突破能源"不可能三角"[J]. 中国外资，2018(07):68-69.

[24] 卢延国. 如何做好现代能源经济这篇文章 [J]. 能源，2018(04):86-87.

[25] 单平. 以"五大理念"引领内蒙古"十三五"能源经济发展 [J]. 北方经济，2015(11):35-37.